中国社会科学院
日本研究所
INSTITUTE OF JAPANESE
STUDIES,CASS

"登峰战略"系列研究成果

THE RESEARCH OF
THE RIGHT-WING FORCES OF
JAPAN IN MEIJI PERIOD

日本明治时期的右翼研究

吴限 著

社会科学文献出版社
SOCIAL SCIENCES ACADEMIC PRESS (CHINA)

目　录

绪　论

近代以来，日本右翼作为一支重要的政治力量活跃在历史舞台上，其思想与行动不仅给日本的内政、外交带来负面影响，而且对现实的中日关系亦产生了不容忽视的破坏作用。尤其近些年来，受美国重返亚太、中日力量对比逆转、领土主权争端升温与日本经济长期低迷、右倾保守化加剧等内外因素叠加影响，日本右翼势力日益猖獗，顽固秉持错误历史观、挑起领土主权争端、鼓动修宪和解禁集体自卫权等言行更趋危险性和极端化，表现出向战前日本右翼回归的意志，牵引整个国家右转。

无须赘言，战后右翼绍承战前右翼，两者的历史虽不是简单的重复却又惊人相似。如战前右翼与军部沆瀣一气，把对亚洲进行军国主义的殖民扩张作为实现日本走向近代化强国的唯一道路，终酿兵燹之祸，给亚洲人民带来深重灾难。同样，战后右翼与政府共谋，把国家复兴的希望寄托于军事大国化，再一次打开"潘多拉的盒子"，搅动亚洲地缘政治稳定、挑战战后国际和平秩序；还有极力介入钓鱼岛、竹岛主权争端的战后右翼与热衷侵略中国、朝鲜的战前右翼显然都出于对他国领土觊觎之野心，再如当下颇具影响力的"遗族会""一水会""维新会"等右翼团体为了统合右翼势力和扩大政治影响力，纷纷标榜在组织系谱上传承玄洋社、黑龙会的历史正统性等。诸多事实表明，日本右翼隐没于现实表征下的诸般言行都不是随意或无序发生的，根本上是其自体演进历史选择的结果，是其"历史记忆"在当下的辐射和延伸。上述事实同样明证，日本右翼并未因战前与战后的时间划定而区隔，二者在组织系谱与思想理念上仍保有承继性，可以说，"母体"与"子体"的"血缘"关系恰恰是其联系的本质。

"物有本末，事有终始。"战前与战后的日本右翼在历史逻辑上的强烈关联性提示，对于流衍百年、历经数代并正处于演进中的日本右翼，要究明其思想构造、核心理念、组织系谱和行动机理，除了"观照当下"，从源头检视的历史长程视角不可缺失。本书通过对日本右翼史的梳理得以明晰：日本右翼与语源上肇始于法国大革命的右翼并不具有同一性和传承性，与欧美右翼存在差异性，自身彰显强烈的"本土"特色，即基于自身文化传统和民族精神而具有超阶级性、超政治性，并伴有浓厚的封建性、野蛮性和强烈的武士道情结。在语义上，日本右翼主要通过借用中国古汉语中"侠"及其内蕴的修为、道德的规定性等东方文化的价值尺度和言说方式作为元叙述来进行自我认同和宣示自我存在。

勃兴于明治时期的右翼为日本右翼的原点，成立于 1881 年的玄洋社构成右翼系谱的源头，其后成立的各色右翼团体无不以明治时期的右翼为鼻祖，以玄洋社为"祖庭"，并在思想理念、集团性格、行为选择上深受其影响，表现出强烈的路径依赖效应。

明治时期右翼的勃兴是因应时局变动与自身生存发展需要合力催生的结果。明治时期赋予日本国家"开国进取"的历史使命，促使统治阶级在"内治优先"还是"对外为上"的基本国策上展开政治博弈。作为博弈的一个结果，下野的士族与武士、浪人合流，进而完成早期右翼政治身份的转化，奠定勃兴的组织基础，随后进入自身三个重要的历史发展阶段，即 1868～1877 年的参与和组织反政府的武装叛乱，1877～1881 年的投机自由民权运动以及 1881～1912 年的转向国权主义扩张运动。三个发展阶段不仅锚定了右翼基本的演进路径，而且在思想史的向度上，同样勾勒出明治时期右翼从"国粹主义"到"自由民权主义"再到"国权主义"的三重思想变奏轨迹。

右翼思想上的变奏是明治时期右翼自体衍运形式的自陈，是内外矛盾压力下的蕴生，且始终万变不离其宗。经过"三阶段"发展与"三重"思想变奏，右翼组织得以纯化、思想理念开始成型，能够作为一个稳定持有广泛影响力的政治势力活跃于日本各个阶层。

日本传统文化中的糟粕思想和复古国学的尊皇理论，为右翼思想的形成提供了原初性的思想因子，由此衍生的"神国观""天皇观""使命观"构成右翼思想的内核，共同支配其理念与行动选择，成为其对外扩张的精神动力。而"大陆政策""扩军备战"等扩张政策的制定，皇权与国权思想的双重影响，则共同构筑起了明治时期日本右翼向朝鲜、中国扩张的维度，从而在事实上加速了日本走向军国主义及对外侵略扩张的步伐。

发轫于幕末与明治历史更迭节点上的日本右翼，由最初武装叛乱反政府，继而投机自由民权运动，最后转向国权主义，蜕变为服膺政府对外扩张战略的鹰犬，其间所呈现的不仅是其个体演变之轨迹，还暗含着日本整个国家在实现近代化过程中由正当到侵略的非正义转向。在历史语境中缕析作为源流右翼的发展路径与思想构造等问题之端绪，有助于从根本上阐明右翼怪胎如何孽生和演进，进而疏浚其系谱传续与变容的历史通路。

一

日本著名学者丸山真男曾指出："日本右翼对国家的忠诚超过一切。强调平等与国际联合，憎恶宗教，抵制反战和平运动，赞美'武德'，歌颂国家使命感。宣扬国民的传统和文化，抵制外来文化的恶劣影响，强调义务高于一般性权利，强调秩序高于自由。以社会性的结合为基本的联系纽带，重视乡土与家族的联系，以权威主义建立人际关系，确立正统的国民宗教或道德观。对知识分子和自由职业者抱有成见、警惕和猜疑，因为他们的破坏性思想容易普及。"① 很显然，丸山所归纳的右翼的诸般特征在战前与战后右翼身上都有所体现，可谓贯穿右翼史的始终。

的确，近年来日本国家"右转"倾向明显，而牵引着国家右转的正是形形色色的右翼分子。如老牌右翼文人林房雄在《大东亚战争肯定论》一书中大言不惭地宣称："大东亚战争形式上看上去像是侵略战争，本质上却是民族解放战争。"② 中村粲在《走向大东亚战争之路》中把日本的侵略战争粉饰为"自卫"战争。渡部升一、谷泽永一则用所谓的"国益论"美化天皇及天皇制军国主义，为日本的侵略历史翻案。右翼文痞如此，右翼保守政客也与之沆瀣一气。如前首相森喜朗公然宣称"日本是神国"，名古屋市长河村隆之在会见到访的南京市政府代表团时，公然宣称"不存在南京大屠杀"，还有现任首相安倍晋三对天皇"三呼万岁"等。正如高洪指出的那样，"今天的日本社会中有个别人、个别政治势力仍'顽固地抱持错误的历史观'，试图以掩盖历史、歪曲历史的方式，要求战争受害国忘却这段历史"。右翼分子与右倾保守政客的丑态言行折射出被战前右翼奉为圭臬的

① 丸山真男：『戦前における日本右翼運動史』、『丸山真男集』九巻、東京：岩波書店、1995、151 頁。
② 林房雄：『大東亜戦争肯定論』、東京：夏目書房、2001、206 頁。

"神国思想"和"尊皇思想"被当代日本右翼势力"顽固地继承"。这些无视事实、颠倒是非的言论背后反映了右翼势力的猖獗和日本整体趋向右倾保守化的社会现实和政治生态,同时,也印证了王向远在《日本右翼言论批判》一书中所指出的"20世纪90年代以来,由于种种原因,日本社会上的右倾化趋势日益明显,一些学者、文化人从极端民族主义的右翼立场出发,打着反对'自虐史观'的旗号,极力复活'皇国'史观,为侵略中国及亚洲的历史翻案,抹杀史实、美化侵略、推卸罪责、散布反华言论、毒化中日关系、混淆日本国民之视听,遂使右翼思潮成为一股持续不退的逆流"①。

很显然,右翼势力的膨胀是一个渐进累积的历史过程,其言行的极端化也有其深刻的思想根源。因此,欲要阐明当代日本右翼的思想内涵、组织系谱和行为动机等问题,必须厘清源头,从根本上阐明右翼的怪胎是如何产生、如何发展变化的,其"灵魂"和思想结构的内涵是什么。尽管学界对日本右翼问题的研究已经很深入,也多有著述问世,但关于明治时期即源流期右翼的研究仍显不足。日本学者天道是在谈到日本学界的右翼研究状况时曾指出:"我国有关社会运动的著述颇丰,但在右翼运动的研究方面,能够多角度深入浅出地阐明明治以来日本右翼问题的著述却不多见。"② 我国学界的研究状况大抵如此,这实际成为笔者选择这一课题的重要缘起。

日本右翼经历了百余年的历史演进,其特有的思想体系和行动主张也是在这一发展过程中逐步成型的。因此,右翼研究所无法回避的问题是,为何右翼会在日本有生存空间?换言之,原本"反体制"的右翼何以争取了民众,与近代日本的统治当局又是一种什么关系?例如,在近代日本的"早期右翼"发展阶段,右翼政治上反对藩阀专制、发动武装叛乱,提倡"自由民权",对此应该如何评价;思想上鼓吹"国粹主义",其内涵中含有盲目的文化保守主义、民族优越论和极端的民族主义一面,甚至构成其后主张对外扩张在逻辑上的延伸,而从反对全盘欧化政策、坚守民族文化及捍卫民族独立的视角看,又当如何看待?是不是出于客观现实需要这样一个事实呢?如此等等,都需要基于缜密的考证和分析,才可以得出客观结论。

---

① 参见王向远《日本右翼言论批判》,昆仑出版社,2005。
② 天道是:『右翼運動100年の軌跡:その抬頭・挫折・混迷』、東京:立花書房、1992、1頁。

二

我国对日本右翼的专题研究始于 20 世纪 80 年代之后。研究上相对滞后的原因在于，一是受研究条件所限，无法掌握相关基础资料；二是与学界研究的热点有关，20 世纪八九十年代，我国处在改革开放、经济起飞阶段，急需从日本战后经济发展中吸取可借鉴的经验，因此出现了很多关于日本经济体制、经济政策、市场机制、发展模式等专题研究成果。20 世纪 90 年代后，由于日本不断发生历史教科书、首相参拜靖国神社等事件，中日两国围绕历史认识问题摩擦不断，"自由史观""自卫史观""自虐史观"等右翼言论沉渣泛起，公然否定侵华历史、否定南京大屠杀的狂言不绝于耳。在此背景下，我国学者开始真正注意研究日本右翼问题，并发表了一批有影响的专论和专著。

我国有关日本右翼问题的研究大体可分为三种状况。其一是对日本右翼问题的研究疏于史料分析且带有一定的民族主义情绪，难以对其形成客观、准确的认识。其二是在研究日本法西斯军国主义和日本侵华问题的框架下研究日本右翼。由于受到研究视角、研究主体及理论框架的限制，大都侧重于研究右翼的法西斯军国主义思想、对华观以及对外侵略行动，而对其思想理念、团体组织、历史活动等涉及右翼本体的研究则缺乏历史性、系统性的考察。其三是对日本右翼问题的专题性研究。

步平、王希亮合著的《日本右翼问题研究》是国内首部系统研究日本右翼的通史性著作，其开创性和重要性不言而喻。该书将日本右翼划分为"战前右翼"和"战后右翼"两大部分。关于战前右翼的研究，将其划分为"观念右翼""革新右翼""军部法西斯右翼"三大阶段，从日本右翼思想起源、战前右翼运动两大视角进行考察，体系新颖、富有创见，对本书的研究具有重要参考性，不过该书对于日本右翼团体系谱的构成、右翼起源的动因及右翼思想的构造等问题鲜有论述。

何理主编的《日本右翼的历史发展演变及影响》一书，对右翼思想的渊源、右翼的对外观念以及右翼的主要言行进行了系统梳理和分析，对战后日本右翼势力与战前军国主义国家政治体制、社会思想文化等方面的联系，解析日本右翼势力发展的社会历史背景以及日本右翼势力与对外侵略战争和日本社会发展的关系等问题做了深入的研究和论述。

孙立祥的《战后日本右翼势力研究》《日本右翼势力与"台独"》是国内系统研究战后日本右翼势力的学术专著。两书对战后右翼的历史发展脉络、思想主张、行为特点以及右翼势力与"台独"势力关系等问题进行了专题性的研究。其提出的"右翼势力的削弱（1945～1951）""右翼势力的复活（1952～1960）""右翼势力的抬头（1961～1980）""右翼势力的蠢动（1981～2000）""右翼势力的急进（2001～2013）"的五阶段划分法，清晰地梳理了战后右翼演变的发展轨迹，显著推进了战后右翼的研究。

王希亮的《日本右翼势力与东北亚国际关系》以大量第一手史料披露了战后各个历史时期日本右翼运动的时代背景、运动方向、攻击矛头、手段策略等，揭示了右翼运动对东北亚国际关系的影响变数，分析了东北亚国家及地区应对日本右翼运动的态度、方法和策略等。该书具有通史性，但更注重战后右翼研究的特点，在右翼发展趋向的研判和应对右翼的策略上，提出了既有学理价值又具现实可操作性的观点。

蒋立峰、汤重南主编的《日本军国主义论》虽然不是关于日本右翼的专门性研究著作，但该书从日本军国主义发展的历史逻辑和对外扩张历史进程的视角进一步深化了对日本右翼与军国主义的关系问题的研究，同时具有文本价值的史料也为右翼研究提供了丰富的素材。

另外，王屏的《近代日本的亚细亚主义》，王向远的《日本右翼历史观批判研究》和《日本右翼言论批判》，崔新京、李坚、张志坤著的《日本法西斯思想探源》，朱庭光主编的《法西斯体制研究》，梅桑榆的《日本浪人祸华录》，吕耀东的《冷战后的日本总体保守化》，猪野健治著、张明扬译的《日本的右翼》等专著也从不同的研究视角、研究领域推进了右翼问题的研究。还有大量的关于日本右翼研究的学术论文也成为本书研究的重要参考资料。

日本学界有关右翼的研究，无论是资料发掘还是研究成果都居于前沿，发挥引领作用。其中既有对右翼个体思想的研究，也有从思想史角度进行的整体研究。玄洋社社史编纂会的《玄洋社社史》，猪野健治的《日本的右翼》《右翼行动的理论》，木下半治的《日本右翼的研究》，松本健一的《右翼·国家主义传说》《作为思想的右翼》，天道是的《右翼运动百年轨迹》，警备警察研究会的《右翼运动》，公安调查厅的《战前日本右翼团体的状况》（上、中、下卷），堀幸雄的《最新右翼词典》，池田谕的《日本的右翼》，藤本尚则的《巨人头山满翁》，片山杜秀的《近代日本的右翼思想》，荒原朴水的《大右翼史》等都是颇有学术分量和影响的重要著述。

在研究方法上，日本学界既承袭传统史学方法，也进行多学科交叉研究。木下半治在《日本右翼的研究》一书中，运用唯物史观的理论提出了日本右翼是资本主义向垄断资本主义过渡阶段的产物。松本健一在《作为思想的右翼》一书中，运用阶级理论提出"应该从左右翼的阶级对立中来认识右翼……革命是左翼，国家主义是右翼"。《右翼运动百年轨迹》一书认为，天皇制国粹主义、国家社会主义、亚细亚主义、农本自治主义是日本右翼的本质特征，一般意义上讲，"有强烈国家主义、民族主义、保守主义倾向的统称为右翼，而倾向社会主义、共产主义统称为左翼"①。

日本有两种研究右翼的文献最具价值。第一种是右翼个人的日记、手稿、政论，还有私人及官方的书信函等，如内田良平所著的《日本的亚细亚》《日本之三大急务》《国难来》《支那观》《与清策》《俄国论》《日韩合并始末》等（相关著述可参见附表C）。这些资料涉及内田良平对日本国家战略、外交方针以及国际形势的论述，基本上清晰、完整地呈现了当时日本右翼的思想理念，具有真实性、全面性和权威性。这类资料对于研究右翼团体及个体人物具有重要价值。第二种是与右翼关系密切的个人或团体编纂的资料，包括右翼亲属、友人、研究机构整理的手稿资料等，如玄洋社社史编纂会的《玄洋社社史》，黑龙会的《国士内田良平传》和《东亚先觉志士记传》，内田良平文书研究会的《黑龙会关系资料集》《内田良平关系文书》，大川周明著、中岛岳志编的《头山满与近代日本》，西尾阳太郎的《硬石五十年谱》，津久井龙雄的《右翼》等。这些资料因编纂者身份极其特殊，与右翼关系密切，所以颇具史料价值，但也因其立意、观点不免有美化右翼甚至是歌功颂德的嫌疑，所以本书不得不以谨慎和辩证的态度去解读这些资料。相比之下，日本官方资料，尤其警备警察研究会的《右翼运动》，公安调查厅的《战前日本右翼团体的状况》（上、中、下卷），日本外

---

① 天道是：『右翼運動100年の軌跡：その抬頭・挫折・混迷』、東京：立花書房、1992、20頁。

务省的《日本外交文书》等，因其公信力和相对客观的立场，资料较为准确翔实，成为本书重要参考。

由于本书主要研究明治时期的日本右翼，所以对玄洋社社史编纂会的《玄洋社社史》一书需详加讨论。该书被认为是玄洋社官方史书，是研究玄洋社、头山满等明治时期日本右翼最为重要的资料。该书翔实地记录了右翼团体的勃兴、组织构成及主要历史活动，基本涵盖了从幕末到大正时期的右翼运动的历史。正如该书序言中所言"玄洋社社史一卷所记者为玄洋社对外活动、国家活动之经纬"。[①] 在该书的复刻版1976年再版之际，史学家原田胜正先生从史学史的角度对该书做过这样的评价："《玄洋社社史》一书中凝聚了近代史研究学者的努力和辛勤劳动，该书中收集了大量史料和研究成果，不仅仅是有关右翼的研究，即便是从近代日本对亚细亚关系史的研究角度，该书也具有重要的史料价值。"[②]

尽管如此，由于该书是玄洋社自编的官方史，难免会有"王婆卖瓜"的嫌疑，事实上，书中"无双之国士""豪气云干""国之俊杰""名垂千古"等粉饰右翼之词多不胜数，这颇有鲁迅先生所说的"状诸葛多智近乎妖"[③] 的意味。至于书中把右翼对朝鲜、满蒙（中国东北及内蒙古等地——编者注）的侵略扩张行动说成是"豪杰之士为国奋斗""为解放亚洲人民的忠义之举"，更是一种欲盖弥彰、是非颠倒的诡辩，必须予以批判。实际上，持此论调者非《玄洋社社史》一书，在部分日本学者的相关著述中并不乏见，这就要求需以辩证的态度引述此类文献，避免落入右翼学者设下的陷阱。

三

本书在研究方法上，主要运用政治学、历史学的相关理论，力求理论分析与实证分析、宏观视角与微观视角有机结合。具体言之：本书试图深入日本右翼本体的历史进程中，以日本右翼的源头——明治时期日本右翼问题为切入点，采用"一个主体、二个中心、三个阶段"的研究思路，即以"玄

---

① 参见玄洋社社史编纂会『玄洋社社史』、東京：玄洋社社史編纂会、1917。
② 玄洋社社史编纂会：『玄洋社社史』、東京：玄洋社社史編纂会、1917、1頁。
③ 该语出自鲁迅在《中国小说史略》一书中对《三国演义》的评语。原话是"欲显刘备之长厚而似伪，状诸葛之多智而近妖"。参见鲁迅《中国小说史略》，中华书局，2010。

洋社"为主体，以头山满、内田良平为中心，以右翼反明治政府的武装叛乱、投机自由民权运动和转向国权主义扩张运动为三个阶段，把右翼个体尤其是右翼代表人物的思想、行动作为重点考察和研究对象，同时兼顾到右翼团体的理念、行动及与日本政府的互动关系，力争做到点、线、面有机结合，主客体相互兼顾，以期能够从右翼的思想构造、组织系谱、行为模式、行动选择等视角，从根源上揭示明治时期日本右翼的本质特征。

本书在结构上由绪论、正文八章、终章三部分组成。第一章从右翼的语源、语义、概念入手，追溯右翼一词的起源，辨析右翼概念。通过考证和比较分析，指明原初的日本右翼的非原生性和本土化特色。在此基础上，对几种界定右翼的学说进行厘定。第二章对右翼的系谱进行梳理和构建，以期勾勒出明治时期右翼系谱的基本图式和早期右翼代表人物、代表团体的历史活动及其影响。第三章重点对日本右翼思想的构造进行了探究，分析了日本传统糟粕文化与近世国学理论对建构右翼"神国观""天皇观""国体观"等核心思想的重要作用，阐释其构造的基本形态及其运行机理等。作为补充，第三章明晰了学界比较关注的西乡隆盛与右翼在思想、组织上的传承关系。第四章通过史料论证右翼反政府、反体制的早期活动历史，在此基础上对右翼勃兴的内在动因、身份来源、原初组织的基本形态及其发展路径等学界尚待究明的问题进行了研究，尝试性地提出了一些观点和看法。第五章从鼓吹扩张、破坏国会选举和抵制修约等方面对右翼对内伸张国权的行动进行了考察，明确其目的是推进日本的军国主义化和对外扩张，为图谋占领朝鲜、中国奠定基础。第六、七、八章从对俄、对朝、对华三个维度对日本右翼对外扩张国权行动进行实证分析，揭露其行动的侵略扩张本质和称霸东亚乃至世界的险恶用心。终章对明治时期日本右翼的思想特点、组织特征、行为模式等进行了总结，从日本右翼应有的场域与两难边界的视角，对其宣扬的国粹主义、使命观进行辨析，评判其历史定位与历史责任等问题。

四

日本右翼问题研究是很难的课题，除需具备深厚的学术功底和高度的理论准备外，还需掌握翔实的资料和处理资料的能力。本书在吸收前人研究成果的基础上，对一些有待商榷、尚待明确的问题进行了探索和思考。

在研究思路上，本书设定了"一个主体"、"二个侧面"、"三个发展阶段"以及"四个思想要素"的分析框架。具体把握要点是，以玄洋社黑龙会系团体为主体，考察其对内、对外两个层面的思想主张及行动，阐明右翼反明治政府的武装叛乱、投机自由民权运动和转向国权主义扩张运动三阶段发展路径，剖析右翼的"神国观"、"天皇观"、"国体观"及"使命观"四个核心思想要素如何相互响应并支配右翼的思想与行动。这一分析框架，兼顾了右翼个体，尤其是代表人物的思想和行动，也把右翼团体的理念、行动纳入考察范围，在点、线、面的考察和表里分析的结合上，进行了有益尝试。

基于实证研究，本书尝试性提出如下主要观点。

通过对右翼语源的考证以及对欧美右翼与日本右翼内涵的对比分析，指出语源上的右翼一词与日本右翼的内涵不具有同一性，二者根本无法双向涵摄，也不存在"直系血缘"关系。右翼肇始于法国大革命，其创立之初即已被赋予了一定政治含义而不是单纯的方位指代，即资产阶级内部代表保守主义的右翼与推崇激进主义的左翼在理念上针锋相对。两者的诞生是资本主义民主政治衍运的结果，是民主政治走向成熟的两党制的标志和内在诉求。而日本右翼的本质和表现与欧美右翼迥异，它更多是日本传统糟粕文化与现实政治合力催生的产物，具有超阶级性、超政治性并伴有浓厚封建性、野蛮性及强烈的武士道情结等特质。

提出明治时期日本右翼发展的"三阶段"论，即右翼反明治政府的武装叛乱、投机自由民权运动和转向国权主义扩张运动三个阶段。"三阶段论"的提出，将有助于厘清明治时期右翼自体发展的历史脉络，探究其各个阶段的活动特点及其思想演变的阶段性特征。

提出日本右翼思想的"三元构造"论。本书认为，"神国观""天皇观""使命观"是右翼思想的三个"元"思想，是其思想的原点，也是衍生其他形形色色右翼思想理念的逻辑起点，在右翼思想构造中居于核心地位。此三者的内在逻辑关系是："神国观"导引出日本是神之国度，大和民族优越无比，天皇为神的后代，天然具有神性，作为现人神万世一系统治日本，由此推论出天皇至高无上，必须奉行绝对的天皇专制，进而由内及外，在行动论上泛化为"维护纯洁之日本精神""扶翼天壤无穷之皇运""解放亚洲有色人种"等极端思想，成为其对外扩张的理论依据和精神动力；反向的由外及内，使命观的践行又成为维护天皇独裁、巩固天皇制度的保证。

第一章
右翼的概念意涵

语源上的"右翼"一词并非日本原创,始于 1789 年大革命时期的法国。当时分坐在呈鸟翼状排列的议席左右两边的保守派与激进派,因其理念相左而赋予右翼某种政治学的含义,"右翼"一词由此得名。虽然日本右翼在语源上源自法国大革命,但由于语言传播过程中被马克思主义异化、被选择性吸收,因此与欧美右翼相比,二者存在本质差异。前者具有封建性、军事性、超阶级性和超政治性,后者则是源自议会民主制度发展的内在推力,奉行保守主义的理念,代表了资产阶级的利益并彰显强烈的内生性特质。在语义上,日本右翼一般不自称为右翼,而是借用中国古语中的"任侠""侠士"而自诩。"侠"一词的语义中所包孕的对道德、品行的内在规定被武士道精神和皇权思想受容后,成为日本右翼自我认同的价值尺度和行为规范。作为概念的厘定,"经济基础决定上层建筑说""阶级斗争说""综合说"三者分别从不同角度对右翼的内涵做出界定,各有利弊。

第一节 右翼一词的语源和语义

一 原初的右翼及其政治学含义

1881 年,日本近代第一个右翼团体组织玄洋社在福冈成立。随着玄洋社的成立,右翼以此为根基登上了日本的政治舞台,日本右翼这个称谓也开始被世人所熟知。虽然第一个右翼团体玄洋社成立距今已逾百年,但"右翼"一词并非日本所独创,更不是一个"名无固宜,约之以命"(《荀子·正名》)的问题。仅从语源考察,"右翼"一词最早来源于 1789 年的法国大革命。

1789 年,法国制宪国民议会成立。由于革新派议员的斗争,首届议会会议的举行方式也一改旧制沿革，规定与会者不再按所属的等级"分厅议事"，而是三个等级的议员"合厅议事"；法案不再"按等级"分别付诸表决，而是在议会全体会议上"按人头"予以投票。新的议事及表决方式对议会各党团产生了影响。各派意识到议会召开时本派的成员应该坐到一起才能壮大声威。于是在议会上，革新派议员不约而同地坐到了席位的左边，教士和贵族议员也心照不宣地坐到了议席的右边。如此一来，议会中因政治理念与派别不同的议员自然分成左右两大势力，而摇摆于革新和保守立场之间的议员则选择了中间的位置。"此后，这种最初并未指定亦非刻意的左右座位安排相沿成习，逐渐固定下来。久而久之，产生了转义的方位词'左'（la gauche，指左派或左翼）和'右'（la droite，指右派或右翼）成为法国政治和社会生活中的一种常用术语。"[①]

　　随着大革命的深入发展，在政治上，法国议会内部逐渐形成代表保守势力的吉伦特派和代表激进势力的雅各宾派两大政治派别。在议会中，议长席位于中间，保守的吉伦特派掌握了国家的权力，位于议长席的右侧，而激进的雅各宾派则位于议长席的左侧，由于当时的议席呈鸟翼状排列，因此就把位于议席右侧的吉伦特派简称为"右翼"[②]，把位于议席左侧的雅各宾派简称为"左翼"，"右翼"与"左翼"由此得名，这就是右翼最初的来源[③]。值得注意的是，原本只是表示方位的"右翼"与"左翼"，在"法国大革命中发生了重要转义"[④]，已经不仅是方位上的对立，还被赋予了一定的政治含义，即暗示着保守主义同激进主义在理念上针锋相对。基于此含义，后来常常把保守的政党称为右翼，把革命激进的政党称为左翼。当然，右翼与左翼在政治学上的含义并非简单的保守与激进的理念所能涵盖，这只是相对简单的区分，实际上，法国大革命"风云变幻"的形势使得左翼、右翼在政治光谱上常常摇摆不定。比如，最初在制宪议会上，安东尼·巴纳夫（Antoine Barnave）和亚历山大·拉梅特（Alexandre de Lameth）等主张限制

---

① 刘文立：《法国革命前后的左右翼》，中山大学出版社，2010，第 2 页。
② 此处"右翼""左翼"没有任何政治学上的含义，只做方位上的指代之用，完全等同于议席的右侧、左侧之意。为不和有政治学含义的右翼、左翼发生混淆，特加引号以示区别。全书若无特别说明之处，不加引号的即为有政治学含义的右翼、左翼。
③ 片山杜秀：『近代日本の右翼思想』、東京：講談社、2007、5 頁。
④ 刘文立：《法国革命前后的左右翼》，中山大学出版社，2010，第 1 页。

君主权力和建立一院制议会的领导人被视为左翼，而那些希望建立和英国类似的君主立宪政体的保守派领导人，以及彻底反对革命的人则被视为右翼。到了1791年的立法议会，前述的这些党派被称为斐扬派（Feuillant），由于支持君主政体和有限的选举权而被改视为右翼。但在时隔一年后的国民大会上，原本因支持通过战争将革命散布至国外，以及厌恶国王而在立法议会上被视为左派的吉伦特党人，则因为他们对推翻君主政体的矛盾心理、反对处决路易十六，以及对巴黎市的厌恶而被视为右翼。

也就是说，在左翼、右翼创立之初，这个政治光谱的定义常常以人们对"旧政权"（Ancien Régime）的态度为判断标准，右翼也因此代表支持贵族或教士利益，而左翼则代表反对这些阶级利益。另外，当时支持自由放任资本主义的人也被视为左翼，然而持这样立场的人在现代大多数西方国家则被视为右翼。正如刘文立指出的那样："'左'和'右'概念像不少流行语一样，人们往往感到难以从政治学或社会学的角度对它们加以严格的科学定义。只能说，按通常的理解，左派（翼）大抵指在阶级、阶层、政党、集团或运动内部倾向于进步、革新、激进甚至革命的一派；右派（翼）看来指其中倾向于保守、守旧、反动甚至反革命的一派；左右派（翼）连同其衍生的词汇，则往往成为上述概念的代名词或同义语。"① （有关右翼概念，本书将在"右翼概念的辨析和界定"一节中详论）"右翼"一词被创造出来之后，也只是在法国一国使用，直到拿破仑·波拿巴率领法国铁蹄转战欧洲之后，左翼和右翼作为政治概念才传遍欧洲，后传遍整个世界，"并在各国语言中被广泛接受和使用"②，甚至还有了进一步的引申和变化③。

从"右翼"一词的创生过程来看，原初的被用于作为区隔议席左边与右边的政治势力有其偶然性的一面，但很显然，左与右的标定已经暗含着某种政治理念的对立，而且随着议会政治的发展，其政治学含义已超越方位上

---

① 刘文立：《法国革命前后的左右翼》，中山大学出版社，2010，第2页。

② 刘文立：《法国革命前后的左右翼》，中山大学出版社，2010，第1页。

③ 学者刘文立认为，"具有法兰西原始特征的'左'和'右'称谓在各国移植和使用的过程中，除原词左派和右派的含义，相继出现了诸如极左派、极右派、中左派、中右派（有时它们后面加上'分子'）、左倾、右倾、左倾冒险主义（者）、左倾盲动主义（者）、右倾投降主义（者）和右倾机会主义（者）等衍生词语，还有属于中国特有的衍生词汇'摘帽右派（分子）'和'宁左勿右'等，不一而足"。参见刘文立《法国革命前后的左右翼》，中山大学出版社，2010。

的指代而成为专门的政治学术语。当资产阶级民主革命之风席卷整个西方而促成议会民主制度普遍确立之时，右翼一词也成为民主政治生活中约定俗成的政治用语，而其他的问题只在于右翼具体内涵因各国政情之不同而略有差异而已。比如，在美国，广义上的自由主义指左翼政治；而在欧洲，自由主义则指更广泛意义上的右翼政治。还有奉行社会自由主义、福利主义的政党，因代表中下层中产阶级和工人阶级的利益而被称为左翼党，如美国的民主党、英国的工党和社会民主党；奉行经济保守主义、新自由主义经济学的政党，因代表工商界大资本家和比较富裕的中上层中产阶级的利益而被称为右翼党，如美国的共和党、英国的保守党。尽管有诸多划分，但它们最终都归于西方议会民主政治体制内，所谓的左翼和右翼政党在执政政策上并无根本差别。

从右翼形成的语源来看，因保守派坐在议席的右边，就称其为"右翼"，这个看似简单的称谓颇具戏剧性，但所包含的政治意涵极其深刻，对后来民主政治理念的形成影响深远。正如右翼语源所揭示的那样，在资本主义政治制度形成初期即已规定了民主政治运行机理——政治的运作、权利的博弈都是在左翼与右翼的相互矛盾、对立、制约、平衡中发生、发展的。左翼和右翼政治观点的区别，表现在哲学观、历史观，文化政策、经济政策等各个层面，可谓纷繁复杂，但在总体上又至简至易地表现为改革与保守的对立。

严格说来，左翼和右翼是民主政治体制下的两个派别，是两党制的渊源，是自由主义的两个政治群体，根植于民主政治深厚的沃土和自身政治文化传统，而在专制政治体制下，这两个派别难以共存。在议会民主政治体制下，左翼和右翼之间，不存在正确与错误、先进与反动之分，二者都一致认同民主政治的理念，"对基本限度的平等与自由权利，均持有同样的共识"。一个国家不可能长期由左翼执政，也不能长期由右翼执政，在某种意义上，左翼与右翼的存在与博弈犹如硬币的两面，相互依存，互为表里，这正是保证民主政治平衡的砝码，也是民主政治成熟的标志——左翼和右翼的轮流执政调整国家前进之路，构成了民主政治下两党制的基础，相互制约、平衡、妥协恰是议会民主政治机制得以良性运行的关键，是西方民主政治的精髓，在哲学层面，也彰显着辩证法的思想。

另外，对于原初的"右翼"一词还有两点值得注意，一是"右翼"一词肇始于法国大革命时期，深深打上了资产阶级革命的时代烙印，而这是探寻右翼语源不可忽视的重要的时代语境；二是右翼专指议会内部的保守的政党。前者规定了右翼的阶级属性，即运作于议会政治体制下代表资产阶级利益的政党或者团体，后者则揭示了右翼保守主义的本质。"保守主义"是右翼原初的本质特质①，其后则是在保守主义内涵上的衍生意义，可以说所谓的右翼就是保守主义政党和组织团体的代名词。但需注意的是，所谓的保守主义特质也只限定在其原初的阶段，如果把右翼完全限定为单纯的保守主义，就无法完全揭示因时代变迁、国际政治形势变化，右翼也随之发生深刻变化的事实。

二　日本右翼的异质性存在

如上文所述，单从语源考察，日本的右翼一词本身并不具有原生性，往前追溯，其源头乃是法国大革命。"右翼"一词从法国传到日本，并不像其传到欧美他国那样——基本上是"直系继承""血统纯正"，保持其原初时的政治含义。究其原因，固然和地理因素密不可分。一个是浮于亚洲的岛国，一个是相距万里、雄踞欧陆的法国，其间又跨数国，难免会因语言习惯和语种差别，而导致词语在传播过程中发生了转义甚至异化。学者刘文立在论述"右翼"一词的词源与传播时，也指出，"从普通语言学的视角审视，各种民族语言相互'借进'外来词是一种常见的现象……特别是人文学科的外来词融入母语的漫长过程往往受到不同时代的影响并打上了相应的烙印，其间的沿革及变异有时是错综复杂的"②。但笔者认为"右翼"一词从欧洲向亚洲传播过程中，特别是传到日本而发生的异变并非受语言学上所言的融入母语过程中而发生的变化影响，主要原因在于作为传播中转站的俄国异化了右翼一词的原初意义，而马克思主义的阶级斗争论是异化的理论根据。

马克思主义认为，资产阶级是资本主义社会中富有的阶级之一，是占有生产资料、剥削雇佣劳动者、榨取剩余价值的剥削阶级，是资本主义社会的

---

① 笔者认为可以称其为"原旨主义"，以便更好地体现右翼精神的历史性、原初性和正统性，同时可以清楚地与其他异化的右翼思想相区别。何谓异化的右翼参见第一章。

② 刘文立：《法国革命前后的左右翼》，中山大学出版社，2010，第3页。

统治阶级，在资本主义社会，资产阶级和无产阶级是两大对立的阶级。列宁进一步发展了马克思主义的阶级斗争理论，将无产阶级与资产阶级的矛盾上升到不可调和的程度。"无产阶级专政是必要的，不进行长期的、顽强的、拚命的、殊死的战争，不进行需要坚持不懈、纪律严明、坚韧不拔和意志统一的战争，便不能战胜资产阶级。"①

其后广大的无产阶级根据马列主义的经典论述，又在做了进一步的引申后认为，因为资产阶级剥削和榨取无产阶级的本性，所以在道德层面必然是贪婪、邪恶的，又因为其惧怕无产阶级革命而失去统治地位，对无产阶级采取残酷镇压，所以是反动和落后的。无产阶级对于资产阶级的认识自然投射到了对左翼与右翼的认识上，并附着了强烈的阶级斗争的感情色彩。正如有学者指出的那样，"1848 年欧洲革命以后，马克思、恩格斯创立科学社会主义理论，无产阶级登上历史舞台，在国际共产主义运动中开始把是否拥护无产阶级革命作为划分左右的标准"②。

当"右翼"一词从法国传到俄国时，正处在 1917 年无产阶级革命血雨腥风中的俄国无产阶级出于对资产阶级的天然仇视，坚定地认为："我们是左翼，是正义的，沙皇、贵族、地主、资产阶级都是右翼，是罪恶的。"③这样一来，肇始于西方民主政治体制内的右翼一词传到俄国时发生了词义上的异化，被无产阶级附着了强烈的感情色彩和政治意图。被异化的右翼一词后经俄国传入日本。1922 年，日本共产党成立，日本无产阶级理所当然地接受了俄国无产阶级对右翼的定性。也就是说，右翼一词传入日本时即已被异化，作为有别于西方的特定政治意涵而在日本传播开来。在回溯右翼一词的过程时，有学者也不无感慨地认为"法国大革命是典型的近代资产阶级革命，在革命中，依据进步派与保守派政治立场的不同，而各自称为左翼、右翼。之后，随着历史进程的推移，在传播过程中，把社会主义、共产主义规定为左翼（进步派），把国粹主义、国家主义、法西斯主义等思想规定为右翼（保守派、反动派）。这种划分都是以马克思主义革命论为判断基准，

---

① 《列宁选集》第 4 卷，人民出版社，1972，第 181 页。
② 张莉：《西欧民主制度的幽灵——右翼民粹主义政党研究》，中央编译出版社，2011，第 27 页。
③ 栗原正和（その他）（别册宝岛 1366 号）『日本の右翼と左翼 – テロ、クーデター、暴力革命、内ゲバ…その"思想"と"行动"のすべて』、東京：宝岛社、2006、7 頁。

是具有很大偏见性的论断"①。

如上所述，虽然日本的右翼一词在语源上来源于法国，但是并不代表两者的含义可以双向涵摄。右翼与左翼诞生于法国的历史意义在于，法国大革命是一场资产阶级民主革命，这在某种意义上印证了右翼的出现实际上是资本主义民主政治内部演化的必然结果，至少在议会民主政治范畴内，预示了议会政治即将或者已然走向成熟——两党制的标志和内在诉求。左翼与右翼的出现，犹如两驾马车抑或是民主政治的两个轮子，相互制衡，共同推动议会民主政治的发展。由此，笔者得出一个结论：右翼一词以及右翼政治团体肇始于法国大革命已确立了其在政治学上的内在的普遍规定性，即资产阶级议会民主制内部认同和宣扬保守主义政治理念的团体和势力；右翼诞生于法国大革命以及后期在欧美其他国家的勃兴，归根结底仍是源自资本主义民主政治体制演化、政党政治发展的内在推力，彰显出强烈内生性特质。

反观日本，就其当时所处的历史阶段和生产力发展水平而言，远逊于欧美，并不具备催生民主制和产生政党政治的物质基础，实际上，明治初期日本藩阀政治的影响力依然巨大，并没有所谓的资产阶级，更没有议会民主制。毋庸置疑，日本早期右翼的产生实非资本主义发展到一定阶段的产物，更谈不上是议会民主政治或者政党政治演化的结果②，而且直到今天，在一种缺乏民主政治深厚历史积淀，又常常与派系政治、天皇制度纠葛不清的政治生态下，代表左与右的日本的两党制度始终未能真正建立起来，相反呈现一种派系林立、政权频繁更迭或是一党独大的充满政治内耗的政治生态。换言之，日本从法国引进的不过是一个空洞的概念，并没有受容其思想内涵，日本右翼与西方右翼在本体的生成上有着显著不同。日本的右翼运动是在明治维新之后，政治上被逐渐剥夺封建特权，经济上日益贫困的旧封建武士阶级反对明治政府的时代背景下展开的。对内，日本右翼从国粹主义的立场出发反对欧化主义；对外，又把攘夷思想发展为大陆扩张论，指导自己的行

① 冈崎正道：「日本の左翼と右翼の源流」、『言語と文化・文学の諸相』（2008 年 3 月刊）、岩手大学人文社会科学部、2008、107 頁。

② 萨摩和长州两藩是幕末倒幕运动的主力，也是建立明治政府的核心政治力量。在明治政府成立后，形成了藩阀政治主导的官僚体制。藩阀政治的出现不仅加剧了失去政治权力的不平氏族与政府的矛盾，导致武装叛乱蜂起，也阻碍了日本政党政治的发展，作为反作用力，也推动了自由民权运动的蓬勃兴起。

动。日本右翼最早的身份不是资产阶级的各种势力的联盟，而是激进的民族主义者和国粹主义者的集合，其中绝大多数是武士和浪人集团。因此，与其说日本右翼是资产阶级的，代表资产阶级利益，不如说它是超阶级的，由广泛的社会阶层（商人、贵族、军人、武士、浪人）组成，以尊皇攘夷为旨归，以反对资产阶级、拒斥资本主义的面目示人，也就是说，"日本右翼的思想及其运动的萌芽始于明治时代。右翼运动发生的基础就是明治维新运动时期的尊王攘夷思想。尊王，无须赘言，就是皇室中心主义；攘夷，就是所谓的排外主义"①。

的确，日本早期右翼的矛头指向的就是处于资本主义原始积累期的欧美列强的殖民侵略，本身带有强烈的反资本主义、"反近代化"的色彩，这才是日本右翼的本来面目。日本右翼反对资本主义的原因归根结底是，资本主义的发展会带来民主主义和议会制度，进而从根本上冲击天皇制，威胁天皇的独裁统治。即便日本右翼自知日本不可避免地以发展资本主义作为实现近代化的唯一路径是不可逆转的历史潮流，但在情感上他们仍希望天皇独裁统治能够万世一系。

总之，学界通常认为右翼一词源于法国，日本的右翼一词也理所当然地受容于法国，在笔者看来显然值得商榷，有必要注意俄国才是日本接受了已发生转义的右翼一词的真正语源地这一事实，并且右翼一词传入日本时就已发生异化，作为一种有别于欧美右翼的异质性存在的日本右翼，从一开始就规定了其反近代、反资本主义、敌视共产主义的特性②，与法国大革命时期的右翼并无"血缘关系"。

三　日本右翼一词的语义

明确了"日本右翼"一词的语源之后，有必要对"右翼"一词的语义做一辨析。虽然日本右翼一直在使用起源于西方的"右翼"一词标示自我，

---

① 日刊労働通信社：『右翼運動要覧』、日刊労働通信社、1963、21頁。
② 二战结束以后，西欧社会中的左与右的政治内涵发生了很大的变化，在共产主义与资本主义两大意识形态的对峙下，西欧的右翼团体也有反共产主义的倾向，但是左与右的对立主要还是集中在对社会政治经济制度模式的认同上。一般而言，右派（翼）主张自由市场经济，强调自由竞争，反对政府对市场的过度干预；左派则强调国家对经济的干预，强调建设社会福利国家和扩大社会保障。参见张莉《西欧民主制度的幽灵——右翼民粹主义政党研究》，中央编译出版社，2011。

但语义上与西方存在很大差异。概言之，日本右翼确认自我的内在语境与话语系统实际上是东方式的，是借用了中国古汉语中的"任侠""侠士"等词来作为元叙述的。

在古代，日本没有右翼的说法，我国也并无此称谓。古汉语中左和右一般只具有指代方位的功用，不过也有一些较为特殊的含义和用法。如古人视右具有高贵、重要之义，通常用"右迁"一词指代升任较高的地位或官职。如《史记》卷八十一《廉颇蔺相如列传第二十一》中称"（蔺相如）位在廉颇之右"；王安石在《李端悫可东上阁门使制》称"非专为恩，以致此位，积功久次，当得右迁"。相反，视左含有下位和贬职之义。如白居易在《琵琶行并序》中言"元和十年，予左迁九江郡司马"。另外，古人还视左含有不正、不光明的贬义。如常把歪门邪道称作旁门左道。虽然古汉语中的左、右有关涉政治的含义，如"右迁""左迁"，但与西方左、右相比，并不涉及政治理念、意识形态方面的内容，本身并没有政治学上的内涵，充其量不过是对政治前途、仕途境遇的委婉说法。

右翼概念在日本社会被实际承认是在它以团体的形式出现时开始的[1]，而正式将右翼一词引入日本政治话语系统，作为一种针对特定团体、组织及个体的称谓，则始于大正时期[2]。在此之前，幕末、明治时期，日本并没有右翼这样的说辞。被后世右翼尊称为"前辈"的吉田松阴、坂本龙马、西乡隆盛等在当时都自诩为"草莽之士"[3]，头山满、平冈浩太郎等人也多自称"豪杰之士"[4]，包括玄洋社在内也是后来才被冠以右翼团体称谓的。可

---

[1] 步平、王希亮：《日本右翼问题研究》，社会科学文献出版社，2005，第66页。

[2] 关于"右翼"一词传入日本的准确年代，目前的研究成果和资料尚无法确认。栗原正和（その他）（別冊宝島1366号）『日本の右翼と左翼—テロ、クーデター、暴力革命、内ゲバ…その"思想"と"行動"のすべて』一书认为，右翼与左翼是在大正时期从国外传入日本的（第7页）。笔者认为这样的时间划定有一定道理，从右翼语源的传播历史来看，右翼一词应该是同马克思主义一起传入日本的，在日本共产党成立的1922年前后，"右翼"一词才被引入日本政治话语系统中从而被广泛使用。

[3] 栗原正和（その他）（別冊宝島1366号）『日本の右翼と左翼—テロ、クーデター、暴力革命、内ゲバ…その"思想"と"行動"のすべて』、東京：宝島社、2006、7頁。

[4] 玄洋社社员中野正刚犹喜用"豪杰"一词。他甚至根据《孟子·尽心上》一篇中的"待（周）文王而后兴者，凡民也。若夫豪杰之士，虽无文王犹兴"一句，取其"犹兴"二字成立"犹兴会"以鸣其志。右翼喜用"豪杰"一语，其用意已偏离孟子鼓励人奋发向上、有所作为的本意，追求的是一种理想主义式的英雄浪漫主义情怀。

见，日本先有右翼之实，后才有右翼之名。日本右翼采用"草莽"、"任侠"或"侠士"的称谓实际上源自中国古汉语中的"游侠""任侠"（亦称"布衣之侠""闾巷之侠""乡曲之侠"）。《史记》卷一百二十四《游侠列传第六十四》中云：

> 今游侠，其行虽不轨于正义，然其言必信，其行必果，已诺必诚，不爱其躯，赴士之厄困，既已存亡死生矣，而不矜其能，羞伐其德……设取予然诺，千里诵义，为死不顾世，此亦有所长，非苟而已也……修行砥名，声施于天下，莫不称贤，是为难耳……名不虚立，士不虚附。①

《史记》对游侠的解释清楚地表明，游侠的称谓在我国古代有其严格标准，内含对道德、人格、品性的规定。首先要言而有信，即"言必信""诺必诚"；其次要能舍生取义，即"不爱其躯""为死不顾世"；最后要不重名利，即"名不虚立""士不虚附"。可见游侠并不是随意称谓，更与游手好闲、不治产业的市井之徒相区别。应该说，早期的日本右翼特别是由幕末浪人、武士转化而来的，基本上具有游侠的一些特征，如能轻生死、不重名利，保持在野的身份等，特别是保持在野的理念在日本早期右翼的身上体现得最为明显。头山就其保持在野精神的原因曾做过这样的解释：

> 我非常讨厌做公务员。虽然公务员的工作很安逸，有权势，而且因为有优厚的俸禄所以生活无忧……但是如果天下有识之士都去争做公务员，那么国家会变成什么样？这就好比是一艘大船，世人好比是乘船之人。乘船的时候，如果有人说左船舷的视角好，众人都会集中到左船舷去，结果船必然会倾覆。有识之士如果像众人那样都集中到一端，国家就会像船那样倾覆。因此，我要反其道而行之，毅然地坚守在船舷的右侧。②

---

① （西汉）司马迁撰《史记》卷一百二十四《游侠列传第六十四》，（南朝宋）裴骃集解，中华书局，1982，第3181～3189页。

② 松本健一：『雲に立つ—頭山満の「場所」』、文芸春秋、1996、85頁。

虽然日本右翼借用中国古汉语中的"侠"以自诩，但正如同从中国引入的其他文化一样，日本并没有深刻理解其中的精粹，而是将其功利性吸收以后，又经过简单化的处理，然后堂而皇之地宣称完成了"本土化"的改造。比如右翼轻生死并非出于侠义之举，而更多的是基于武士道生死观的影响与规定①，其目的也不是为苍生黎民而是要献身天皇、忠于皇室。所以右翼的舍生不具有"侠"取义的崇高道德性，没有了对义的价值追求，其轻生死的行为容易流于匹夫之勇、莽夫所为，甚至变相为一种恐怖行为，而后者在日本右翼史中不乏其例②。

诸多日本右翼团体都不太喜欢被贯之右翼的称谓，究其原因，除了"右翼"一词本身含有贬义之外，更重要的是他们认为右翼一词是外来语，并不能反映其身上的大和民族所特有的精神品质，也不能诠释其爱重本国、扶翼天皇、开万里波涛的政治追求。相比较，他们更喜欢自诩为浪人、壮士、勤皇的志士等。③关于草莽一词，《大西洋遗训》一书称：

不贪生，不重名，不慕官位金钱确实很难，但若不成为这样的人又怎么配谋划国家大事呢？此等人非凡夫俗子所能识，孟子有言："居天下之广居，立天下之正位，行天下之大道；得志，与民由之；不得志，独行其道；富贵不能淫，贫贱不能移，威武不能屈。"（语出《孟子》，笔者按）如是所云，若非此种人物断没有此等气象。④

头山对此评价道：

世人多贪生又追名逐利，而大丈夫却能容人、济人。岂止是容人，大丈夫还能容生命、容官爵、容金钱，如此方能容极小之物，而在极大之物面前不会受其所挟。若获得地位就想长生，若得金钱

---

① 韩东育：《关于"武士道"死亡价值观的文化检视》，《历史研究》2009年第4期，第153页。
② 1889年，玄洋社社员来岛横喜用炸弹暴击大隈重信的恐怖暗杀行径就被后世右翼所继承；1930年，爱国社社员佐乡屋留雄在东京火车站制造枪击浜口雄幸首相事件；1932年，"血盟团"团员小沼正在文京区的小学校前制造枪杀前大藏大臣井上准之助事件等。
③ 猪野健治：『右翼·行動の論理』、東京：ちくま文庫、2006、17頁。
④ 『大西郷遺訓』出版委員会：『大西郷遺訓』、K&Kプレス、2006、103頁。

就想加官晋爵，此等人无论如何显达，不过是肉欲的奴隶，实乃浅薄之人生。①

可以说，由浪人转化而来的日本右翼的性格中依然保有浪人恣意妄为、不置产业、放荡不羁的做派。即便在日本右翼团体建立之后，武士与浪人的做派和品格仍毅然顽固地存在，虽说这不免流于封建习气，但也正是这种"旧习气"锻造了右翼在个人修为上的一些与众不同之处。

另外，游侠"其行不轨于正义"，意在指出他们的思考与行为有时不符合一般的社会传统，尤其是统治阶层制定的法律秩序。韩非子对此说得更为明确："儒以文乱法，而侠以武犯禁。"② 可见，游侠具有一种反体制的倾向，这点在日本右翼身上体现得也很明显。③

还有一点值得注意，日本右翼与大陆浪人④关系十分密切。通常右翼中充斥着大批浪人，很多右翼分子本身就是由浪人转化而来的。像头山、平冈、箱田、来岛早期都是福冈藩的没落武士和浪人。虽然很多时候日本右翼和日本浪人可以通称，但是严格说来二者还是略有区别的，这种区别主要不是理念上（浪人和右翼都尊崇天皇、热衷扩张），而是组织系谱上的。浪人一般都没有固定的组织团体，即便存在一些浪人团等组织，其组织形式大都类似于旧式帮会，相对松散，我行我素，没有统一的行动，更无明确的政治纲领，而日本右翼无论在组织上还是政治上都较为成熟，他们有统一的行动

---

① 『大西郷遺訓』出版委員会：『大西郷遺訓』、K&Kプレス、2006、103～104 頁。

② 参见《韩非子·五蠹》。

③ 战前右翼参与不平士族发起的"佐贺之乱""西南战争""二二六兵变"等反政府的武装叛乱，以及战后新右翼极力反对和平宪法，推翻"Y.P体制"都是反体制思想的典型体现。

④ 大陆浪人亦称"支那浪人"。《角川日本史辞典》对此的解释是：大陆浪人是日本帝国主义侵略亚洲的尖兵，与日本的政、军、商勾结，以朝鲜和中国大陆为活动舞台，其中有投身于革命者，有为军部刺探情报者，也有穷困潦倒的政治家、一诺千金的野心家和坑蒙拐骗的无赖。参见高柳光寿、竹内理三『角川日本史辞典 第2版』、角川书店、1974、588 頁。另外，学者赵军则将大陆浪人分为五类：一是在经济和教育领域深入中国进行调研活动的先驱性人物；二是同情和支援中国资产阶级民主革命的大陆浪人；三是以北一辉为代表的与"湖南派"革命党人具有密切关系的大陆浪人；四是以川岛浪速、佃信夫等为代表的反对辛亥革命、援助清政府的大陆浪人，他们参与策划"满蒙独立运动"，企图将"满蒙"从中国分裂出去；五是混入中国民间的"马贼"或"胡匪"。转引自杨栋梁、王美平《辛亥革命时期日本大陆浪人的对华认知与行动》，《历史教学》2012 年第 3 期，第 3 页。

规范、明确的政治目的、完善的组织结构，其纲领内容多带有民主、民权、自由、解放等价值追求，虽然不乏矫揉造作，也残留帮会的习气，但整体上已经具有了近代政治团体的某些特征。

第二节　右翼概念的辨析和界定

一　右翼的相关概念释义

通过对"右翼"一词语源的回溯及语义的梳理，已明确欧美系的右翼与日本右翼虽然存在语源上的传承关系，但其内涵不能双向涵摄。由此可见，二者无论是在派系传承还是在思想理念上都存在根本区别，是两个完全不同的体系。因此，在涉及对右翼概念界定的问题时，首先有必要将日本右翼从欧美右翼的体系中剥离出来而各自表述，以避免概念的重叠错杂、混乱不清。

有关右翼概念的界定因其思想驳杂、派系众多、涉及地域广泛、样本差异明显而变得相当困难，这已是中外学者的共识。一般的，权威词典上对右翼概念的解释无外乎以下几种。

《广辞苑》解释为：①右面的翅膀；②队列的右方，右侧的部队；③（因在法国议会中，位居议长右手方面的议席）保守派或国粹主义、法西斯主义的立场，如右翼团体；④棒球中外野的右侧。

《国语大词典》解释为：①右面的翅膀；②持保守性、国粹性思想的团体（因在法国议会中，位居议长右手方面的议席）；③棒球比赛中本垒的右面；④舰队中位于右端并行的军舰；⑤最右面。

从解释看，《广辞苑》第3条与《国语大词典》第2条的解释符合我们所设定的问题，与我们的研究对象相符合。两者的解释有一个共同点，即都是从右翼的语源入手，强调其保守性、国粹主义思想。应该说，解释的路径是没有问题的，但是解释的内容尚显粗简，并没有关注到日本右翼的"异质性"及其自身复杂的阶段性变化。

值得注意的是，有一定权威性的《国史大辞典》中并没有"右翼"词条，只对"右翼运动"（うよくうんどう）做了如下解释：右翼运动指在我国（日本）以标榜国家主义、日本主义、农本主义、国家社会主义等理念的个人和团体以天皇中心主义的国家观作为运动的指导原理所从事的政治行动（包括暗杀活动）、大众运动、教化运动。① 《国史大辞典》没有为"右翼"一词单独列出词条，估计是考虑到该词的复杂性和模糊性，只能将其置于右翼运动中才能加以解释清楚。从本书后面对日本右翼系谱及其思想的研究来看，《国史大辞典》的解释比较契合本书的研究结论②，其解释思路有值得借鉴之处。

堀幸雄的《最新右翼词典》是目前有关右翼解释最有影响的著作。该词典认为：

> 一般而言，右翼指反动的、反近代的国家主义思想及其运动。但这不是非常清楚的定义。在法国大革命时期的国民议会中，从议长席来看，居于右侧的保守的吉伦特派与居于左侧的激进的雅各宾派是右翼与左翼的由来。据此，右翼被指对近代革命持反对立场的保守派的政治态度。之后，左翼成为国际共产主义运动的代表，而与之相对的，反革命或者反动的、帝国主义、法西斯主义等统统被称为右翼。通常，右翼没有成体系的理论，根据当事者的不同，其指导理念也千差万别。但是一般都具有对近代的反动，对人类如自由、平等普世价值的否定，对国家为中心的价值的追求等特征。③

《最新右翼词典》对右翼的解释延续了右翼语源说的研究进路，相较其他词典的解释，更强调右翼反近代、帝国主义、法西斯主义等核心特征。应该说，对右翼本质特征的解释比较深入。

对比各种较权威词典的解释可以发现，右翼概念尚无统一、明确的解

---

① 参见国史大辞典编集委员会编『国史大辞典』、吉川弘文馆、1979、169 頁。

② 本书将日本右翼的系谱分成"玄洋社黑龙会系"、"老壮会与犹存社系"、"农本主义系"和"经纶学盟系"四大派系。而《国史大辞典》中提到的"国家主义"、"日本主义"、"农本主义"和"国家社会主义"理念恰恰是这四大派系各自标榜的。在这一点上，两者不谋而合。另外，本书提出右翼思想构造中"天皇观"是其最为核心的思想的观点与大辞典中"以天皇中心主义的国家观为指导原理"的解释相互印证。详见第二章"右翼的系谱"与第三章"右翼的思想构造"。

③ 堀幸雄编『最新右翼辞典』、東京：柏書房、2006、49 頁。

释。即便如此，还是有许多学者不畏困难，在有关右翼概念的界定问题上给出了自己的见解。本书将这些观点概括为"经济基础决定上层建筑说""阶级斗争说""综合说"等。暂且不论这些观点是否偏颇，至少在右翼概念的界定问题上，提供了有意义的研究思路和解释路径。

第一，"经济基础决定上层建筑说"，也就是历史唯物主义说，其代表学者是木下半治。木下半治在著作《日本右翼的研究》一书中谈及右翼出现的条件及其内涵时指出：

> 法西斯的本质是垄断资本主义为了克服被变革的危机而采取的一种独裁模式。法西斯的出现至少需要四个条件。一、发展到垄断资本主义阶段的独裁政治。二、垄断资本受到经济危机的冲击崩溃的危险。三、经济危机导致无产阶级和农民大众在政治上的动摇，左翼特别是共产党领导的革命运动的发展。四、为了克服革命的危机，进行社会性煽动，动员拉拢小资产阶级和部分愚昧落后的无产阶级作为大众运动的基础。[1]

对于界定右翼产生的四个条件的具体含义，木下做了详细的说明。他认为：

> 关于第一点"归根结底，法西斯是垄断资本主义的产物……是金融资本的运动。所以无论国粹主义的、反动的独裁暴力等形态，如果其国家资本主义并不发达，还没有进入帝国主义阶段，经济上也没有发展到垄断阶段的话，那不能称其为法西斯主义，只能是单纯的封建专制"。
>
> 第二点，"经济危机是法西斯登台的前提条件。进入垄断资本主义阶段后，如果没有发生经济危机，只要某种程度上仍处于安定状态，那么法西斯就不会产生，因为安定期资本主义的政治统治形态是议会政治。政治斗争通过议会形式相互妥协确保政治制度的稳定。但一旦爆发危机，特别是社会动荡矛盾尖锐，如无产阶级运动的蓬勃发展，议会政

---

[1]　木下半治：『日本右翼の研究』、東京：現代評論社、1977、13 頁。

治通常是无法抑制的，这就需要非议会、暴力的统治制度，而法西斯成为不得已的选择"。

第三点，"经济危机加剧了阶级矛盾。劳动者和农民迫切需要摆脱苦难，反抗和斗争成为必然。经济上，劳动组合运动，政治上，以人民大众的劳动组合运动为基础，左翼运动即共产党领导的无产阶级运动兴起，表现出对于现存资本主义体制的非妥协地坚决废除私有制的运动。垄断资产阶级为了挽救自己的命运也为了抑制无产阶级运动只有通过法西斯独裁体制来扼杀"。

第四点，法西斯主义必须为争取到更多大众的支持而不择手段。一方面，坚决抑制左翼解放运动，同时，对于愚昧落后的大众阶层采取怀柔政策，拉拢甚至是欺骗那些小资产阶级和一部分无产阶级。利用他们的软弱、贪婪以及对于政治地位的不满，将他们打造成为反动部队。这一点也是法西斯区别于单纯暴力政治的关键。①

同时，木下也指出："从国际来看，一般而言，法西斯是缺乏理论体系的。"正如法西斯自身也宣称"与理论相比，更加倚重行动"。同样，"日本法西斯也是如此，理论贫困到了让人无法容忍的程度"②。木下的观点简言之，意在强调日本右翼的出现是日本垄断资本主义发展到一定阶段的产物，是国内国际矛盾无法调和而走向极端独裁的需要，日本右翼的内涵就蕴含在法西斯主义之中。

的确，右翼作为一股政治势力，其产生及其内涵必定与当时经济基础存在密切联系，但其观点的解释效力只适合昭和时期的法西斯右翼，无法解释之前明治时期的"观念右翼"和大正时期的"革新右翼"两个阶段。也就是说，木下的观点并不能解释全部右翼的历史，缺乏历史纵向的归纳，不免会有以偏概全之嫌，但是他注意到历史唯物史观在解释右翼生成问题上的重要性，也实属难能可贵。

第二，从阶级斗争理论的角度阐释右翼概念问题。代表学者松本健一认为：

---

① 木下半治：『日本右翼の研究』、東京：現代評論社、1977、13~16頁。
② 木下半治：『日本右翼の研究』、東京：現代評論社、1977、24頁。

幕末、明治维新期，左翼主张开化、欧化主义，右翼主张攘夷；明治后期，左翼倡导民权，右翼倡导国权，关于日俄战争问题，左翼是非战派，右翼是主战派；大正到昭和战前期，左翼奉行马克思主义，右翼则倡导民族主义……①

松本通过对日本右翼政治主张及其历史活动的考察，对其做了整体性的归纳："革命是左翼，国家主义是右翼。"②

显而易见，松本从阶级斗争理论来解释日本右翼，通过以左翼为参照系，把右翼置于与左翼的矛盾对立关系中，揭示近代日本右翼运动史的整体特征，最后将其凝练为"革命是左翼，国家主义是右翼"，具有高度的历史概括性。松本的观点对于在整体上阐释近代日本右翼运动史的特征基本是成立的，但近代日本右翼运动是阶段性的，每一个阶段其思想理论和行动选择都有差异。比如国家主义虽是日本右翼最为重要的思想特征，但它并不是右翼每一个阶段都具备的，早期右翼领导的不平氏族反明治政府的武装叛乱以及参与自由民权运动都不以国家主义为理念指导，其行动也并未体现国家主义的特征，国家主义真正成为右翼指导思想则是在1881年玄洋社成立后从事国权主义运动以及大正时期革新右翼所倡导的"国家社会主义"运动时期。这样看来，松本的观点只是揭示了右翼的核心特征但并没有完整解释右翼，把明治维新时期主张开化、欧化主义称为日本左翼值得商榷。通过对木下、松本两位学者有关右翼定义的考察，笔者认为，马克思主义的"唯物史观"和"阶级斗争理论"在解释日本右翼诞生的原因以及右翼运动的整体性特征上是值得参考的，但是由于其理论上的高度概括性也导致其对具体的、过程中的、细节上的问题不能给予"关切"，甚至会因为遗漏和无视而导致以偏概全。

跳出日本右翼的范畴，在更广阔范围对于左翼与右翼概念的讨论中，阶级斗争理论也有广泛的影响力。在现代政党政治研究中，一般根据政党的意识形态，把无产阶级政党视为左翼政党，左翼政党奉行共产主义或民主社会主义价值理念，比如各国家的共产党和社会党、社会民主党、工党；把资产阶级政党

① 松本健一：『右翼・ナショナリズム伝説』、東京：河出書房新社、1995、59 頁。

② 松本健一：『右翼・ナショナリズム伝説』、東京：河出書房新社、1995、60 頁。

视为右翼政党，信奉保守主义和自由主义的价值观念，比如英国的保守党、日本的自民党以及意大利的天民党等。这是典型的以阶级和意识形态标准来划分的，具有一定的普遍性，特别是在"右翼"一词发生异化以后，在资本主义同社会主义两大意识形态简单对立的时代，这样定义是符合世界绝大多数右翼政治势力的，但即便如此，也并不能将其作为解释右翼与左翼产生的根据。

如前文所述，在资本主义发展的初期，无产阶级与社会主义运动方兴未艾之时，社会的主要矛盾是新兴资产阶级与旧贵族、旧领主等封建势力的矛盾，左翼与右翼的对立不是表现为资产阶级同无产阶级的对立，而是如何对待旧封建势力和如何推进资产阶级革命、发展资本主义的态度与手段的区别，总体上形成了保守与革新、激进的对立。当无产阶级与资产阶级的矛盾上升为主要矛盾之后，代表保守势力的右翼的政治理念中不可避免地有了反共、反社会主义的意涵，表现为某种形式上的阶级对立。在资产阶级与无产阶级的对立在世界范围内普遍形成之后，世界上绝大多数的右翼包括日本右翼都反对无产阶级、反共、反赤化、反社会主义，表现为实质性的阶级对立，当然因此也成为无产阶级对右翼的定义带有贬义色彩的原因。随着时代的发展，资本主义的社会形态几经变化，社会结构也不似初期那样——无产阶级和资产阶级两大阶级简单对立，出现了许多新的阶层，阶级成分变得复杂，无产阶级和资产阶级的划分界限变得模糊，而且有些国家的共产党已经发生转向和变质，在这样的新形势下，阶级斗争论对于认清处于时代发展中的右翼就显得片面和形而上。

总之，要试图对日本右翼做出一个合理的定义首先应该在参考木下、松本从"唯物史观"和"阶级斗争理论"来定义右翼的思路基础上，跳出"唯物史观"和"阶级斗争理论"的框架，对右翼做更为具体的、全面的考察。这方面，学者天道是可以说是做了有意义的探索。他认为：

> 虽然对右翼运动做出细致的定义和区分很难，但一般意义上的，大致的划分还是有迹可循的。通常可以做如是思考，"有着国家主义、民族主义、保守主义倾向的可称为右翼；有社会主义、共产主义倾向的为左翼"[1]。

---

[1] 天道是：『右翼運動100年の軌跡：その抬頭・挫折・混迷』、東京：立花書房、1992、20頁。

显然，天道是与木下、松本的解释思路有相似之处，但值得注意的是，天道是在指出右翼的国家主义特征的基础上还追认了其所含有的民族主义、保守主义的特征，这一归纳更符合右翼各个历史发展阶段的特征。天道是对于右翼特征的探究并未止步于此，他进一步分析道：

> "虽然日本右翼思想主张和系谱很驳杂，但依照有关右翼运动的划分，依然可以找到其共同的特质，如'对国家的忠诚'、'对民族文化和传统的尊重'、'对传统权威的尊崇'；重视'父家长制的国家观'、反对'精英阶层'、'排斥其他国家和民族'、'反自由主义'、'反个人主义'；以行动为中心、唯'力量论'等都可视为世界右翼思想的基本特征，无论时代如何变化。"除此之外，日本右翼还有其独特性。一、天皇制国粹主义。立足于皇国史观、"国体论"，宣扬天皇的绝对性。二、将天皇抽象化、相对化为"先验的本体存在"。主张在"天皇作为国家变革原理"之下建设国民国家。三、大亚细亚主义。打破欧美人（白种人）为中心的世界秩序，提倡亚洲人（有色人种）的解放和互助。四、农本自治主义。对自由主义、资本主义天然具有一种怀疑，而重视劳动、亲族的联合，意欲建立以农村自治为中心的理想国家。①

作为一个概念的阐释，天道是对日本右翼的界定虽然稍显冗长，但基本上还是完整地概括出了其核心特征，而这些核心特征恰恰成为日本右翼区别于他者的最本质的特质。在这个意义上，笔者认为天道是对右翼概念的界定是最客观、合理的，有重要的参鉴价值。

另外，还有一种观点认为应该从日本固有文化传统与日本人特有之情绪中探寻，虽非主流，但也颇有影响。其中，三岛由纪夫的观点最具代表性。

三岛由纪夫在《林房雄论》中写道："所谓右翼不是思想的问题，它纯粹是个情感问题。"三岛将一个需要学理性阐释的问题直接简化为日本人的情感问题。

三岛是战后日本新右翼的代表人物，其言论具有一定代表性。三岛之所

---

① 天道是：『右翼運動100年の軌跡：その抬頭・挫折・混迷』、東京：立花書房、1992、21 頁。

以将何谓右翼简化为情感问题，一个无法忽视的客观原因在于，战后右翼与战前右翼相比，缺乏大川周明、北一辉、石原莞尔等右翼理论家，少有思想理论方面的创建，右翼思想因之弱化，所以战后右翼在理论上处于贫困化时期，有学者甚至提出战后右翼已处于"无思想化"时期。一个重要的主观原因，也就是三岛所谓的情感因素。虽然三岛未做明确说明，但显然他所强调的不是个体的情感而是上升到整个民族层面的具有普遍性、象征性的共同情感体验。

那么这种普遍性与代表性兼具的大和民族的情感究竟是什么呢？笔者认为，无非包含两个层面：一个是对自然和人情世故的认识，也可以理解为某种风俗习惯，另一个是关于国家观、社会观的认识。第一个层面是日本人基于本土文化和既有的生存环境中所自然孕育出的情感体验。它通常是朴素和持久牢固的。虽然这种情感居于日本人精神与心里，但是它并非构成日本右翼精神和思想的关键。右翼根本上还是一个政治观问题，即对于国家、社会、权利等持有的观念认识。也就是说，真正左右甚至规定日本右翼的应该是日本人情感中第二个层面的内涵，即日本人有关国家观、社会观的认识。因此，对于三岛所谓右翼是日本人情感的论述，可直接转为对第二个层面意义的探讨。

日本人的国家观和社会观，无不围绕着天皇观展开。在日本，天皇无疑就是"朕即国家"理念的最好体现。天皇无论在政治权力结构中还是在日常生活中都高高在上，居于核心地位，拥有绝对的权力。所以右翼对于国家的情感可以直接转换为对于天皇的情感。对于天皇的情感最有代表性的就是右翼所谓的敬戴皇室、尊崇天皇，作为皇室中心主义的狂热崇拜者，积极主张和维护天皇"万机亲裁"的独裁统治。如明治初期的反对政府的武装叛乱，大正时期策划的军事政变以及昭和法西斯运动都体现了右翼维护天皇独裁统治的意图。

津久井龙雄对此表述得最为直白，他说："右翼本来是一种爱国精神，一种尊重祖国历史与传统并引以为自豪的精神。"可见，三岛所谓的"右翼纯粹是个情感问题"的观点，表面上标新立异，与通常的有关右翼的阐释迥然不同，但深究其实质，结果并无任何新意，无非换了一种表述而已，其观点依然没有跳出右翼尊皇、崇皇的窠臼。但由于是从文化心理而非学理的角度去阐释，此观点更容易引起共鸣，毕竟尊敬天皇的心情在日本是很普遍的。连天道是也承认"本来日本的右翼应该与日本传统的美学、美的意识有着深刻的联系"①。

二 右翼概念界定的困难性与界定原则

长久以来，关于右翼特别是日本右翼我们总想试图用无所不包、无所遗漏的一句话精准表述，来一劳永逸地定义右翼，而实际上这似乎是一个不可能完成的任务。

对于右翼概念的界定应该说是困难的。原因在于，右翼问题本身存在复杂性和多样性，很难用一个统一的标准和准确的概念界定它。这种复杂性笔者认为主要体现在两个方面。

一是地域差异或者说是地缘政治差异。这种差异基本上以发达国家和发展中国家的差异即"南北差异"为主。欧美的右翼团体更多关心的是民主政治和民生问题，而包括日本在内的所谓亚洲的右翼团体绝大多数关注的却是国家的对外政策和民族的所谓"生存空间"问题。二是各国的政治传统和所面临的国内国际任务的差异。虽然都遵循资本主义民主政治原则，但是欧洲的右翼和美国的右翼又稍有不同。欧洲的右翼遵循的是"古典保守主义"，②而美国右翼则更推崇"新保守主义"，并且美国右翼整体上比欧洲右翼更加反共。但无论是欧洲的保守主义还是美国的新保守主义，与亚洲国家的右翼相比较，欧美所谓的右翼的思想主张更多的是基于资本主义内在的政治传统，体现的是西方的民主政治理念，而亚洲的右翼则是超越政治，更多基于民族的文化传统，其思想主张多带有超国家、超阶级的倾向。这实际上成为右翼概念难以界定的又一原因。

总之，从整体上看，今天的欧美右翼基本上还残存着法国大革命时期流传下来的右翼保守主义的原旨主义精神，而且随着西方政治的总体保守化趋

---

① 天道是：『右翼運動 100 年の軌跡：その抬頭・挫折・混迷』、東京：立花書房、1992、26頁。

② 古典保守主义的代表人物埃德蒙·伯克（1729～1797 年）认为，自由主义使人类理性有了太多的自信，而人们其实只是部分理性的，他们同样具有广泛的非理性的激情。社会长年累月推衍、发展出来的传统、制度及道德标准就是为了控制人类的非理性。现存的制度和传统不可能都是糟糕的，因为它们是千百年来屡次尝试的结果，人们对此已经习惯了，最好是予以维持和保留。参见〔英〕埃德蒙·伯克《反思法国大革命》，张雅楠译，上海社会科学院出版社，2014。

势的增强，尤其全球一体化所暴露出的问题给西方带来的巨大冲击将推动欧美右翼强势回归保守主义甚至是极端保守主义。如近些年来在欧洲出现的以法国极右阵线为代表的右翼政治势力的强势抬头已经说明问题。而非西方的右翼团体和政党因为缺乏西方民主文化的历史底蕴，加之民主政治的不健全，其民族主义和国家主义倾向会日趋强烈，也有走向极端化的趋向，日本右翼近些年来的表现尤为明显。

另外值得注意的是，在政治生态随时代变迁而变得愈发复杂的大背景下，每个国家的右翼团体，甚至一个国家内部不同右翼团体之间在思想主张上都在发生变化。比如，当代出现的居于左右两大政党之间的中间派政党又可细分为中左政党与中右政党，中左政党和中右政党也被笼统称为左翼政党或右翼政党，而且在左右两翼政党之外还有极右翼和极左翼政党之分。极右翼政党如奥地利的自由党、德国的共和党、意大利的社会运动党等①，显然对于这些新出现的左、右翼就不能简单地按阶级两分法定性。

还有学者试图从左翼与右翼的相互对立的动态博弈角度去解释右翼，并且认为这样的分法在近代是成立的，至少在日本是成立的。我们姑且不论是否成立，通过从历史现象的描述中来把握右翼时代特征以解释右翼的思路是有启发意义的。不过，就日本右翼而论，虽然战后日本右翼依然鼓吹民族主义、国家主义和皇室中心主义，但在主体构成和思想行动上还是有新变化的，已经不是简单地承继战前右翼。比如组织上，战后右翼主体不单纯是民间右翼分子，还有大量的政治精英、文化精英，组织上趋于松散化和个体化，出现了诸如西装右翼、街宣右翼、任侠右翼、右翼政客、右翼文痞等名目繁多的称谓；思想上，战后右翼反对和平宪法、鼓吹修宪和自主制宪，否定侵略历史、否定南京大屠杀、挑战二战建立起来的国际和平秩序等；行动上，由于战后民主化、非军事化的改造，军部被废除，法西斯主义被清算，在制度层面上战后日本很难再恢复战前的法西斯军国主义体制，所以，无法充当侵略扩张鹰犬的战后右翼只好转向反赤化、暴力恐怖主义、挑起国际争端、制造外交纠纷以及践踏他国领土主权等野蛮行动。鉴于这些新的变化，一些学者以战后右翼势力的总称谓来涵

---

① 赵绪生：《探析新世纪世界政党政治的钟摆现象》，《当代世界》2006 年第 12 期，第 34 页。

盖主体成分复杂的战后右翼。

综合以上分析，对于日本右翼概念的界定，笔者认为应该遵循以下几个原则。

第一，动态的发展性原则。战前日本右翼是一个体制外的游离于政权与民间之间的政治团体，其自身随着国内外政治局势的变化经历了观念右翼到革新右翼最后沦为法西斯右翼的历史蜕变过程。这一历史过程是日本右翼演进过程中各个历史发展阶段的总和，既密不可分，又体现着动态发展的独立性特点。任何割裂日本右翼发展脉络而局限于通过某一发展阶段的右翼来解释整体上的右翼的做法既不可取，也不科学。

第二，阶段的时效性原则。日本右翼组织的发展和思想主张始终处于发展变化之中，始终与日本的国家战略、对外国策等相协调。历史表明，在实现近代化的过程中，日本的国家战略和对外国策是阶段性变化的，大体经历了由明治维新的文明开化、抵御外辱、富国强兵到争当亚洲霸主、与列强为伍直至昭和时期的对外侵略扩张的法西斯军国主义。伴随着国家战略、对外国策的转变，日本右翼的发展也呈现对应的阶段性发展特征，即由国粹主义到国家主义再到国家革新主义直至法西斯军国主义的蜕变。其实，从右翼思想史的角度来看，每一个思想主张和思想家的活跃期一般都自觉限定在属于自身所应该存在的历史阶段，如国粹主义和国家主义时期主要是以头山满和内田为代表的观念右翼时期，而到了20世纪20年代国家革新运动兴起，前期的国粹主义和国家主义已经无法满足时代需要，自然的国粹主义和国家主义就要退出历史舞台，头山等也就自然退居幕后，取而代之的是以北一辉、大川周明为代表的革新右翼的兴起；法西斯军国主义时期改造日本的国家革新主义已经无法满足日本对外侵略扩张的需要，只有军人才能担负起日本"开万里波涛"、制霸世界的重任，于是以军部为代表的法西斯右翼登上了舞台。从以上事实可见，右翼发展的阶段性和右翼思想的时效性在右翼发展史上体现得非常明显，这应成为界定右翼必须重视的原则。

第三，地缘性与民族性的同一原则。如前文所述，世界右翼所具有的特征也为日本右翼所共有，如保守性、排外性、反共产主义、狭隘的民族主义等。但是日本右翼在具备了世界绝大多数右翼所具有的特征之外，还带有自己的特点，如推崇日本主义、天皇中心主义、神国观等。所以在认识到日本右翼与世界右翼的共同之处的同时也要注意到因民族性不同而产生的地缘性的差异。

第四，相对性与绝对性的统一原则。虽然对右翼一词的表述和运用世界上大体是相同的，但也有出入。当然，对"左"与"右"的判断是比较模糊和相对的。在具体的国家和具体的历史条件下，"左翼"与"右翼"的含义也有所不同，如法国大革命时期，拥护资产阶级革命就是"左翼"，而拥护封建制度，保存旧的观念，就是"右翼"。在资产阶级革命已经取得胜利，资本主义政权得到巩固而面临无产阶级革命冲击的时候，在无产阶级革命与社会主义运动开展起来的时候，左翼与右翼的内涵就发生了变化，无产阶级革命派成为社会的进步力量，即左翼，而坚持资本主义的派别则成为社会的保守势力，即右翼。另外，通常认为比较激进的革命性的团体组织一般都被冠以"左翼"的称谓。但是诸如在民族主义和国粹主义上极端激进的团体组织显然不能因为其激进就认为其是"左翼"，实际上这些团体组织都是右翼中的极右势力。还有在20世纪20年代出现的国家社会主义思潮，表面上标榜社会主义，与"左翼"无异，实际上所谓的社会主义也是在维护和巩固天皇权力、维持天皇制基础上的"社会主义"，倡导的是天皇制的国家社会主义，这就是典型的"形左实右"，具有很大的迷惑性。

另外由于一个国家或民族的用语习惯的差异，在右翼的表述上也有出入。如中国共产党曾经发起的反右倾反右派的政治运动，右倾与"左"倾都是党内在政治和军事斗争中出现的违背马列主义的错误思想，其内涵与右翼、左翼完全不同。由此可见，对于右翼的界定一定要认识到相对性一面。当然如果把右翼限定在日本一国范围内，那么右翼的内涵就如上文所述，其内涵就是绝对性的。注意右翼内涵的相对性与绝对性的统一在认识右翼时是必要的。

如前文所述，右翼是一个时代的产物，并且随着时代不断发展变化，它始终与民族情感和国家政策以及社会意识相纠葛而不断顺应其变化，自身充满了复杂性和不确定性。即便如此，虽无法严谨而准确地定义，但就日本右翼而言，无论其形式如何复杂，思想多么驳杂，有一条贯彻如一的基本价值底线，即建立在民族主义、日本主义和国家主义基础上的"神国观"、"天皇观"（"国体观"）和"使命观"。这是认清和理解日本右翼的一把钥匙，也是能够界定日本右翼的主要依据。在这个意义上，研究日本右翼根本无法跳出，也不可能跳出对天皇及其天皇制研究的范畴，否则右翼问题将无从阐释。

第二章
右翼的系谱

日本右翼团体众多、思想理论驳杂，素有"一人一党"之称。日本学者对其团体系谱进行梳理后，相继提出了"两大潮流"和"四分法"等观点。本章在参考了日本学者和警备警察研究会关于日本右翼派系的几种分类基础上，根据右翼系谱的内在传承关系，将其划分为四大派系，即玄洋社黑龙会系、老壮会与犹存社系、经纶学盟系、农本主义系。在四大派系间的地位和关系问题上，玄洋社黑龙会系右翼团体位居四大派系之首，它们既是右翼团体的核心组织，又是其他派系的源头组织。通过对右翼头目头山满生平事迹的考察，进一步了解其思想理念及其作为"右翼的帝王"在右翼史上的地位问题；另外，通过对玄洋社组织沿革的考察，得以明确在"玄洋社"成立之前，存在"矫志社"、"坚志社"、"开垦社"还有"向阳社"等前身组织。从组织演变的视角，得以证明在玄洋社成立之前日本右翼的系谱即已构建，并进一步明确了"玄洋社"的国权主义扩张本质。

第一节　右翼系谱的基本图式

一　右翼系谱的分类

系谱通常是一个宗族（家族）、团体组织或势力集团传续、演进的历史图式，具有呈现图式中个体间的亲缘关系、彰显传承的历时性以及标定其祖源的功用①。战前日本右翼作为在野政治势力能够纵横明治、大正、昭和三

---

① 《不列颠百科全书》（国际中文版）认为，"系谱表示血统或纯种的记录"，作为一门学科，"系谱学是家族渊源及历史的研究，系谱学者按祖先传宗顺序列为表谱，其形式不一"（参见第13卷第105页，第7卷第49页，中国大百科全书出版社，1999）。《辞海》解释为"系统地记载动植物祖先情况的档案材料。可用以推断动植物的遗传特性和确定其个体间的亲缘关系"（参见上海辞书出版社，2009，第2466页）。两本词典虽为权威解释，但较为狭义。如今，系谱概念已广泛用于政党、团体、势力集团的思想、组织传承关系的研究。此类著述如《正统性的意欲——北宗禅的批判系谱》《日本百大企业的系谱》《日本海军潜水艇的系谱及其战史全记录》等。

代而不衰，又能始终对政局产生重要影响，其中一个主要原因在于其有一套自成体系的、始终能够牢牢统合右翼势力并在组织上保证长久传续的系谱。日本右翼的系谱是由众多右翼团体组织因循相互衍生关系而在时间序列上构成的集合。据统计，从1881年"玄洋社"的诞生到1939年大批法西斯右翼团体的建立，日本全国共有右翼团体1733个（成员182192人），达到了战前右翼团体数量的最高峰。[1] 在如此众多的右翼成员中，既有学识渊博的学者，也有暴力好斗的市井之徒，更有野心勃勃的军人、政客。这些来自不同阶层、不同文化背景的人群会聚到右翼团体中，是造成日本右翼团体众多、思想驳杂、人员构成及行为方式迥异的主要原因。正因为如此，对右翼团体系谱进行分类变得非常困难。

木下半治认为："战前的日本法西斯主义运动大体分为两大潮流——纯正日本主义派和国家社会主义派。假如把法西斯简单规定为'国家主义和社会主义'的结合，那么纯正日本主义派则偏重国家主义，国家社会主义派则偏重国家社会主义。前者源于国粹主义阵营，后者源于社会主义阵营中转向的人员。"[2]

"总体上，粗略地可以分为两大基本潮流。日本主义对国家社会主义，也称观念右翼对组织右翼（革新右翼），或者，中心组织论对大众组织论、反议会主义对议会主义等，即前者是国粹主义的、复古的、封建的。相反，后者是革新的、近代的、社会性的，其他的观点也有将其称为旧式右翼派对左翼转向派、民间右翼派对军人派、浪人派对官僚派等。但从思想性、社会性划分的话，旧式日本主义对近代国家主义才是根本的区别，而后者更接近近代的狭义的法西斯主义运动。"[3]

木下进一步认为，如果依据两大系谱的划分，主要的日本主义团体有：玄洋社（1881年）、黑龙会（1901年）、大日本国粹会（1919年）、大和民老会（1921年）、赤化防止团（1922年）、国本社（1924年）、大日本正义团（1925年）、爱国社（1928年）、犹存社（1919年）、行地社（1924年）、全日本兴国同志会（1927年）、祖国同志会（1929年）、大日本生产

---

① 荒原朴水：『増補大右翼史』、東京：大日本一誠会出版局、1974、519頁。
② 木下半治：『日本右翼の研究』、東京：現代評論社、1977、24頁。
③ 木下半治：『日本右翼の研究』、東京：現代評論社、1977、44頁。

党（1931 年）、国粹大众党（1931 年）、明伦会（1932 年）、血盟团（1932
年）、神兵队（1932 年）、国体拥护会（1932 年）等①。

近代国家社会主义团体有：经纶学盟（1923 年）、建国会（1924 年）、
急进爱国党（1929 年）、日本国家社会党（1932 年）、大日本国家社会党
（1934 年）、日本政治革新协议会（1937 年）、日本革新党（1937 年）等。

应该说，木下的分法稍显简单，将犹存社、行地社划为日本主义团体有
待商榷。从成立的时间以及政治纲领来看，老壮会与犹存社系应属于革新右
翼团体派别②。

在《右翼运动》一书中，警备警察研究会将战前日本右翼大体分为四
类。第一类是推崇纯正日本（皇道）主义。该类团体主要基于日本古来的
开国精神，在日本（皇道）主义的支配下，吸收社会主义的部分精华，并
将其用于建设新日本，但反对将国家社会主义作为社会主义的亚流，强调自
己的独立性。第二类是主张国家（国民）社会主义。该类团体以国家主义
的立场把全体主义和个人主义同反资本主义相结合，期待建立以天皇为中心
的社会主义经济。③ 第三类是认同协同主义，对个人主义和全体主义进行扬
弃，在此基础上，主张通过基于指导者理论而建立起来的革新协同主义，实
现由国民协同体到东亚民族协同体乃至世界协同体的转变。第四类是主张农
本自治主义。该类团体以"农为国本"的思想为基础，以作为全部产业基
础的农村为基地，力求在全国建立起自治制度，在反对资本主义的基础上复
辟君民共治的国体。

基于意识形态与右翼运动参与主体的不同，又可分为如下四类④。

一是旧式军人运动。它们本质上是国家主义者、爱国者，具有高度的行
动力和组织力。二是旧国家主义运动。它们被认为是右翼运动的干流，以前
参与国家主义运动，现在仍保持其思想而活跃着。三是以草莽或贩夫走卒为
主体的右翼运动。它们是基于裙带或者拟血缘关系而建立起来的联合组织，
具有狂热的反共产主义倾向和暴力主义倾向。四是宗教右翼运动。它们属于
意识形态型、资本型右翼运动的源流。

---

① 木下半治：『日本右翼の研究』、東京：現代評論社、1977、45 頁。
② 参见拙文《试论近代日本右翼的"三阶段"发展路径》，《理论与现代化》2012 年第 3 期。
③ 警備警察研究会：『右翼運動』、東京：立花書房、1954、4 頁。
④ 警備警察研究会：『右翼運動』、東京：立花書房、1954、5 頁。

相比较而言，笔者认为警备警察研究会对战前右翼的系谱的分类比较合理且成体系，更为重要的是，所分类别基本上同战前右翼组织沿革的历史发展阶段相吻合。

二　右翼的"四大派系"

参考警备警察研究会和其他的相关研究成果，本书认为战前日本右翼主要由"四大派系"构成，即玄洋社黑龙会系、老壮会与犹存社系、经纶学盟系、农本主义系。这四大派系也被认为是战前日本右翼运动的四大支柱[①]（详见附表 F 主要右翼团体系谱）。

由于本书研究对象为明治时期的日本右翼，而老壮会与犹存社系、经纶学盟系、农本主义系诸右翼团体成立时间晚于明治时期，所以下文只做简要介绍，本节将重点考察玄洋社黑龙会系右翼团体。

老壮会与犹存社系团体也被称为"革新右翼"，是日本革新右翼时期的主流团体。该系团体基本上以北一辉的《日本改造法案大纲》为指导思想，秉承犹存社对日本国家进行革新的理念，以国家社会主义[②]为理论依据，主张通过军事政变等暴力方式来实现国家的革新。北一辉也借此成为革新右翼的一面旗帜。

值得注意的是，革新右翼的思想理论对日本军部也产生了深远影响。军部的一批青年军官一度将革新右翼的理论奉为至典。1936 年爆发的"二二六"军事政变的首谋村中孝次、磯部浅一等人就宣称其行动受到了北一辉思想的影响。[③] 由于思想理论的极端性，所以老壮会与犹存社系团体大都具有暴力倾向，在对外关系上积极主张扩张，与日本军部法西斯青年军官关系

---

① 猪野健治：『日本の右翼』、東京：ちくま文庫、2007、16 頁。

② 国家社会主义理论主张通过国家的全面统制来实现社会主义的政治思想。作为运动最早发生在 19 世纪的德国。但是由于运动的目的在于协调国有化与私人资本、工人与雇主的关系，所以马克思批判它为改良主义。在日本，国家社会主义一般是指带有一定社会主义色彩的国家主义。最先倡导的是山路爱山。他在 1905 年结成了国家社会党。大正时期，高畠素之翻译了《资本论》，提倡国家社会主义。昭和时期，许多社会主义者转向国家主义，出现了国家主义同社会主义调和的理论。其中最极端、影响最大的是北一辉《日本改造法案大纲》。该理论强调在绝对天皇制基础上，建立翼赞制加强对全社会的统制，并主张通过军事政变实现国家革新，实现对外扩张。所以国家社会主义理论实质是披着社会主义的面纱而行独裁专制和国家扩张之实。该理论后来也成为日本法西斯主义的指导理论。

③ 大野达三：『昭和維新と右翼テロ』、東京：新日本出版、1981、252 頁。

密切，这也为法西斯右翼的产生埋下了祸根。老壮会与犹存社系团体主要有：老壮会、犹存社、行地社、神武会、大行社、大亚细亚建设社。

"经纶学盟"是由纯正日本主义者上衫慎吉和国家社会主义者高畠素之于1919年建立的。经纶学盟系团体同犹存社一样都是激进的国家革新运动团体，同犹存社并称为国家革新运动的源流。由于该派系组织大都主张在维护天皇制的前提下，通过国家社会主义运动来实现革新，所以经纶学盟系团体也被认为是日本国家社会主义思想的地基，成为继玄洋社黑龙会系、老壮会与犹存社系右翼团体之后的又一个构筑近代日本右翼运动史的重要派系，也是日本激进的国家革新团体的源流。①

经纶学盟系的国家社会主义理论本质上同老壮会与犹存社系的理论并无二致，其本意也是宣扬天皇统治下的军国主义侵略扩张，正如经纶学盟宣言所言"亿兆一心，扶翼天皇，保存大和民族之精魂，开万里波涛，创世界历史之新篇"②。有学者认为，"把所谓的革命同国家改造计划与军国主义密切联系在一起，预示着必然产生军事独裁的法西斯主义"③。

该系主要团体有：大众社、经纶学盟、日本社会主义研究所、日本国家社会主义学盟、大日本国家社会党。

农本主义系右翼团体虽号称日本右翼系谱的四大支柱之一，但相对于老壮会与犹存社系、经纶学盟系右翼团体来说，其影响力有限。农本主义也称爱乡主义，是由橘孝三郎在将大地主义、兄弟主义、勤劳主义统合在一起的基础上形成的。随后，权藤成卿在此基础上又提出了农业自治的理论。后来，日本右翼将农本主义与农业自治理论结合起来，形成了农本自治主义。农本主义系团体主张通过对农业实行自治来发展农业，解决农村贫困问题，使日本摆脱国家危机，进而巩固天皇制的国体来达到实现国家革新的目的。

农本主义系团体主要有：自治学会、大邦社、爱乡会（爱乡塾）、日本村治派同盟、日本农民协会。

玄洋社黑龙会系右翼团体是明治时期的主要右翼团体，也被称为"观念右翼""纯正日本主义右翼"，它与国家革新主义构成了战前日本右翼运

---

① 公安調査庁：『戦前における右翼団体の状況．上巻』、東京：公安調査庁、1964、323 頁。
② 公安調査庁：『戦前における右翼団体の状況．上巻』、東京：公安調査庁、1964、331 頁。
③ 步平、王希亮：《日本右翼问题研究》，社会科学文献出版社，2005，第 103 页。

动的两大思想潮流。① 之所以用"观念"一词做限定，实际上反映了其成立初期在思想上、组织上的不成熟性。早期的右翼较之后世的右翼，特别是就以北一辉、大川周明为代表的以思想理论见长的革新右翼而言，其理论和思想都只是一个雏形，仅仅停留在观念的层次，并没有完成理论上的构建，因此，在行动上也缺乏思想理论的指导，更多是基于民族大义和武士道精神。虽然观念右翼在思想上不成熟，但是在时间向度上较早地确立了其在右翼团体系谱中的原初性的地位，在思想传承上对后世右翼产生了无法消弭的深刻影响，甚至在后世右翼身上表现出强烈的"路径依赖"效应。可见，"观念"一词至少揭示了该时期右翼的两个特征：第一是原初性——"观念右翼"可谓后世右翼之鼻祖；第二，早期右翼运动的不成熟性。

观念右翼团体主要以玄洋社黑龙会系为主。玄洋社、黑龙会分别由头山满和内田良平建立，被公认为近代日本右翼团体的源流组织，在右翼团体中地位显赫，对其他右翼团体产生深远影响。该系的其他团体因属于直系团体，所以在整个右翼团体中也有着重要地位。玄洋社黑龙会系团体主张国粹主义，保护日本民族文化，反对欧化主义；主张国权主义，维护国家的独立，保障国家的利益；主张日本要伸张国权，有一定程度的对外扩张倾向。其涉及团体众多，主要团体有：玄洋社、黑龙会、浪人会、秋水会、明德会、日本国民党（含信州国民党）、大日本生产党（大日本一新会）等（见表2-1）。

表 2-1 玄洋社黑龙会系主要团体

序号	团体名称	中心人物	创立时间	思想主张
1	玄洋社	头山满	1881 年	宣明国体,伸张民权,发展国运,扬国威于海外
2	黑龙会	内田良平	1901 年	振兴帝国,弘扬文化,确立日本对亚洲的领导;培养国士,开展情报工作,以应对亚洲之变故
3	浪人会	头山满、田中弘之	1908 年	反对民主运动,主张拥护国体,宣扬对外扩张
4	秋水会	寺田稻次郎	1924 年	恢复日本精神,反对美国化,崇尚国粹主义

① 木下半治：『日本右翼の研究』、東京：現代評論社、1997、24 頁。

序号	团体名称	中心人物	创立时间	思想主张
5	明德会	盐谷庆一郎	1926 年	敬戴皇室,实现全世界的皇化,排斥违背建国精神的思想
6	日本国民党（含信州国民党）	八幡博堂、头山满、内田良平	1928 年	反共、反垄断寡头资本主义,解放有色人种,国家革新
7	大日本生产党（大日本一新会）	内田良平、头山满	1931 年	主张大日本主义,倡导右翼团体的联合,主张昭和维新

第二节　头山满与玄洋社

一　右翼的帝王——头山满

头山满（1855～1944 年），明治时期日本右翼的主要头目，作为右翼团体的"开山鼻祖"，被奉为"右翼的帝王"，其言行对后世右翼产生深远影响，其所创立的玄洋社更是被公认为近代日本右翼团体的源头，可以说，日本近代史上所出现的各色右翼团体包括其倡导的皇室中心主义、国粹主义、扩张主义等思想都源于此。正是由于头山满的存在和活动，特别是在他的思想影响下，"'玄洋社'从建立之初就具有自明治维新到日本战败之间右翼运动的基本特征"[1]。右翼理论家大川周明更视头山为导师，他说："吾师头山满不畏强权，不爱金钱，不从学问，不置产业，彰显了权威、人格的魅力，超然无为，是横亘于日本近半个世纪的泰山北斗。唯此，吾尊敬并视翁为明治、大正、昭和三代的最伟大的导师。"[2]

头山满 1855 年生于福冈筑前，是黑田藩士筒井龟策第三子。少年时期，曾入被誉为女中豪杰的儒学者高场乱[3]的兴志塾（人参塾）学习。其后，同塾友箱田六辅、近藤喜平太一起加入了由尊王攘夷士族所创办

---

① 步平、王希亮：《日本右翼问题研究》，社会科学文献出版社，2005，第 70 页。

② 大川周明著、中岛岳志编集『頭山満と近代日本』、春風社、2007、19 頁。

③ 《玄洋社社史》一书载，高场乱是当时福冈有名的儒者，曾在福冈人参畑地方设家塾（一称"兴志塾"）专门讲习汉学，时人称其为"女丈夫"。日本早期右翼的主要成员武部小四郎、越智彦四郎、箱田六辅、平冈浩太郎、头山满等人早年在此学习过，并受到高一定的影响，书中称"其门下者皆负其志，悲歌慷慨、任侠义气者辈出"（第 155 页）。

的结社——矫志社。1876 年，由于参与反政府前原一诚的"荻之乱"而被捕入狱。出狱后，适逢"西南战争"结束，西乡隆盛兵败而死，同社成员武部、越智等头目因策动"福冈之变"而悉数被处死，政治上的失败加上精神上的打击，使头山同幸存下来的同伙一起退出政治运动。1877 年 11 月 7 日，头三在福冈的博多湾创办"开垦社"（别名"向浜塾"），专心于教书与务农，但由于资金问题，"开垦社"只开办一年就关闭了。

之后受到自由民权运动领导人板垣退助的影响，头山于 1879 年在福冈又创办"向阳义塾"，专门讲习实学，宣讲自由民权学说，兼论政治时局。

为更好地参与政治运动，头山又相继创立"向阳塾"和"向阳社"（"玄洋社"的前身）。头山以此为据点，通过讲学培养人才，发展组织，专心于伸张民权的研究和自由民权运动，以自由民权志士的形象开始新的政治运动生涯。而"向阳社"也成为当时日本自由民权运动的重要团体[①]。至此，右翼团体初具雏形。

1881 年 2 月，头山满把向阳社更名为"玄洋社"。改名据说是因为"向阳"一词有与天皇对立的嫌疑。虽然改名，但是其政治主张一脉相承——主张敬戴皇室、热爱祖国、固守人民主权。这个纲领也成为后来日本右翼团体最基本、最核心的纲领。同年，明治天皇下诏拟于 1890 年开设国会。诏书公布后，民权运动迅速走向低谷，头山满也以成立玄洋社为契机，与自由民权运动分道扬镳，开始向国权主义运动转向。头山认为，民权的伸张固然重要，但是一味地追求民权而无视国权的消长，国家终要被外国所欺辱。国家受辱就是因为军事力量弱，所以维护国权才是根本，只有国权保住了，民权才会实现。因此，富国强兵，扬国威于海外是日本强国的必由之路[②]。于是，头山满创办《福陵新报》（《九州日报》的前身），以《福陵新报》为阵地，大肆宣传国权主义思想，开始了伸张国权的运动。这次转向也成为日本右翼历史上最为重要的转折点。

19 世纪末，朝鲜相继发生"壬午兵变"和"甲申政变"，尤其亲日派政客金玉均发动的企图清除朝鲜亲中势力，在日本帮助下实现朝鲜独立的

---

① 公安調査庁：『戦前における右翼団体の状況．上巻』、東京：公安調査庁、1964、8 頁。
② 猪野健治：『日本の右翼』、東京：ちくま文庫、2007、18 頁。

"甲申政变"，在导致朝鲜政局陷入混乱的同时也刺激了以头山满为首的右翼势力和日本朝野觊觎朝鲜的野心。事变失败后，金玉均流亡日本，头山满积极庇护和援助，企图拉拢和收买人心。

1891 年，第二次帝国议会召开。当时的松方内阁制定了一个发展军需工业、扩军备战的预算案。该预算案由于民党认为当下之际应该休养生息、节约财政开支而被否决。预算案被否决后，松方政府解散了议会，决定重新进行大选。由于松方扩充军备的计划与头山满伸张国权，扬国威于海外的想法一致，在头山看来，只要松方获胜，那么日本政府必然就会扩军备战，而自己所追求的伸张国权，扬国威于海外的想法就会实现。于是头山就在与松方内阁为敌的福冈县内制造了多起暴力事件来打压、恐吓民党议员，通过干涉选举来支持松方。可是头山满和玄洋社的干涉并没有奏效。松方本人由于迫于民党的反抗以及来自伊藤博文的压力，最后主动撤回了军备案（具体内容详见本书第五章第二节）。头山满因此次暴力干涉选举的行为而名誉扫地，玄洋社也因此而恶名远扬，不得已头山满放弃国内政治运动而转向海外——放眼东亚，全力介入朝鲜和中国的革命事务，开始了以大陆政策为中心的大亚细亚主义①的实践。

1894 年，朝鲜爆发"东学党起义"②。头山满同内田良平等人趁机组织"天佑侠"武装团体打着支援朝鲜东学党的名义远征朝鲜，目的是搜集朝鲜各方面的情报，为日后向朝鲜扩张奠定基础。右翼团体"天佑侠"在朝鲜的军事行动实际上加速了中日甲午战争的爆发。

1911 年，辛亥革命爆发，头山满将注意力由朝鲜转向中国。头山满在孙中山被迫亡命日本期间与其结识，并通过标榜亚细亚主义的"友邻会"组织来援助孙中山、黄兴等革命志士，实现"中日提携"。当然，以后的事实证明，头山满所期望的"中日提携"并不是建立在亚洲各国平等基础上的提携，而是强调以日本为盟主的提携或者是日本统治下的相互提携。可见，头山的

---

① 明治初期的大亚细亚主义反对欧美列强对亚洲的统治，倡导亚洲团结，主张亚洲拥有共通的文化传统和历史命运，亚洲应该共谋建立一个新亚洲，但在日本"富国强兵"的发展过程中变质，异化为大东亚新秩序、大东亚共荣圈思想；明治中期以后，向亚洲侵略扩张主义发展，而以内田为代表的右翼势力是主唱者。

② 东学党起义爆发于 1894 年，是一场带有强烈宗教色彩的反帝反封建的农民起义。它是朝鲜历史上规模最大的一次农民战争，揭开了朝鲜民族民主革命的序幕，也是朝鲜历史上第一次大规模反抗外来侵略者的群众运动，促进了朝鲜民族意识的觉醒。

亚细亚主义虽然不乏"革命者是一家"的国际主义精神，但归根结底仍然是一种投机、策略型的大亚细亚主义。① 也就是说，头山满等日本右翼支援朝鲜、中国革命党人的根本目的是谋取日本在朝鲜和中国的利益。

晚年的头山满着力培养后起之秀内田良平，并将右翼帝王的"衣钵"传给内田，自己渐渐退居幕后，更多地作为右翼的精神领袖而存在。

黑龙会建立之后开始逐渐取代玄洋社日本右翼团体的核心地位。更为重要的是，以黑龙会为代表的右翼团体开始放弃玄洋社时期固守在野精神的传统，逐渐向军部靠拢，积极服务于军部的对外扩张战略，最终沦为军国主义的走狗和鹰犬。但值得注意的是，虽然黑龙会是玄洋社的直系组织，内田良平是头山满的接班人，但二者在思想认识上还存在一些差异，尤其在对外扩张上，头山满并没有内田良平行为极端、野心勃勃，应该说朴素又不乏真诚的亚细亚连带主义情怀始终微弱地存于头山的思想中。这从《大西乡遗训》一书中可以窥见：

> 日本必须以道义为大本。那是日本屹立于世界的使命。并且与近邻中国和印度要相互扶助，共同建立仁义伟岸的道德理想国。中国是道义之乡，孕育了尧、舜、孔子、孟子等众多圣贤，实在是日本的老师；印度则孕育了佛祖释迦，是佛教的发源地。所以日、中、印三国应该齐心协力，发扬我东洋道德之楷模，并且把圣化之光普照于西洋……不能像豪夺的强盗那样扩张国家；不能靠掠夺而致富。若能行道义，以敬爱之

---

① 亚细亚主义思想十分驳杂，但我国学界对于亚细亚主义做了很多有意义的研究，如王屏在《近代日本的亚细亚主义》一书中提出：按表现形式，将亚细亚主义分为"思想"的亚细亚主义、"行动"的亚细亚主义、"外交战略"的亚细亚主义三个层次，并从"古典亚细亚主义"的萌生、"扩张亚细亚主义"的形成、"侵略亚细亚主义"的质变三个演化阶段，对其做了历史性的考察和分析。杨栋梁在回应盛邦和、戚其章有关亚细亚主义之辩的论文中，创新性地将早期亚细亚主义划分为"朴素、策略、征服三种类型"，并对其形态、特征、本质进行了辩证的分析。该文是国内学界探讨早期亚细亚主义问题的重要论文之一，本书采用杨栋梁先生的观点。具体内容详见王屏《近代日本的亚细亚主义》，商务印书馆，2004；杨栋梁、王美平《日本"早期亚细亚主义"思潮辨析——兼与盛邦和、戚其章先生商榷》，《日本学刊》2009年3期；盛邦和《19世纪与20世纪之交的日本亚洲主义》，《历史研究》2000年3期；《日本亚洲主义与右翼思潮源流——兼对戚其章先生的回应》，《历史研究》2005年3期；戚其章《日本大亚细亚主义探析——兼与盛邦和先生商榷》，《历史研究》2004年3期。

心对待世界万邦，那么国家必会被世人万代敬仰。

相反，内田良平在谈及亚洲诸国尤其是中国时，总是充满了鄙夷，不但将日本至于盟主的位置，还处心积虑地想要把亚洲诸国置于日本的占领之下（具体内容详见第八章），这也成为包括孙中山在内的众多革命党人最后与头山私交颇深而对内田却敬而远之的缘由之一。

具有讽刺意味也不乏象征意义的是，在日本法西斯军国主义即将失败的1944年头山去世。虽然头山没有亲眼看到日本军国主义的失败下场，但是在这之前，想必头山早已听到日本军国主义奏响的必败亡歌。头山的去世不仅宣告了右翼一个时代的结束，而且象征着近代日本右翼运动同与之沆瀣一气的法西斯军国主义一同走向覆灭——日本战败后，"GHQ"[1] 在对战败国日本实行非军事化、民主化改革的同时，也向日本政府下发了"解散军国主义者公职，解散超国家主义（团体）"的指令，还颁布了"关于解散特定政党、政治结社及政治团体之件"的备忘录。根据法令，日本右翼团体组织为非法组织，玄洋社、黑龙会等右翼团体根据该法令被迫悉数解散，实际上宣告了战前日本右翼运动就此终结。

二 右翼的祖庭——玄洋社

如前文所述，玄洋社是历经"矫志社"、"强忍社"、"坚志社"、"开垦社"以及"向阳社"等组织沿革而最终成立起来的。虽然这几个组织社名各异，但其宗旨、主义、功能都是一脉相承的。[2] 上述结社组织也在事实上成为玄洋社的前身组织。

《玄洋社社史》一书记载，早年，头山满、箱田六辅、武部小四郎、越智彦四郎等福冈志士在福冈县筑紫郡人参塾学习经学，时而评议新政。通过学习以及受到教师高场乱的耳濡目染，这批志士"尊王之心日笃"，并雄心勃勃地立志要一起干一番事业。福冈志士团体组织也就从这里开始萌芽。

明治初期的社会、政治十分动荡，士族对政府充满敌意，地方暴动频

---

① 第二次世界大战结束，为执行美国政府"单独占领日本"的政策，麦克阿瑟将军以"驻日盟军总司令"名义在日本东京都建立盟军最高司令官总司令部（General Headquarters，在日本通称为"GHQ"）。

② 玄洋社社史编纂会：『玄洋社社史』、東京：玄洋社社史编纂会、1917、227 頁。

仍。武部、箱田、头山等人也对政府十分不满，为此，他们曾支援"佐贺之乱"并密谋刺杀大久保，但是都一一失败。1875 年 2 月，越智和武部二人出席大阪会议，受板垣民权理论的启发，提出"伸张民权是国策之本"，并在板垣的"立志社"学习民权理论。之后于 1875 年 6 月，在福冈组建"矫志社""强忍社""坚志社"政治结社。三社社长分别由武部、越智、箱田出任，其他组织人员构成如下：

矫志社

社长：武部小四郎。

社员：箱田六辅、平冈浩太郎、头山满、近藤喜平太、宫川太一郎、林斧助、阿部武三郎、松浦愚、高田芳太郎、大仓周之介、高田广次、三好德藏、吉安谦吉、永野繁实、德川吉次、青柳禾郎、味冈俊太郎、月成重三郎、江藤修、半田吾老、横井六三四、山田宗三郎、筒井力、鸟居启、管四郎、盐川监机、庄崎登七郎、月成元雄。

强忍社

社长：越智彦四郎。

社员：久光忍太郎、川越庸太郎、中野震太郎、大畠太七郎、舌间慎吾、松本俊之助、齐田信之助。

坚志社

社长：箱田六辅。

社员：中岛翔、奈良原至、月成功太郎、的野恒喜①、横井丰、山中茂、中野锐太郎、久野藤次郎、西川九郎、箱田哲太郎、中山繁、藤岛常吉、内海重雄、山内义雄、吉浦英之辅、吉村驹十郎、安见辰之辅、渡边佳虎、滨勇吉郎、成井龟三郎。②

三社成立目的和宗旨：

---

① 的野恒喜后改名来岛恒喜，并于 1889 年作为玄洋社一员在霞关制造了自杀式爆炸袭击大隈重信的恐怖事件。

② 玄洋社社史编纂会：『玄洋社社史』、東京：玄洋社社史编纂会、1917、105 頁。

新政府优柔寡断、苟且偷安，以至于受到朝鲜小国之侮辱，实乃外交之大误；排挤正义忠节之士，压制公议而独断专行；大兴土木而劳民伤财……此等政府存之何用？当推翻之。如今三社始成，当与四方志士勠力同心以申明大义。[①]

三社成立后，并未如预期那样"勠力同心以申明大义""推翻新政府"。"佐贺之乱"和"西南战争"的失败，特别是西乡的死对头山、平冈等人打击很大。武装反政府的运动不得已告一段落。1877 年 11 月，头山、箱田等人以继承越智遗志的名义，在福冈博多湾设立"开垦社"，别名"向浜塾"，开始"评议时政，以图政治改善"。开垦社主要领导者为头山、近藤、宫川、奈良原等，主要社员有藤岛一造、月成勋、大原义刚、来岛恒喜等。其中和田玄顺担当教师一职，负责社内教学工作，平冈直吉负责会计工作，这是开垦社的基本组织架构。由于开垦社是自发创立的结社，所以经费来源十分困难，主要靠社员与樵夫一起贩卖木材获得资金。当时开垦社社员是"上午伐木，下午和晚上讲习实学"。开垦社虽然是头山满等人较早创建的结社组织，但是它并不具有右翼组织的性格，更准确地说开垦社不过是一个带有半劳动半教育性质的结社组织，创设的目的也不过是以讲习实学、教书育人为主。正如社名所揭示的那样，开垦社是在政治运动道路上处于迷茫期的头山、近藤等人所做的一次尝试，一方面探索救国勤皇之道，另一方面也是积蓄人才，以图东山再起。

1878 年，自由民权运动兴起并迅猛发展，以头山满为首的早期右翼敏锐地察觉到自由民权运动所蕴藏的政治能量和政治机遇，立即投身于民权运动。因经费问题，"开垦社"运作一年后关闭，为"继承越智君遗志，教育子弟、培养志士为急务"，头山、平冈等人于 1879 年在福冈市本町建立了"向阳义塾"，又另设政治结社"向阳社"，箱田出任社长，"向阳社"即为"玄洋社"的前身。向阳社的社旨开宗明义：

义塾者，在于秉承义务。即兴教育、培育民权意识，人尽义务，然后国家始成。吾辈同志皆思国之将来，而设此社。发扬共同博爱之精

---

① 玄洋社社史編纂会：『玄洋社社史』、東京：玄洋社社史編纂会、1917、106 頁。

神，践行厚德利民之道路，同心协力，为国尽绵薄之力，以无愧于天地。[①]

有关向阳社"民权伸张、恢复国权"的言论主张，石龙丰美在《玄洋社被封印的实相》一书中认为：

> 向阳社所谓的民权伸张、恢复国权，其民权伸张的含义就是在于要求扩大人民的权利、参政议政。国权的含义是作为国家的对外权力概念使用的。国家一词是国民的有机结合，国权的恢复具体而言就是志在废除安政以来的所有强加在日本身上的不平等条约。[②]

向阳社的主要组织及人员构成如下：

> 社长：箱田六辅。监事：头山满、近藤喜平太、山中立木、上野弥太郎。议长：郡利（兼任事务总监）、中村耕介。副议长：樋口竞、榊治人。书记：林斧助。会计系：藤崎彦三郎、加藤直吉。

除了基本行政职务设置之外，还设置了相关学科和教学任务：

> 中国学：高场乱、龟井纪十郎、阪牧周太郎、臼井浅夫。法律：伯利（英国）、奥村贞。理化英语：伯利。另外，还设立法律研究所和律师事务所，受理相关诉讼。法律研究所所长：奥村贞。律师事务所助理：清原强之助、箱田三吉。

据说，当时来向阳义塾修学和就读者有 300 多人，向阳社一跃成为很有影响力的组织。高知的植木枝盛、北川贞彦等名人也特地来向阳社观摩学习，并在此宣讲自由民权主义。"向阳社一时成为自由民权运动的旗帜，其

---

① 玄洋社社史编纂会：『玄洋社社史』、東京：玄洋社社史編纂会、1917、209 頁。
② 石瀧豊美：『玄洋社・封印された実像』、海鳥社、2010、58～59 頁。

风头甚至超过立志社。"① 正如前文所述，向阳社的成立受到板垣民权论的影响，成立的目的自然也是宣扬自由民权主义，开展自由民权运动，这从向阳社的社旨即已说明。

从向阳社的组织构成来看，其更多体现的是一个带有培养、教育功能性质的组织。具体而言，向阳义塾侧重于教育，教授学员文理知识，向阳社则侧重于政治运动，培育民权意识，培养从事民权运动的人才。二者并不具有后来右翼组织浓厚的国权扩张主义色彩和帮会组织特征。这也印证了向阳社所言的"兴教育、培育民权意识"的社旨。可见，把向阳社定位为民权运动结社组织是比较妥当的，此时以头山、箱田、近藤为首的日本早期右翼的政治活动仍然处在自由民权运动的范畴内（具体内容详见第四章第三节）。

据说，向阳社成立初期，因为派系争利问题而分成两派。一派是所谓参加过西南战争的武部、越智的嫡系平冈派，另一派号称是参加过荻之乱的箱田派。嫡系平冈派和箱田派都以"老革命"自居而相互不服。两派的内耗曾差点导致向阳社瓦解。头山满为两派的内斗深感忧虑，为了保全向阳社，曾亲自拜访箱田调节两派矛盾。在头山的斡旋下，两派最终和解。平冈后来对此感慨道："小党分立，如蜗牛角上争利，实在是目光短浅，深为不耻。我等当为国家大事而同心协力。"② 两派和解以后，向阳社的领导层达成共识，决定将向阳社改称为玄洋社，并推举平冈担任社长，向阳社开始退出自由民权运动，转向国权主义运动。头山满促成两派和解，不仅仅避免了向阳社的瓦解，更大的功绩还在于保全了右翼，为玄洋社的建立奠定了组织基础，积蓄了力量。从这个方面说，虽然头山不是向阳社的社长，也不是玄洋社的社长，后来也没有担任过任何一个右翼组织的社长，但他对早期右翼组织能够得以建立，并且稳定发展，"功不可没"。也是基于此点，右翼才会如此敬重头山，称他为"右翼的帝王"。

回溯历史，明治政府实施明治维新，反对征韩而采取内治优先的政策，激化了其与不平士族间的矛盾，激起早期右翼分子（不平之士）走上武装叛乱的道路。叛乱失败后，头山、箱田、平冈、近藤为了能够重新统合这些不平之士，建立各种结社组织。其中作为玄洋社前身的向阳社在避免了一次

① 玄洋社社史编纂会：『玄洋社社史』、東京：玄洋社社史编纂会、1917、212 頁。
② 玄洋社社史编纂会：『玄洋社社史』、東京：玄洋社社史编纂会、1917、224 頁。

分裂危机之后，走上正轨，后鉴于其社名"向阳二字有指向太阳而影射天皇的大不敬之意"①，1881 年，正式将其更名为玄洋社，推举平冈出任第一任社长。玄洋社主要社员有头山满、内田良平等（见图 2 - 1）。

图 2 - 1　玄洋社社员合影

资料来源：荒原朴水『増補大右翼史』、東京：大日本一誠会出版局、1974、23 頁。

玄洋社的成立重新整合了福冈既有不平士族势力，并将政治运动的方向转向国权主义，这从根本上促成了日本早期右翼向较为成熟的近代日本右翼的转变，也在事实上开启了近代日本右翼运动的序幕，标志着近代第一个"真正日本右翼"的诞生②（见图 2 - 2）。

作为日本右翼大本营的玄洋社的性格同后来右翼团体孤立排外的集团性格有很大的不同，更多体现的是一种"兼容并包"的精神，与各界保持密

---

① 玄洋社社史編纂会：『玄洋社社史』、東京：玄洋社社史編纂会、1917、225 頁。
② 真正的日本右翼是相对于之前处于萌芽期的早期右翼而言的。早期右翼无论在组织上还是思想上都处于不成熟的阶段，人员不稳定，组织变更、纲领废立频繁。其行动也主要以武装叛乱为主，封建性比较浓厚。而玄洋社成立之后，组织完善而稳定，思想上也确立了国权主义扩张的理念。并且以玄洋社为"母体"，后来相继成立了众多右翼团体。玄洋社由此确立了其在右翼团体系谱中的核心、源流地位。从这个意义上说，玄洋社成为日本早期右翼走向成熟的标志，成为"真正的右翼"。

切联系。如外相广田弘毅，反对东条英机愤而自杀的中野正刚，朝日新闻著名记者、战后成为自由党总裁的绪方竹虎等人都与玄洋社关系密切，有甚者本身就是其社员。玄洋社秉承的这种精神培养了很多精英，也聚集了人脉，日后对日本政府亦形成了不可忽视的影响力。

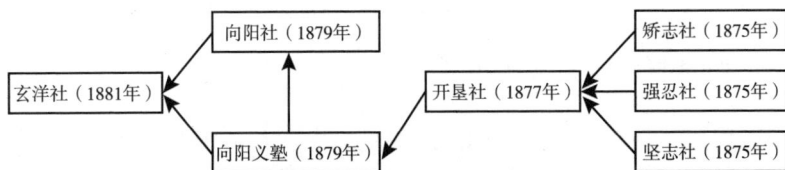

图 2-2　玄洋社组织沿革

　　玄洋社成立同年，天皇颁布开设国会诏书。诏书的颁布瓦解了自由民权运动，也在一定程度上安抚了不平氏族，社会开始稳定起来。社会的稳定对人民是有利的，但对于靠动乱和国难起家的右翼来说，太平盛世极容易让他们碌碌无为。诏书下达之后，平冈便辞去玄洋社社长一职，由箱田继任，玄洋社今后是继续走自由民权的老路，还是探索新的政治运动，当时的头山、箱田等人十分迷茫，但有一点比较肯定，他们对于自由民权运动的热情已经锐减，以下几件事可为辅证。1882 年 3 月，熊本县人喜悦氏房、高田露等人奉行自由主义成立了九州改进党。当时，头山、箱田等人代表福冈县出席了九州改进党大会，但头山、箱田并没有加入九州改进党。原因是他们认为"改进党百议论、千言说却毫无实干精神，不过是高谈阔论而已，终究不会有所作为"①。四月，板垣在东海道宣讲自由民权主义，途中路过岐阜遭刺杀，据说当时板垣大义凛然高喊"来杀我吧，我板垣虽死但自由主义不死"。玄洋社众人听到这则逸事后，不无调侃地说"结果板垣尚在，但自由主义已死"。

　　吸取当初开垦社因经费倒闭的教训，玄洋社决定在新的政治运动方向还未确立之前，先积蓄资金以备日后活动之用。于是头山带领众社员在平尾建立农庄，以经营农庄获取资金，箱田则与部分社员搞养蚕业，平冈也不甘寂寞，致力于经营矿业。这段时期，玄洋社自力更生，积累了一笔可观的经费，为日后的政治运动提供了经济上的保障。不久，朝鲜发生了"壬午兵变"。该事件为彷徨中的玄洋社提供了"雄飞海外"的契机，"我等应继承

---

①　玄洋社社史編纂会：『玄洋社社史』、東京：玄洋社社史編纂会、1917、228 頁。

先人对外之观念，确立我筑前人之大理想、大抱负。今之玄洋社应乘此之机，确立对外之政治思想"①。

第三节　玄洋社的再评价

一　尊皇与扩张主义的本质

众所周知，一个政党或者团体组织的理念往往体现在其纲领之中。玄洋社成立之时为了"被天下志士所瞩目，更为继承越智、武部忠君爱国之遗志"②，制定了如下三条原则，是为"玄洋社三则"③：

> 第一条敬戴皇室；第二条热爱日本；第三条固守人民之权利。
>
> 上述三原则是我等基于保全民之幸福安宁之热切期望，希将此原则传于后世子孙，开枝散叶，代代传承，只要人类世界犹在，该原则亦将永存。若后世子孙有悖逆者，则妄作我纯然日本人之后代。呜呼！服膺此则。
>
> 呜呼，凡拜读此宪则者，当庄严持重，更应申明其义理。"敬戴皇室"乃是我国民须臾不忘之皇国；"热爱日本"非轻视外国，而不要重蹈修改条约，交换萨哈林、千岛以及遭朝鲜国使羞辱等损我国威之历史。我福冈筑前之地，自古有外患之虞，筑前民众常与清、韩之国相抗。由是，此原则乃我筑前护国精神之传承；"固守人民之权利"顺应汹涌澎湃之民权论思潮。藩阀掌权者阻挠民权论伸张，压制民权思想。昔日倒幕维新之功臣如今却专制蛮横，早已背弃尊王维新、奉誓文兴公议舆论，许民之参政权而护我皇室永固之誓言。是故，我等所唱固守民权乃是出于皇室之忠心。伸张民权之时，也要伸张国权；呼吁开设民选议院之时，亦不忘扬我国威、高唱对外扩张。
>
> "敬戴皇室""热爱日本""固守人民之权利"此三则，我等陛下

---

① 玄洋社社史編纂会：『玄洋社社史』、東京：玄洋社社史編纂会、1917、229 頁。
② 玄洋社社史編纂会：『玄洋社社史』、東京：玄洋社社史編纂会、1917、223 頁。
③ 玄洋社社史編纂会：『玄洋社社史』、東京：玄洋社社史編纂会、1917、225～226 頁。

之子民理当服膺谨记，后世子孙亦不可数典忘祖。

《日本右翼问题研究》一书曾这样评价玄洋社宪则。

"第一条敬重、拥戴皇室是'玄洋社'最基本的原则，这是从尊皇的基本精神出发的。这一点构成了日本右翼团体的第一和最基本的原则。第二条'热爱日本'是有明确目的的。'玄洋社'成立时，日本国内围绕修改不平等条约正进行着激烈的斗争，所以这是在'热爱日本'的口号下强调'国权'，强调日本的地位。"

该书认为玄洋社强调国权是"民族觉悟的表现，由此所产生的民族主义意识，有健康的成分……这与后来的右翼极端民族主义情绪有所不同"[①]。同时，该书也指出：

> 玄洋社反对不平等条约是站在"尊皇"的立场上思考的。而"尊皇"背后是日本主义的"国体"与"神的国家"，因此站在这一立场上反对不平等条约，实际是排外主义的表现，反映了国粹主义的思想。因此，即使是初期的日本民族主义思想，也与被压迫民族的健康的正常的民族主义思想有所区别。[②]

正如步平、王希亮所言，早期的右翼在对待不平等条约问题上，不能否认其要求修改条约的动机出于平等、公平和国家自立的目的，是一种朴素的民族主义意识。这是一切受压迫、奴役的国家或民族极为普遍的正当要求。从这个角度讲，玄洋社提出"热爱日本"是一种民族自尊、自立、自觉情感的体现，也符合当时日本国家所面对的被殖民的现实处境。因此，不能不加辩证地认为凡是右翼提出爱国的口号都是极端民族主义的表现。

同时也应看到，玄洋社提出"热爱日本"的口号源于其思想深处的尊皇思想是毋庸置疑的。在右翼的眼里，天皇代表日本，天皇与日本是同一的——"朕即国家"。热爱日本即热爱天皇，只有热爱日本，修改不平等条约，才是第一条"敬戴皇室"的表现，才能扬我国威。大凡宪则第一条最

---

① 步平、王希亮：《日本右翼问题研究》，社会科学文献出版社，2005，第 71~72 页。
② 步平、王希亮：《日本右翼问题研究》，社会科学文献出版社，2005，第 72~73 页。

为重要，有提纲挈领、开宗明义、振聋发聩之效果。玄洋社把"敬戴皇室"作为宪则的第一条也就表明了尊崇天皇及其皇室是其根本宗旨的用意。三条原则之间的关系清楚地表明，只有奉行"敬戴皇室"的宗旨，在此基础上才可以谈"热爱日本"，所以"热爱日本"成为第二条，而"固守人民之权利"放在最后一位，相比之下，这条自然是最不重要的，甚至有自我粉饰之嫌。如此排序除了轻重缓急意义的差别之外，其实还隐含着这样一种逻辑关系，即天皇凌驾于国家之上，国家凌驾于人民之上，天皇是日本的最高统治者，绝对的权威，而人民则处于最底层，服务国家、效忠天皇。玄洋社宪则再一次证明了"天皇观"是右翼思想的核心。

学界对于玄洋社是近代日本右翼团体的开端基本上看法一致。相关研究著述大都采用此说。① 但也有学者认为单纯地把玄洋社视为右翼团体不够严谨。大野达三在《"昭和维新"与右翼的恐怖主义》（新日本出版社，1981）一书中提出"认为玄洋社是右翼团体的开端实在是个错误"（第33页）。他的理由是"作为玄洋社前身的向阳社是为宣扬自由民权运动而建，后来由于社内产生了矛盾，头山借改组之机才把社名改为玄洋社（第33页）"，改名并没有改变其立志于自由民权运动的宗旨。玄洋社宪则第三条"固守人民之权利"就说明了玄洋社在草创之初同板垣退助的立志社一样，都是为了"宣扬民权和致力于开设民选议院的团体"（第31页）。同时大野达三也指出"即便如此，也不能否定玄洋社是日本第一个右翼团体"（第33页）。同样，他也给出了论证，"1886年玄洋社提出'民权的伸张固然重要，但是一味地追求民权而无视国权的消长，国家终要被外国所欺辱。欲要恢复我日本帝国之元气，只有依靠军国主义之一途'，可视为玄洋社与自由民权运动分道扬镳，转向军国主义"（第33页）。

姑且把大野的观点概括为"两个阶段论"。笔者认为，大野达三的观点其实并不否认玄洋社是右翼团体，但他更强调应对玄洋社的前后期做明确的

---

① 如玄洋社社史编纂会『玄洋社社史』，東京：玄洋社社史编纂会、1917；猪野健治『日本の右翼』，東京：ちくま文庫、2007；木下半治『日本右翼の研究』，東京：現代評論社、1977；天道是『右翼運動100年の軌跡：その抬頭・挫折・混迷』，東京：立花書房、1992；步平、王希亮《日本右翼问题研究》，社会科学文献出版社，2005；孙立祥《战后日本右翼势力研究》，中国社会科学出版社，2005。

区分，也就是他文中所称的"转向"问题。

　　笔者认为，对于玄洋社是否存在自由民权运动的活动阶段，还需大量的史实为支撑，不能简单以玄洋社宪则为依据，因为宪则、纲领的政治理想同现实存在差距，又不能排除其矫饰和空想的一面。实际上，玄洋社成立动机是为了自由民权运动是颇值得怀疑的。玄洋社成立于1881年，而1881年绝对不是一个普通的年份，因为就在这一年，天皇颁布敕语"拟于明治23年开设国会"。此可视为对板垣退助等要求民权、开设民选议院建白书的回应，并且给出了具体的时间表，即九年之后开设国会，实际上等于是宣告了自由民权运动已无存在的意义。

　　事实也的确如此。敕语颁布后，作为领袖的板垣退助开始渐次退出民权运动，转而组建自由党，向政党政治转向。其后自由党策划的"福岛事件""群马事件""秩父事件"也相继遭到政府的镇压，自由党被迫解散，自由民权运动走入低潮。就在这个敏感的时间节点上，头山满却改换门庭成立玄洋社，其用意显然是在暗示要脱离自由民权运动，而社名又颇值得玩味。"玄洋"即为福冈县西北的玄海滩，那里与对马海峡相连，与朝鲜隔海相望。所以，成立玄洋社的用意昭然若揭，就是要越过玄海滩，雄飞朝鲜。1884年朝鲜爆发"甲申政变"，头山满和玄洋社极力插手朝鲜政治，其积极扶植朝鲜亲日派代理人金玉均的史实更是明证，所以玄洋社的成立无论是其象征意义还是现实意图都共同指向了其是一个带有扩张意志的右翼团体的本质。

　　另外值得注意的是，有日本学者认为玄洋社社名中的"玄洋"二字并无扩张意图，只不过是遵循以自然风物命名的惯例而已。此言论代表学者石龙丰美这样认为："玄洋二字并没有跨越玄海滩、雄飞朝鲜的寓意，也就是没有扩张的意图。毋宁说，取名玄洋是遵循通常以山、海、河等自然风物来命名的习惯，这种命名习惯在其他地方也很普遍。如现今福冈市还有玄洋小学、玄洋中学、玄洋高校等称谓。因此，'玄洋'一词无论是过去还是现在都不曾含有大陆扩张的含义。"[1]

　　且不说玄洋社纲领和所从事国权扩张的活动历史早已将其盖棺论定，就算按照石龙丰美所谓命名是"遵循自然风物命名的习惯"的逻辑来推

---

[1]　石瀧豊美：『玄洋社・封印された実像』、海鳥社、2010、7頁。

论，也存在悖谬之处。因为果真如此，那么臭名昭著的黑龙会的命名也一定是出于单纯以黑龙江命名的习惯，但黑龙江属于中国，日本右翼岂有以他国自然风物来命名的道理？而且黑龙会旨趣书已经明言："以流经西伯利亚与满洲之黑龙江为中心，担当经营大陆之事业，欲实现我帝国之伟业。"① 可见，黑龙会同玄洋社的命名一样根本不是"遵循自然风物命名的习惯"，完全是右翼扩张野心的表露。石龙丰美的说辞难以自洽，难免有为日本右翼开脱之嫌。

二　日本右翼系谱的源头

战前右翼虽在系谱上号称"四大派系"，但派系之间并非平行的关系，组织隶属关系上的非对等性和时空关系上的非共时性是其主要特征。具体言之，非对等性主要体现在玄洋社黑龙会系在四大派系中的领导地位上。玄洋社创始人头山满和黑龙会头目内田良平可谓日本右翼的巨头，头山满更被吹捧为纵横明治、大正、昭和三代的"右翼的帝王"。② 二人不仅掌控着自己所属的派系，还常常以名誉顾问的身份加入其他派系。头山满曾出任"黑龙会"干事，并与内田良平一起担任"日本国民党""大日本一新会"的顾问。之后，内田良平出任"大日本生产党"总裁，头山满又担任该组织的名誉顾问。此外，头山满与内田良平还参与指导了其他右翼团体的工作，是众多右翼团体幕后的实际领导者。可以说，右翼派系以玄洋社、黑龙会为核心所形成的"你中有我，我中有你"的组织架构，通过"近亲繁殖"构建起了特有的"金字塔式"的系谱结构，同时，这种结构也在一定程度上形塑了自身排他性、封闭性的集团性格。

非共时性，即构成"四大派系"的各派系团体成立时间不同。玄洋社、黑龙会分别成立于1881年和1901年，属于明治时代的右翼团体；老壮会、犹存社、经纶学盟分别成立于1918年、1919年和1921年，属于大正时代的右翼团体；农本主义系的主要团体"爱乡会"则成立于1928年，属于昭和时代的右翼团体（见表2–2）。

---

① 黒龍会：『東亜先覚志士記伝』、東京：原書房、1965、679頁。
② 大野達三：『昭和維新と右翼テロ』、東京：新日本出版、1981、22頁。

表 2-2　日本右翼的四大派系

派系	核心团体	代表人物	创立时间	类型
玄洋社黑龙会系	玄洋社、黑龙会	头山满、内田良平	1881 年、1901 年	国粹主义、日本主义
老壮会与犹存社系	老壮会、犹存社	大川周明、北一辉	1918 年、1919 年	国家社会主义
经纶学盟系	经纶学盟、大众社	高畠素之、上杉慎吉	1923 年、1921 年	国家社会主义
农本主义系	自治学会、爱乡会	权藤成卿、橘孝三郎	1920 年、1928 年	农本自治主义

资料来源：公安調査庁『戦前における右翼団体の状況．上巻』、東京：公安調査庁、1964。

以时间为序，在右翼史的向度上，显然玄洋社是成立最早的右翼团体。正因如此，玄洋社才被右翼誉为"我国国家主义团体的鼻祖"[1]，之后成立的各色右翼团体无不以玄洋社为"母体"，甚至战后成立的诸多右翼团体都将其视为系谱的源头。据统计，截至 2009 年，战后右翼势力团体共有 900个左右，成员 30 多万人。[2] 从数据看，团体和人员数量较之战前都有所减少，但需注意的是，这只是注册在籍的，很多潜在的和半官半民的右翼团体并未统计在内，而后者数量更为庞大。有学者认为，如果都加进去保守估计也有 350 多万人。[3] 就系谱而言，战后右翼都不遗余力地自我标榜传承战前的四大派系，玄洋社为其系谱的源头，以彰显自身的历史性与正统性。尽管如此，一个无法回避的事实是，由于包括知识精英、市井之徒、军人和政客等在内的大量来自不同阶层、不同文化背景的群体的加入，战后右翼早已打破了组织上传统的封闭性和纯洁性，在系谱上很难梳理出类似"四大派系"式的系谱。尽管战后形成了所谓的"街喧右翼""行动右翼""西装右翼""潜在右翼"等名目繁多的右翼势力，但作为一个整体，仍然难掩其在系谱上驳杂混乱的尴尬局面。战后右翼缺失系谱传承的有序性和系统性恰恰反映出，随着日本保守化和右倾化的不断加剧，原有的系谱很难承载和包容随之迅猛发展的右翼势力，系谱混乱或者脱离系谱的约束甚至趋向无系谱化就成为某种必然的趋势。

玄洋社不仅是日本右翼系谱的源头，而且对后世右翼的影响极其深远。这种影响主要体现在玄洋社尊崇天皇、热衷侵略扩张和崇尚暴力恐怖主义的

---

[1]　公安調査庁：『戦前における右翼団体の状況．上巻』、東京：公安調査庁、1964、1 頁。

[2]　参见刘江永、王新生等《战后日本政治思潮与中日关系》，人民出版社，2013，第 213 页。

[3]　参见孙立祥《战后日本右翼势力研究》，中国社会科学出版社，2005，第 142 页。

理念被后世右翼团体所继承，甚至在其集团性格中表现出强烈的路径依赖效应。就其中的暴力恐怖主义而言，1889 年作为玄洋社社员的野恒喜（来岛恒喜）在霞关制造了自杀式爆炸袭击大隈重信的恐怖事件。该事件震动朝野，导致"修改条约案"戛然而止。头山满称该事件是："鄂天下者，莫如君之一击。"① 玄洋社借此名声大噪。来岛恒喜虽不是右翼的领导人物，但他的行为具有象征意义，其恐怖主义行径被后世右翼团体所效仿，成为其重要特征。如 1930 年爱国社社员佐乡屋留雄在东京火车站枪击浜口雄幸首相事件，还有 1932 年"血盟团"团员小沼正在文京区的小学校前枪杀井上准之助事件，最恐怖当属"血盟团"的井上日召于 1932 年策划的暗杀日本政财界重要人物的"一人一杀"恐怖活动。

即便到了战后，右翼在反工运、反赤化和抵制反安保等运动中仍不遗余力地诉诸暴力恐怖主义，尤其当下已蜕化为带有黑社会性质的暴力右翼团体更是与黑恶势力勾结通过暴力恐怖主义等极端行为谋取政治、经济利益。而且，近年来裹挟着民粹主义和爱国主义，其暴力对象大有指向外国人的趋势。如 2013 年极右翼分子在靖国神社围攻德国记者事件，2004 年极右翼团体"日本皇民党"点燃装满柴油的宣传车撞中国驻大阪领事馆事件等。可以说，无论是对内的反体制、镇压人民运动，还是对外反华、宣扬军国主义，右翼倾向暴力恐怖主义的"历史偏好"并未因时代和自身的变化而发生根本性的改变，它依然作为日本右翼的典型集团性格和最具代表性的特征被继承了下来。

---

① 西尾陽太郎：『頭山満翁正伝—未定稿』、福岡：葦書房、1981、180 頁。。

第三章
右翼的思想构造

本章对日本右翼思想的形成、构造及其运作机理进行探究，主要探讨《古事记》《日本书纪》等日本传统糟粕文化与近世尊皇、崇皇之国学对右翼思想形成的影响。以"神国观"、"天皇观"（"国体观"）、"使命观"等右翼最核心的思想为切入点，探究三者之间的内在逻辑关系及其运作机理，提出"三元构造"的观点。在探明此三者间逻辑关系统一、内容同质，互为涵摄、合为一体，共同支配右翼的行为模式和行动选择的同时，进一步厘清由此三者所衍生出来的神国思想、尊皇思想、国粹主义、扩张主义等与右翼对外侵略扩张之间的内在联系。在此基础上，本章还着重探究了西乡隆盛及其"王政维新"和"东亚经略"思想与日本右翼在思想上和组织上的传承关系。以内田良平的《日本的亚细亚》一书为主要样本，重点考察了其在三元构造思想的多重影响下的对内对外的主要认识。

第一节　右翼思想的底色——"神国观"

一　神国的创世观

日本传统文化中充斥着大量有关日本创世的神话。这些神话不仅是"政治神话也是国家神话，我国从神话时代开始，即已是一个统一的国家。不单纯是创造天地的自然神话，还是产生国家的开辟国土的建国神话"[1]，更是日本右翼"神国观"思想的来源。

关于天地的创始，《上古事记表》中称："夫混元既凝，气象未效，无名无为，谁知其形？然乾坤初分，参（三）神作造化之首阴阳斯开，二灵

---

① 勝部真長：『日本思想の構造』、東京：至文堂、1968、23 頁。

为群品之祖。"《日本书纪》讲得更为详细："古天地未剖，阴阳不分，混沌如鸡子，溟涬而含牙。及其清阳者，薄靡而为天，重浊者，淹滞而为地，精妙之合传易，重浊之凝竭难。故天先成而地后定。然后，神圣生其中焉。故曰，天辟之初，洲壤浮漂，譬犹游鱼之浮水上也。"

日本的这段描述与我国有关天地的创始说颇为相似。《淮南子》卷二《俶真训》云："天地未剖，阴阳未判，四时未分，万物未生。"《淮南子》卷三《天文训》云："清阳者薄靡而为天，重浊者凝滞而为地。"《三五历纪》又云"未有天地之时，混沌状如鸡子"，"溟涬始牙，蒙鸿滋萌"，"天地开辟，阳清为天，阴浊为地"。通过比较发现，《日本书纪》的创世说，在文辞、文体甚至是叙述的逻辑上，都带有明显的"中国式"特征。正如广畑辅雄所言："至少中国的在现实世界之外的他界观念刺激了日本人的精神，故对于日本世界观的扩大起到了很大的作用。"[①] 这从一个侧面再次印证了在日本文化形成的早期，中国的思想文化对其的影响和惠泽。

虽然在天地创始说上日本处处模仿中国，但是随后关于国土生成说并没有沿着"中国式"的逻辑安排，而是有了"日本式"的特有描述。[②] 《上古事记表》中所说的三神和《日本书纪》中所说的神圣指的是日本神话中乾道独化之三神——国常立尊、国狭褪尊、丰斟亭尊，亦即太安万侣《上古事记表》中所提到的"作造化之首"的"参神"：天之御中主神、高御产巢日神、神产巢日神。这些神祇就是开创世界的主神。《古事记》中在描述日本创始时称：

> 高天原的神祇伊邪那岐与伊邪那美遵从众神的诏示来到海中的一个小岛，二人在岛上结为夫妇后，生育八个子女。生子淡道之穗之狭别岛。其次生伊豫之二名岛。这个岛是一个身体四张面孔，每张面孔都有名称，伊豫国称爱比卖，赞岐国称饭依比古，粟国称大宜都比卖，土佐国称建依别。其次生隐伎之三子岛，又名天之忍许吕别。其次生筑紫

① 廣畑輔雄：『記紀神話の研究：その成立における中国思想の役割』、風間書房、1977、514頁。

② 冯良珍在《〈古事记〉神话舞台的构造》（《外国问题研究》2010年第4期，第28页）一文中在谈及中日两国神话创世说的相互关系时认为，日本神话舞台吸收中国神话因子、受中国思想影响的特点，应当说具有两个方面：一方面留有明显的痕迹，另一方面却又因融进日本神话和历史传承而形成了一个异质的变体。

岛，这个岛也是一个身体四张面孔，每个面孔都有名称，筑紫国称白日别，丰国称丰日别，肥国称建白向日丰就士比泥别，熊曾国称建日别。其次生伊伎岛，又名天比登都柱。其次生津岛，又名天之狭手依比卖。其次生佐度岛。其次生大倭丰秋津岛，又名天御虚空丰秋津根别。①

淡道之穗之狭别岛即淡路岛，伊豫之二名岛即四国（爱媛、赞岐、德岛、土佐四县），隐伎之三子岛即隐岐国，筑紫岛即九州（丰前、丰后、肥前、肥后、熊本和鹿儿岛等国），伊伎岛即壹伎岛，津岛即对马。总之，八个子女的名称构成了日本的国土——"大八洲"②，这样就完成了日本国土是由神所生即日本是神国的"创世说"。在《古事记》所构筑的神话世界中，高天原、苇原中国、黄泉国，分别代表天界、人界和冥界，其中天照大神所掌管的高天原和苇原中国是日本创世神话的主要舞台，苇原中国即日本国的别称（见图 3-1）。

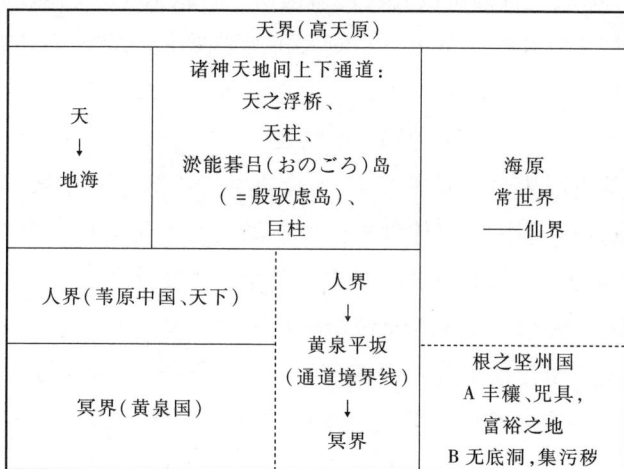

	天界（高天原）		
天 ↓ 地海	诸神天地间上下通道： 天之浮桥、 天柱、 淤能碁吕（おのごろ）岛 （＝殷驭虑岛）、 巨柱		海原 常世界 ——仙界
人界（苇原中国、天下）	人界 ↓ 黄泉平坂 （通道境界线） ↓ 冥界		根之坚州国 A 丰穰、咒具， 富裕之地 B 无底洞，集污秽
冥界（黄泉国）			

图 3-1 《古事记》神话世界的多重构造*

注：*关于《古事记》中神话世界的构成，参见〔日〕服部中庸的《三大考》之《天地考》。
资料来源：转引自冯良珍《〈古事记〉神话舞台的构造》，《外国问题研究》2010 年第 4 期，第 28 页。

---

① 〔日〕安万侣：《古事记》，邹有恒、吕元明译，人民文学出版社，1979，第 6 页。
② 二神所生的八个子女，代表了八个岛国，是日本国土的代指，所以，日本也被称为大八岛国。古代日本对内常用大八岛作为国号，对外才称日本。八岛具有多岛之意，也兼有最初生成的八岛之意。

完成了日本国土是神国的杜撰，《古事记》又把天照大神（太阳神）说成是日本天皇的始祖。《古事记》中载：

> （伊邪那岐命）即其御颈珠之玉绪母由良迩取由良迦志而赐天照大御神而诏之：汝命者，所知高天原矣，事依而赐也，故其御颈珠名谓御仓板举之神；次诏月读命：汝命者，所知夜之食国矣，事依也；次诏建速须佐之男命：汝命者，所知海原矣，事依也。故各随依赐之命。

这段主要讲述了创世之神伊邪那岐为三子分配领地之事。其中最重要的是将高天原，也就是所谓的天界赐给了天照大神。正因为天照大神获得了高天原，所以才有了后来天照大神命其孙下界统治苇原中国一事，也就是日本皇室引以为傲的所谓"天孙降临"。

"天孙"的后代神倭伊波礼毗古命则以"神武天皇"之名成为日本的开国之君，以神祇后裔的天皇为中心的大和国家便建立起来，日本借此便理所当然地成为神之国度。如此一来，日本神话的创世说，不仅完成了对天皇神性的塑造，也完成了对日本神国观的构建。

另一部日本国史书《日本书纪》，全书共三十卷，其中第一、二卷为神代史。该书通篇采用汉文，体例则模仿中国正史本纪，以天皇为中心立卷，目的同《古事记》一样仍在论证天皇的神性。"《古事记》和《日本书纪》通过日本的政治神话确认了天皇统治的正统性。"[1]

正如有学者指出的那样："两部史书对本国的原始神话进行了历史化的、有利于'邦家之经纬，王化之鸿基'的'削伪定实'，完成了以皇室的祖先神天照大神为中心的天上世界及其子孙降临日本、平定国土的神话体系的构筑。"[2]

另外，神国创世说所宣扬的神国观念不仅构筑了日本神国思想，而且同时又是日本神道思想的重要来源。"国学派"的集大成者本居宣长就曾这样评价神国与神道：

---

[1] 長尾龍一：『日本国家思想史研究』、東京：創文社、1981、6頁。
[2] 李濯凡：《日本的创世神话》，《东北亚外语研究》2003 年第 9 期，第 31 页。

道是神秘不可思议之物，既非人的智慧所能推测，也不是圣人所能造出，一味尊信圣人之言，认为其所说任何均为道理之最上乘，实可谓愚哉。

把我国古代的优良风俗，特为区别开来，称为神道。因其和外国种种之道不同，叫作神，并借国之名，成为我国独有之道。①

显然宣长是在极力试图从学理的角度解释日本的神道只有神之国度的日本才能创造，才是真正的道，才是万邦无有之最上乘之道。对于他的这种"努力"，学者阿斯顿在《日本文学史》中批评道："具有人格神的信仰倾向，甚至达到不合理故信的地步。"朱谦之亦指出：

他站在尊崇天皇的立场，把纯粹解释历史的文学的研究和哲学的研究混在一起，因而以哲学的研究为主，把历史的考证的成果牺牲了，日本古代神话资料保存于《古事记》中，根据这些神话，来拥护所谓"神国"、所谓"万世一系"的"日神传统"的天皇制度，这种治学方法基本上就是宗教迷信。②

的确，宣长所论述的神国与神道，不仅无意于还原历史的本来面目，而且增加了其神秘性和绝对性，这显然是一种杜撰和曲解。宣长的治学之术有违学者之于历史实事求是的学术底线。当然，这绝非归于宣长个人道德缺陷之故，实在是因为日本神国创世说对其强大的影响。

二 右翼的神国思想

日本右翼思想受到日本传统文化尤其是《古事记》《日本书纪》中所宣扬的"神国""种族优秀论""八纮一宇"等糟粕影响很深，它们成为构成右翼神国思想的重要理论因子。集中反映这种思想倾向的当属内田良平。

内田良平在《日本的亚细亚》一书开篇即大言不惭地宣称："亚细亚一

---

① 参见本居宣长『直毘霊』，http：//www. norinaga. jp/shoin/naobitama. html。
② 朱谦之：《日本哲学史》，人民出版社，2002，第102～103页。

语是古日本苇原国之名的误传。"并且还煞有介事地进行了一番论证,他说:"这种语音上的误传,等同于现在俄国称日本为ヤパン,欧罗巴称日本为ジヤパン一样。苇原先被误传为苇屋(あしや),然后把し浊音化误读为じ,最后亚细亚就读成了あじや。"① 完成第一步亚细亚实为苇原名误传的论证后,内田又进一步称"盖苇原之国名乃是我皇祖神天照大神令其天孙降临世间,依照神敕'把丰苇原的瑞穗之国封为天孙的统治之国',丰字乃是美称,苇原即为日本的古国名"②。内田如此牵强附会、漏洞百出的一番推论完全根据《古事记》中的论述。内田在此书中苦心孤诣的一番描述的目的就是要证明苇原国也就是古日本是天神赐予之神国。按照内田的论证逻辑,亚细亚既然是苇原国名之误传,那么如今的亚细亚所在地域在古代就应该属于日本。内田的最后结论也归结于此。他说"依据亚细亚是苇原国名的误传,可以推知亚细亚全部地域自古就是天照大神封赐给天孙的国土,而这从历史传说中即已得到充分确证"③。

内田把苇原国称为神国,把日本视为亚洲的中心的谬论不是孤立存在的,日本的"古学派""国学派"也抱有相同观点。山鹿素行在《中朝事实》"中国章"中,先援引《日本书纪》"皇祖高皇产灵尊遂欲立皇孙天津彦彦火琼琼杵尊以为苇原中国之主"的神话传说,然后论道:"是以本朝为中国之谓也。""天地之所运,四时之所交,得其中,则风雨寒暑之会不偏,故水土沃而人物精,是乃可称中国。万邦之众唯本朝及外朝得其中,而本朝神代,既有天御中主尊,二神建国中柱,则本朝之为中国,天地自然之势也。"④

本居宣长也认为:

> 世上所有事物,皆由于高御产巢日神的神灵而出。世上所有事物皆从伊邪那岐、伊邪那美两夫妇神而开始……我皇国之神,如今现实统治天下,天皇的皇祖绝非空理空泛之类……而我皇国的神道,从皇祖之神

---

① 内田良平:『日本の亜細亜』、黒龍会出版部、1931、1頁。
② 内田良平:『日本の亜細亜』、黒龍会出版部、1931、2頁。
③ 内田良平:『日本の亜細亜』、黒龍会出版部、1931、2頁。
④ 広瀬豊編『山鹿素行全集. 思想篇 第十三巻』、東京:岩波書店、1940、234頁。

开始所传下的，叫作道，在这意味着是和汉籍的道绝不相同的。①

在宣长的论证中不仅积极鼓吹维护皇统、效忠天皇思想，而且其中还暗含着奴化日本国民的思想倾向。宣长称：

> 盖人世事皆由于神的安排，即就显事而言，亦不出幽事之外，不过其间也有差别。其差别譬如以神为人，幽事如人动作，世上人则如木偶人，显事实木偶人之首和手足等。那似乎是动作，实则此木偶人的种种动作皆由于人的作弄使然。

言外之意，世间诸事皆是神意志的体现，皆受神的控制，凡人则像提线木偶一样，一举一动都受神的操控，根本没有自主意识，命运完全由神来主宰。那么世人不禁要问："这样的神又在何方呢？"宣长没有明言，其实也无须明言，顺着宣长的逻辑自然推导出这个神就是"现人神"天皇，是万民命运的主宰。这种带有神秘主义、宿命论的观点，目的无非让万民服从天皇、为天皇"尽忠尽孝""义勇奉公"。可见，山鹿素行与本居宣长的皇道哲学不只是"为其反动的立场服务的"，②也为以内田为首的日本右翼的神国思想提供了理论论据，二者在"敬戴皇室""扶翼天皇"的皇权至上主义思想上具有同一性。

为进一步证明日本是亚细亚之中心，内田又从地理风貌的角度做了补充论证：

> 古时候，日本与亚细亚大陆之间并没有现在所谓的日本海的阻隔，当时的日本海只不过相当于现在的濑户内海那样大，撑一只小船即可往来自由。当时除佐渡、隐岐、对马之外（都属于旧国名，佐渡位于现在的新潟县境内；隐岐位于现在的岛根县境内；对马是位于九州与朝鲜中间的岛屿，是现在长崎县一部——笔者按），还有四国、九州等大的陆地相连，其间星罗棋布地分布着一些小的岛屿。除此之外，北海道与

---

① 参见本居宣长『直毘霊』，http://www.norinaga.jp/shoin/naobitama.html。
② 朱谦之：《日本哲学史》，人民出版社，2002，第103页。

桦太由陆地相连，桦太又与沿海的洲由陆地相连接。从冲绳列岛开始一直绵延至如今的澎湖列岛、台湾、南洋等广大地区。如此一来，同现在的南中国地区的交通也变得十分便利。另外，现在蒙古的沙漠以前是海，由渤海冲积而成，又与新疆相连，所以气候温暖，适宜人类居住，与日本本土交通也很便利。蒙古、西藏、新疆三地形成的三角形便是现在的青海。①

对于朝鲜与日本的关系，内田除了从现实政治的角度认为要控制、占有朝鲜之外，在其思想深处还潜藏着在历史观基础上的对于朝鲜的一种"天然亲近"。这里所谓的历史观便是《古事记》中的创世神话。《古事记》中记载：

于是天津日高日子番能迩迩艺命乃离开天的座位，分开丛云，威势堂堂地走来，从天之浮桥上，下到浮洲，站在上边，遂降至筑紫日向的高千穗灵峰上……于是觅地至于笠沙之御崎，迩迩艺命说道："此地向着空地（空地一词，为周作人翻译语，日文原文此处为'韩国'——笔者按）朝日直射，夕阳所照的国土。故此处乃十分吉祥之地。"遂于岩石立壮大的宫柱，盖起了栋梁直耸入云霄的宫殿②。

内田据此认为原文"韩国"就是指朝鲜，而并非空国不毛之地。"空国（むなくに）应该读作からくに。而からくに一词并不是空国而是古语对中国或朝鲜的读音……朝鲜就是我皇孙统治亚细亚最理想的地方，这是毫无疑问的。"③ 在内田一番颠倒黑白的说辞中，朝鲜也成了日本的固有领土。且不说从历史与地理上就难以自圆其说，《日本书纪》也只是把韩国作为空地来解说。周作人在翻译《古事记》中这一段时，还特别做注解释将原文"韩国"译为空地的理由。他认为"原文'韩国'非指今之朝鲜，当如《日本书纪》作空国解，言不毛之地。"④ 如此一来岂不矛盾？既然此韩国非

---

① 内田良平：『日本の亜細亜』、黒龍会出版部、1931、3 頁。
② 〔日〕安万侣：《古事记》，周作人译，中国对外翻译出版公司，2001，第 38 页。
③ 内田良平：『日本の亜細亜』、黒龍会出版部、1931、11～12 頁。
④ 〔日〕安万侣：《古事记》，周作人译，中国对外翻译出版公司，2001，第 53 页。

彼韩国也，本意指的是不毛之地，那又何来现在朝鲜半岛是日本领土一说呢？可见是内田对朝鲜觊觎之心在作祟。

内田又言：

> 支那（支那本有轻蔑中国之意，本应翻译成中国，但为体现右翼蔑华认识，故保留不做他译）一词并不是固有之国名，因为支那是汉民族从西部亚细亚迁移而来，其主体原是大和民族一部，与各部落杂居而生。支那本不应有国名，即便有国名也理当是大和民族丰苇原之国名。夏商周等名称不过是主权者之命名并非国名，就如称日本的三河屋、伊势屋等一样。①
>
> 支那上古史中所谓的天皇氏、地皇氏、人皇氏、有巢氏、燧人氏、伏羲氏、神农氏等称谓皆是传习我日本国神代之命名传统。日本神的名字都是依照神的丰功伟绩命名。如天御中主神、产灵神、天照大神……由此可见，汉族原始之历史皆是继承我日本之历史。②

内田的言论颇为极端，不仅韩国，连古老而伟大的中华民族及其悠久的历史文化在内田的强盗逻辑中也不能幸免，皆归为大和民族之功，皆是大和民族的附庸。抛开众所周知的史实不论，内田自我论证的自洽性，充分表明以内田为代表的日本右翼在其思想深处对中国的蔑视和对日本传统文化的狂热崇拜，"对日本传统文化价值的强调和对'神话建国'历史的回眸，自然会呼唤日本民众向古代日本去寻找自我的不同凡响，与此同时'战争负罪'的感觉自然会稀薄起来"③。

战后，日本部分学者在反思和清理战前思想史时，对日本文人将神话志怪之事穿凿附会以为正史、"以正视听"的做法曾批评道：

> 从古代到近世，如果言及日本的传统，可以说那完全是碎片化的，各人恣意截取拼凑而成的杂乱无章的东西……在二千年的历史长河中，以传

---

① 内田良平：『日本の亜細亜』、黒龍会出版部、1931、20~21頁。
② 内田良平：『日本の亜細亜』、黒龍会出版部、1931、18~19頁。
③ 周颂伦：《蛰伏于历史根部的日本文化论》，《日本学刊》2014年第2期，第144页。

统之名，从各自时代中任意选择人物塑造形象，岂止是这样，诸如任意使用"自然"、"高雅"、"玄幽"、"寂静"等美学的观念来做解释说明……针对外来思想同样也是无秩序无章法地任意接受，一些所谓的"思想家"或"预言家"就像夸耀即刻见效的卖春药者，你方唱罢我登场……①

日本右翼附会日本神话创世说，并把其作为论据而在理论上加以阐扬，通过著书立说先从地理、历史上将中国及亚洲其他国家都说成是日本固有之国土之外，又从文化上将其各国历史的独立与自主性一并抹杀掉而归于日本。如此一番论说，不仅确立了日本万邦无有之地位，还把包括中国在内的亚洲诸国都据为己有，这显然是一种赤裸裸的侵略言论。"蛰伏的日本文化论构成日本历史认识史观的根部土壤，烘托起一株'妖孽'之花，其身姿摇曳处，间或便会向周遭世界传递不和谐的信息。"②《日本的亚细亚》一书充分暴露了日本右翼在"神国观"影响下根深蒂固的对外扩张思想和觊觎亚洲的野心。

第二节　右翼思想的内核——"天皇观"

一　作为"现人神"的日本天皇

日本传统文化鼓吹天皇万世一系、天皇是神的后代等言论构成了右翼"天皇观"的主体内容。《古事记》在描述日本皇室来历时称：

高天原之主神天照大神神谕"苇原国的千秋万岁的水穗之国已经完全评定，苇原国将是我儿正胜吾胜胜速日天忍穗耳命所统治的国土，应按照以前的委派，让他下去统治！"太子答复说，我在整理行装时，生了儿子，名叫天迩岐志国迩岐志天津日高日子番能迩迩艺命，应当让他下去。③

---

① 伊藤整：『近代日本思想史講座〈第7〉近代化と伝統』、東京：筑摩書房、1959、91～92頁。该卷主要由伊藤整、清水几太郎负责执笔。整套丛书对日本思想史做了系统而深入的研究，其中也涉及对近代日本走向战争的思想史的反思与清理。

② 周颂伦：《蛰伏于历史根部的日本文化论》，《日本学刊》2014年第2期，第146页。

③ 〔日〕安万侣：《古事记》，邹有恒、吕元明译，人民文学出版社，1979，第46页。

这里所说的"苇原国"指的是日本，而神子"正胜吾胜胜速日天忍穗耳命"（以下简称"正胜"）和天孙"天迩岐志国迩岐志天津日高日子番能迩迩艺命"（以下简称"天迩"）则是日本皇室的始祖神。因为按照《古事记》中有关皇室系谱的说法，日本皇室初代天皇"神武天皇"便是统治"苇原国"的"正胜"之子"天迩"的直系后代，所以，日本史书也把天孙"天迩"下界来统治日本称为"天孙降临"。这个杜撰出来的神话的意义在于，不仅使天照大神成为整个日本民族共同的氏神、祖神，同时也是日本国家的肇国之神，众神皆为"天照大神的血脉"①，由此确立日本皇室万世一系的神代系谱的开端（见图 3-2）。

一直到 6 世纪末 7 世纪初的"推古女王"时期，"天皇"这一称谓才开始出现。推古女王继位后，对皇统谱做了梳理和补遗，意图重新确立皇统的源头。根据当时中国流行的谶纬学理论辛酉年国家要发生大变革之定律，以推古九年（601 年）为基准，向上回溯 1260 年的辛酉年，即公元前 606 年作为日本第一代天皇的即位之年。② 皇统谱由此向上又增加了 9 代天皇，即神武—绥靖—安宁—懿德—孝昭—孝安—孝灵—孝元—开化，一个完整的日本皇室的皇统谱绘制完成，日本皇室在历史与政治上的"万世一系"的正统性得以确立。

有学者认为 6 世纪，日本皇室在编制皇统谱时，已经有意识地把天皇家系与神话传说相结合。从这一时期成书的《帝纪》《旧辞》等史书可以清楚地看出这一点。③ 武寅也认为："以编撰国史为契机，系统地神化皇族的历史。在以谶纬说为依据确定皇统的源头直接把皇统的开端与'神统'相衔接，从而实现了对皇统的神化。"④

《古事记》就这样把一个子虚乌有的传说作为正史来记载，并借以证明天皇不仅是神的后代，具有神性，而且与神一样"万世一系"，永远统治着日本。皇室承祚不是一种孤立的个体间相沿存续，其背后是日本历史的纵向维度的无限延展，即历史的连绵性。"连绵性是日本历史最显著的特性……日本国土是从古至今都未曾变化的大八洲国。这个作为连绵性从未改变；国

---

① 谷省吾：『神道原論』、皇學館大学出版、1971、90 頁。
② 〔日〕坂本太郎：《日本史概说》，汪向荣等译，商务印书馆，1992，第 61 页。
③ 参见笠原一男、安田元久『史料日本史』（上）、山川出版社、1985、32 頁。
④ 武寅：《天皇制的起源及结构特征》，《历史研究》2012 年第 3 期，第 106 页。

体也没有改变；单一民族形成的国家从未改变……从未改变，亦即万世一系的皇统是居第一位的国体的中心。"① 在这个意义上，日本天皇万世一系说"巧妙地把皇统的延续和国家的命脉合为一体，使皇统成为国运的同义语，天皇祖灵成为大和国魂"，甚至连战前的《大日本帝国宪法》也堂而皇之地宣称"大日本帝国由万世一系之天皇统治之"。

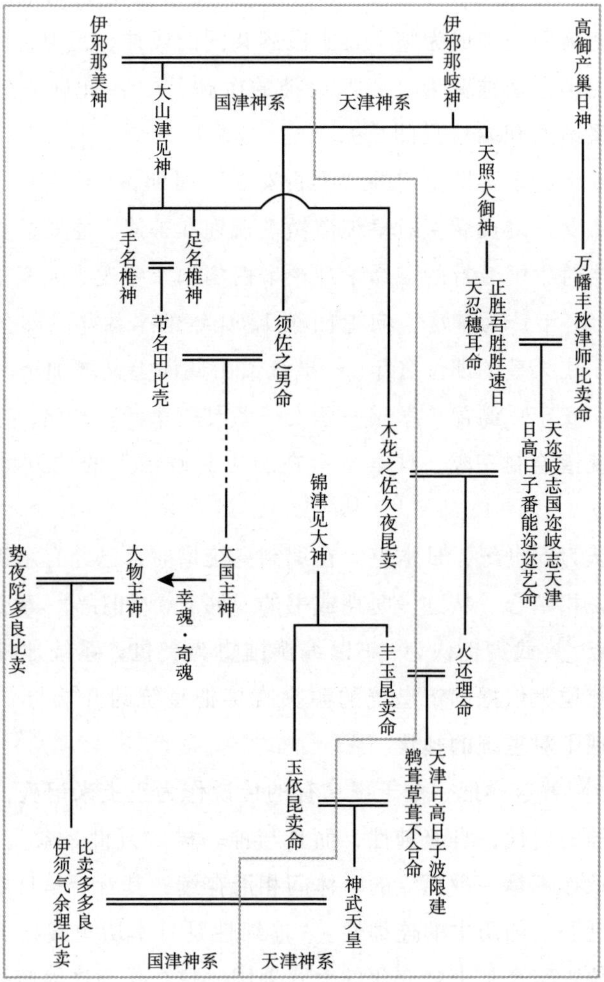

图 3 - 2　神代系谱

---

① 勝部真長：『日本思想の構造』、東京：至文堂、1968、52 頁。

　　基于以上的分析，大可窥探出天皇观的内在精神结构。这里引用日本思想史家石田一良的论述，以为精辟之总结。石田认为：

> 　　所谓古代帝国的天皇观的意识结构体，打个比方说，则呈现着好像是世界宗教的万神殿一般的光景。似乎可以说，这座万神殿是两层的建筑，一楼里，日本固有神道的神，手持《古事记》、《日本书纪》在阐述神孙为君的大王观。二楼的一个房间里，中国的天帝，手持《孝经》和《论语》在阐述有德为君的天子观。在二楼的另一个房间，印度出来的释迦如来，拿着《金光明（最胜王）经》，在阐述十善为君的国王观。由于神道、儒教、佛教这三教的意识形态的联合及其任务分担，日本的古代帝国和古代天皇受到了护卫。①

　　《古事记》和《万叶集》中就这样把继承了"大和心"、日本精神的天皇奉为日本人精神存在的根据，也是恢复大和精神的民族之魂。天皇不仅是日本国民的传统意识的支撑，而且是国家安定和平衡政治所不可或缺的机制。这也确立了天皇在日本政治结构中绝对权威的地位和世袭统治日本的权力。

　　正如有学者指出的那样："天皇的神化强化了天皇家族对皇位的专有，使皇位的传承变成了一种超越自然规律的神秘过程……正是在这一大背景下，神化过程以天皇为中心，进一步延伸到整个民族、整个国家及其政治制度与社会秩序，形成了一个与现实世界的统治关系高度一致的神化的世界。这个神化的世界是对现实世界的强化和颂扬。随着历史的发展，神化成为培育国民的神国意识和民族归属感的有力武器。"②

　　当天皇居于权力层的最高位置，其下的官僚臣民就要绝对服从和效忠。"'新官僚'高唱日本主义……强调国体尊严，并不遗余力地宣传和普及。将天皇和国体的价值绝对化，通过这一最高价值，确立了自己作为'天皇的臣民'与天皇之间的隶属关系。"③ 正因如此，在日本历史上大大小小的

---

　　①　转引自王金林《日本天皇制及其精神结构》，天津人民出版社，2001，第 36 页。参见〔日〕石田一良《日本文化——历史的展开与特征》，上海外语教育出版社，许极墩译，1989。

　　②　武寅：《天皇制的起源及结构特征》，《历史研究》2012 年第 3 期，第 107～108 页。

　　③　鈴木正幸：『国民国家と天皇制』、校倉書房、2000、221 頁。

运动和战争无不打着天皇的旗号，以所谓的"清君侧"之名而发动。

通过神话的杜撰，史家的穿凿附会，久而久之神话就变成了"历史"，固化为一种价值观念和文化传统，不仅对包括日本右翼在内的整个日本国民产生了深远影响，也在现实的政治安排中确立了天皇不同于别国的国王或元首的神圣地位，成为政治上具有天然合法性的独裁者。这实际上为天皇独裁制度的确立及以天皇名义进行对外侵略扩张提供了理论支撑。

同时应看到，将天皇视为现人神的思想扭曲了民众的理性认知，将其永远禁锢在神学体系里，甚至导致日本对战争的正义性的评判标准与世界的普遍道义产生了巨大的偏离。日本的战争观认为，战争的正义与否不在于是反社会还是反人类，而在于是否以天皇的利益为中心，是否为天皇尽忠才是唯一的评判标准。"在尊崇天皇权威的共同体中的公与私就是（我国有关）善恶的标准。私性的就是污秽的，公明的就是纯洁的。换言之，作为崇拜天皇、忠诚心的尊皇心，同时也是对于共同体的公明、清明之心。古代日本人的共同理想就是塑造尊皇心，并千百年矢志不渝。"① 这种扭曲的战争观对日本军事史和国民的正义观产生了恶性的辐射效应——在日本走向法西斯军国主义的不归路上，军队和国民以"一亿玉碎"的忠君之心甘愿充当战争的炮灰，在给他国造成民族之殇的同时，也给自己留下了耻辱和伤痛。

二 右翼的尊皇思想

右翼从诞生的那天起，就奉行天皇中心主义，绝对效忠天皇。一方面，这种意识是日本传统文化在意识形态领域的反映而嵌入右翼思想的根部。"天皇至高无上、神圣不可侵犯，天皇是全体国民精神的原点，是全体国民效忠的对象，这种所谓的一君万民论的的确确是日本右翼精神的根基。"② 另一方面，只有打着天皇的旗号，才能获得合法性和正义性，有利于右翼所谓"维新""天诛""清君侧"等运动的展开。

关于日本右翼思想的起源，日本一些学者主张"近世国学起源说"，认为国学为右翼思想的形成提供了思想因子和理论来源。国学兴起的一个主要目的

---

① 勝部真長：『日本思想の構造』、東京：至文堂、1968、23 頁。
② 岡崎正道：「日本の左翼と右翼の源流」、『言語と文化・文学の諸相』（2008 年 3 月刊）、岩手大学人文社会科学部、2008、109 頁。

是通过以《万叶集》和《古今集》等古典文学作品为根据，来复兴古来之未受污染的纯粹之日本精神，并同外来的儒教、佛教相对抗。国学派代表人物荷田春满以复兴古道为宗旨，在其所著的《创造国学校启文》一书中宣称：

> 国家之学废堕，格律之书泯灭，复古之学谁云问……今之谈神道者，是皆阴阳五行家之说，世之讲咏歌者大率圆钝。四教仪之解，非唐宋诸儒之糟粕，胎金两部之余沥，非镂空钻穴之妄说。
>
> 太宰府有学业院，足利金泽延及然，所藏三史九经，陈俎豆于雍宫，其所讲四道六艺，频频于孔庙，悲哉，先儒无识无一及。皇国之学痛矣，后学鲁莽，谁能叹古道之溃，是故异教如彼盛矣，街谈巷议无所不至，吾道如此，衰矣。邪说暴行乘虚入，怜臣愚衷创业于国学……垂统于万世，首创难成功，非经国大业邪，继续用力，真不朽盛事哉。①

在论及古道皇国之学时，又称：

> 《万叶集》者，国风纯粹，学焉则无墙之讥；《古今集》者，歌咏精造的，不知则无言之诚。……然国学之不讲实六百年矣，言语之有释者，仅三四人耳。

荷田春满如此贬损汉学，其目的是要抬高日本古学之地位，只有打倒汉学，清除汉学对日本无所不在的影响，才能够完全确立荷田春满所谓的"皇国之学"的统治地位。荷田春满虽然没有建立国学的思想体系，但是他损佛贬儒的言论影响了后来的国学派。

荷田春满如此夸耀的"皇国之学"又为何物？国学家贺茂真渊认为这种皇国之学只存在于日本的古典之中，"用徂徕派的古文辞学来探究日本的古典，用《万叶集》来阐明古道"。他认为：

> 尊古者必习古歌，习古歌者必先读《万叶》，能通《万叶》而得其解，则知古人之心见于辞者，诚朴无伪，既雄壮又风雅，知此则古代万

---

① 荷田東麻呂：『荷田大人創学校啓』、1859、13 頁。

事亦明矣。①

在其所著的《国意考》一书中，贺茂真渊继承了荷田春满批判儒学赞颂古学的"皇国之道"的思想，他认为：

> 有人云："自己不以歌等小事为念，欲学治世之中国之道。"我笑而不语。又逢此人，云："我所说种种事物道理，只一笑置之，理由何在？"我答："君之所言，皆中国儒教之说，儒教所云，强将天地之心缩小，成人为之物而已……唐国之道，致使人心日下，骄纵恶劣……好上古之世，传古道于今，耗费十年、二十年，当世之风则可改。"②

也就是说，他认为只有在批判儒学的前提下，通过研习《万叶集》，领悟"万叶精神"才能达到古学之最高境界——皇国之学。贺茂真渊致力于"万叶精神"的研究，但始终自觉未参透皇国之学的要义，直到晚年，他将其研究范围从《万叶集》转入《古事记》《日本书纪》之后方才顿悟——"只有《古事记》所传乃是纯粹古学古义，并确定为第一书"③。他毕生所要探寻的古道最后竟然旨归于《古事记》，认为只有《古事记》里才潜藏着"皇国之学的精义"。

《古事记》是何种史书，实无赘述之必要。这样一本充满了杜撰、异志又带有扩张色彩的书物，竟被国学派奉为理解皇国之学的第一书，可想而知，其所谓的皇国之学会是怎样的一种学问，无非是极力宣扬尊皇、崇皇的思想言论。对此，朱谦之在《日本哲学史》一书中如是评价道："真渊的'日本精神'哲学，归结于古代神话的天皇制思想，认为历史上一切祸乱都由于'忘却我国之道而模仿外国之道犯了错误所致'。这种思想，后来发展为风靡一时的天皇尊崇的传统鼓吹，给王政复古的政治主张以一大助力，同时这种反历史的反动思潮，也成为日本现代法西斯运动的哲学根据。"④

国学派以研习古典之学，行于日本古道之上，耗尽毕生精力最后发掘出

---

① 贺茂真渊：『万葉考』（六）。
② 贺茂真渊：『国意考』、続群書類従完成会、1980、24 页。
③ 朱谦之：《日本哲学史》，人民出版社，2002，第 98 页。
④ 朱谦之：《日本哲学史》，人民出版社，2002，第 100～101 页。

的"皇国之学""日本精神"竟是以尊崇天皇的思想为旨归，在这一点上可以说，日本右翼与国学派实现了精神上的对接——"日本右翼思想源流是在反对德川幕府的开国欧化政策，寻求王政复古和排斥外国，追求'尊皇'与'攘夷'运动的基础上产生的"[1]。

日本右翼团体的代表黑龙会非常认同国学派的尊皇思想，并"矢志不渝"地践行：

> 历史给予的感化是伟大的。后人从前人的足迹中得到种种启示……日本人雄飞海外的传统，早在远古时代就已有之。神代之际，素盏鸣尊和其御子共赴新罗，事见《神代记》。《出云风土记》记载，大国主命因出云国土狭窄而牵引韩国，以补杵筑之埼。又，神武天皇之皇兄稻饭命，殖民新罗，为其国主，事载于《神武记》……其后，又有神功皇后征伐三韩，丰臣秀吉征伐朝鲜，有乘坐一叶扁舟凌驾万里波涛，从支那海活跃于南洋的和寇，历史上留下了许多有关我岛屿帝国之勇武国民航渡大海、进出大陆的雄图。[2]

内田曾盛赞皇道，将其比作伟大无私的太阳：

> 太阳之光并非只照耀善人不照耀恶人般吝啬。皇道犹如太阳之光。不仅照耀日本，同样也照耀西洋。所以日本天皇的威德超越了善恶。若见到恶人，就会认为他不幸、悲哀而怜悯之；如见到善人则喜悦之。我日本国旗就是皇道的象征。日之丸象征太阳的光芒，太阳则是我日本的象征，二者都象征了皇道。[3]

明治天皇驾崩后，内田在谈及天皇的"丰功伟绩"时说：

> 日本自开辟以来，万世一系之天皇用神器统御我日本国、教化四

---

[1]　猪野健治：『日本の右翼』、東京：ちくま文庫、2007、13頁。
[2]　黒龍会：『東亜先覚志士記伝』、東京：原書房、1966、7頁。
[3]　内田良平研究会：『国士内田良平その思想と行動』、展転社、2003、404頁。

方。我日本国体水火不侵固若金汤，并将传承亿万斯年；兼六合、掩八紘乃是我日本国之天职，世所共知……明治天皇具足神武天皇肇国之精神，并完成光复我日本亚细亚之旧版图，其功甚伟。吾皇固守我日本之精神，不失国民之本，又秉承维新之洪谟，求知于世界以振兴皇基。中日一战大获全胜，日韩合并大功告成，由此确立我日本大陆经纶之基础，此诚我天皇圣德皇威之功……我等（内田为首的右翼分子）与全体国民共誓：仰奉我圣皇之威德与洪谟，以国体为基，发扬日本之精神以彰显我日本肇国以来之天职，光被日本旧有之亚细亚全境之国土，确立世界和平之基。完成吾皇未竟之事业，以慰在天之灵。①

内田这篇对明治天皇充满溢美之词和无比崇敬之心的悼词，倒是与德川幕府时期的儒者古贺侗庵在其所著的《殷鉴论》中所表达的情感颇有"异曲同工之妙"。古贺称：

我神武（第一代天皇号神武天皇）开天辟地，垂万世之丕基；安宁懿德诸帝，无为而治，不宰之功；崇神德威光被，远夷宾服；仁德劳来辅翼，无一物不获其所；天智经文纬武，同符神武。皆故圣人也。乃天下后世咸被其覆载生成之泽，而人或不知其圣，此尤圣德之盛，所谓荡荡乎，民无能名焉。帝之力于我何有者，猗欤休矣……②

同样，日本右翼的领袖头山满创作的大量书道作品中也充斥着大量的"忠君爱国""开万里波涛""八紘一宇""赤心报国""敬神尊皇—以贯宇宙""亿兆一心"等狂言，藤本尚则编的《头山精神》一书中多有收集。头山曾在"我毕生的志愿"一文中更是毫不讳言：

自古以来，我大和民族就是唯一拥有纯洁无二国魂的民族，以此为根基实现世界的和谐统一是我国的大使命，也是大和民族的天职。为

---

① 内田良平：『日本の亜細亜』、黒龍会出版部、1931、348～350 頁。

② 古贺煜著、竹中邦香编『殷鑒論』（天香樓叢書）、1879、4～5 頁。

此，我们毕生要贯彻敬戴神明、尊崇皇室、万民同心、世界一家的信念……①。

　　右翼尊皇的思想，一方面如上文所述，源于传统糟粕文化和国学派思想的影响，可以说，国学派为"王政复古"进而开明治新篇提供了思想动力，但也疏浚了日本右翼尊皇思想的通路，二者殊途同归，最后以不同形式共同走入绝对主义的"皇国史观"的死胡同。另一方面则受到西乡隆盛思想的强烈影响。西乡的精神世界比较复杂②，纵观西乡的一生，"王政维新"思想和"东亚经略"思想是支配其世界观和行动选择的核心思想③，也是影响右翼的主要思想。

　　西乡的"王政维新"思想主张废除七百年来的幕府将军专权的所谓武家政治，还政于天皇。无论是在精神上，还是在政治上，天皇都作为国家的最高统治者，通过统和国民、维新政治，从而建立起近代的统一国家。这一思想逻辑的展开，首要任务就是推翻幕府统治，所以有了后来西乡参与领导的"倒幕运动"，也是在此基础上"明治维新"才得以实现。西乡始终主张天皇必须独揽大权，万机亲裁，即便是推行近代化，也不能偏离这一国本。然而明治政府成立后，大久保、岩仓等人实际建立起来的却是有司官僚掌控大权的政治结构，这与西乡的想法背道而驰。"贤人汇集百官，若不将政权归于一途，不将国体定于一格，纵纳人才、开言路、采众议，亦无所取舍，事业驳杂难成也。朝令夕改，皆统辖无所、施政方针不定所致也。"④ 西乡

---

① 藤本尚则编集『頭山精神』、福岡：葦書房、1993、10 頁。该书中收录的多为复刻头山满的亲笔书信和题字的拓片。

② 西乡并不仅仅是浮于历史表面上的只知穷兵黩武的军人，而且在儒学上也颇有造诣。《南洲翁遗训》是有关西乡（西乡号南洲）的语录集，主要阐释如何实现儒家"修身、齐家、治国、平天下"的理想。该书被认为是西乡领悟儒学精神之后其哲学思想的精髓体现（日文版见山田济斋『西郷南洲遺訓』、岩波文庫、1991，中文版见《南洲翁遗训》，许文编译，新世界出版社，2011）。应该说，武士道的信仰与儒学的伦理自持二者对西乡都产生了深刻的影响，共同构筑了西乡的精神世界。但在日本实现近代化的历史语境下，武士道的尚武精神与儒学的"仁爱"理念产生了不可调和的矛盾，这也造成了西乡精神世界的内在冲突与不安，同时也造成了其人格的"分裂"。可以说，一方面主张武力扩张，另一方面不忘"仁爱"为本，这种矛盾又统一的"二重精神构造"不仅存于西乡精神世界中，还是当时日本精英阶层普遍的精神写照。

③ 安藤英男：『評伝西郷隆盛』、白川書院、1976、243 頁。

④ 参见山田济斋『西郷南洲遺訓』、岩波文庫、1991。

认为天皇的权力被架空，是一种变相的官僚专制，所以发动了"西南战争"，将矛头直指以大久保、岩仓为代表的明治政府，意欲实现"二次维新"。总之，无论是"倒幕运动"，还是"西南战争""二次维新"，西乡显然是受到"王政维新"思想的支配，而"王政维新"的目的就是要"勤皇"，维护天皇的独裁统治，其本质则是皇权中心主义。毋庸赘言，日本右翼本就是皇权中心主义的狂热追捧者，也是"尊皇""勤皇"的急先锋。"我右翼的运动就是要维护万世一系的天皇对我日本的永远统治以镇护天壤无穷之皇运，这也是我们运动的原点"①，这一点可以说受容了西乡的精神。"所谓右翼者，皆是西乡精神的子孙。"②

在日本早期右翼中，受西乡影响最深者当属头山。头山曾这样评价《大西乡遗训》一书："敬天、爱人乃是南洲翁（对西乡隆盛的敬称）一生恪守之信念。世间诸事皆在于敬爱二字，小到父子、夫妇、兄弟，大到市町、国家、国际。"③ 为此，头山把西乡酷爱的"敬天爱人"四字作为座右铭，并题为匾额，每日以省其身。④

另外，还有两则逸事可为辅证。

其一，头山曾在西南战争结束后的 1879 年，亲赴萨摩吊唁西乡。他对当时为西乡守灵的西乡家臣川口雪蓬说："我想拜见西乡大人。""西乡大人早已战死了"，惊愕的家臣直言道。头山平静地回道："西乡大人虽然已死，但其精神没有死，我是专程从福冈来拜见西乡大人精神的。"闻听此言，家臣遂把西乡生平爱读之书《洗心洞札记》送与头山。⑤ 这则逸闻，笔者认为其象征意义远大于故事本身。冢前与书实际上象征了西乡把未遂之志托付于头山，而头山也传承了西乡的精神。

其二，头山家宅内室供有一神龛。神龛两侧挂有界绳，里面供奉着明治天皇像。天皇在日本的地位至高无上，又被称为"现人神"，而右翼更是"皇室中心"主义的狂热崇拜者，所以头山供奉天皇像也不足为奇，但有意

① 猪野健治：『右翼・行動の論理』、東京：ちくま文庫、2006、25 頁。
② 松本健一：『思想としての右翼』、東京：第三文明社、1976、20 頁。
③ 小林寛、井川聡：『人ありて－頭山満と玄洋社』、海鳥社、2003、262 頁。
④ 头山所书"敬天爱人"的墨迹现藏于下关市赤间神宫；西乡的墨迹则被鹿儿岛市西乡南洲彰显会所藏。
⑤ 猪野健治：『日本の右翼』、東京：ちくま文庫、2007、122 頁。

思的是，就在天皇像的旁边还供奉一个人偶——西乡。据说此人偶是福冈博多有名的人偶艺人特别制作赠予头山的。① 西乡地位与天皇不可同日而语，但也被作为神来供奉，想必头山是想表达对其崇敬之情，另外也是把西乡视为天皇的"护法"，来护恃勤王、庇佑皇室。恐怕这些都还只是表面文章，更深的意义还是头山想借此以鸣其志——继承西乡遗志，继续"克忠克孝""义勇奉公以扶翼天壤无穷之皇运"。

日本右翼正是"怀着绝对尊崇天皇的情志，非理性地宣扬天皇独裁"②，视"天皇至高无上、神圣无比，为万民精神的归一、忠顺的对象并以此确立右翼思想的根基"③，而与西乡的"王政维新"思想实现了对接。由此可见，很多右翼团体将西乡视为"前辈"并不匪夷所思。究其原因，西乡的国权主义思想、视死如归的武士道精神④以及对皇国日本的忠心对其产生了深远影响，并且作为右翼最"本色的精神"而被传承下去。

另外，在日本右翼的话语系统里，"天皇观"等同于"国体观"，二者常常被混淆使用。所谓的国体"本义是指政治学上依据主权所属而对国家性质的区分。但是在日本的场合含有历史的、伦理的特殊含义，被作为主张天皇统治的正当性、优越性、特殊性的政治意涵而使用"⑤。国体实际上就是"天皇对国家统治的大权"⑥，强调国体，维护国体，根本上就是要强调天皇的绝对统治，维护天皇制度，国体无不是"朕即国家"的另

---

① 読売新聞西部本社：『大アジア燃ゆるまなざし頭山満と玄洋社』、海鳥社、2001、71頁。

② 参见日本国体学会：『国体文化』、日本国体学会、1952 – 06。

③ 岡崎正道：「日本の左翼と右翼の源流」、『言語と文化・文学の諸相』（2008 年 3 月刊）、岩手大学人文社会科学部、2008、105～119 頁。

④ 有关西乡的死，正史的说法是"西南战争败北，西乡隆盛切腹自杀"（参见坂本太郎《日本史》，汪向荣、武寅、韩铁英译，中国社会科学出版社，2008；吴廷璆主编《日本史》，南开大学出版社，2005）。但也有学者提出质疑，鹿儿岛民俗学会片冈八郎在《南日本新闻》上撰文提出："西乡不是死于自杀，而是在要向官军投降时，被他的心腹部下桐野利秋开枪打死。"片冈的观点得到了部分学者的支持，但也引来了更多学者的质疑与声讨。由于西乡的死因关系到对其评价问题，甚至会颠覆西乡在日本民众心中固有的英雄形象，因此，围绕着西乡的死因，各方都持谨慎态度，尚无定论。

⑤ 堀幸雄：『右翼辞典』、東京：岩波書店、1990、205 頁。

⑥ 長尾龍一：『日本国家思想史研究』、東京：創文社、1981、52 頁。

一种表述①。基于此，本书故将二者视为同义语，即天皇观等同于国体观，在不同语境中可以互换使用。国体观使人民将自我与国家绝对地统一起来，在"国体"面前，一切都要绝对服从，服从国体就是效忠天皇。日本著名政治思想家丸山真男对此曾评论道：

> 只要打起"国体"的旗帜，除了宗教人士，无政府主义者和共产主义者之外，几乎所有的党派团体都没有办法从正面与之对抗，因为他们觉得自己缺少理论根据。即使是基督教、自由主义者或民主主义者在右翼的攻击面前，也都要首先声明自己的思想和行动与"国体"决不矛盾。②

实际上，更多的团体和组织甚至包括社会主义者自身对国体观也是非常认同的。这在一定程度上表明，所谓的"国体观"在战前的日本社会各个阶层中已成为普遍的价值认同。这也是战前日本右翼虽然人数不多但民众基础十分广泛的原因所在。

那么国体的具体含义是什么？长尾龙一认为其信仰包含三点：

> 第一是所谓的对外性的原理——"神国思想"，即日本列岛是神开创之国，天照大神的故乡，又是其孙统治的神国，因此具有万邦无有之优越性。
>
> 第二是"尊皇思想"，也就是所谓的在政治上由"万世一系的天皇"统治的正统性原理，对"现人神"的天皇的信仰。这一思想确定了日本没有像中国那样的革命，皇统永续而居于优越地位。
>
> 第三是"大和魂"，就是日本臣民的"清明心"，也是主张义勇奉公，扶翼天皇的臣民论。在伦理上，这成为国民的道德规范，作为一种事实则变成日本人的国民性论。另外，这第三点在"国体论"上还含

---

① 《教育敕语》将皇祖皇宗视为国体精华，意在强调天皇的绝对统治；1935 年的"明确国体运动"和 1937 年的文部省出版的《国体的本意》都意在宣扬"万世一系的天皇是日本万古不易的国体"。

② 丸山真男：『現代政治の思想と行動』、未来社、1983、192 頁。

有生死观的信仰，并且明显表现出信仰战争的性格。①

长尾所说的"信仰战争的性格"其实就是崇尚武力、热衷战争。只不过这种对战争的狂热是以维护国体和尊皇为最终目的的。长尾也指出："具有像这样意味的政治（尊皇、维护国体）潜藏着为了所有的和平，即为了人间所有的和平而时刻准备对内外的战争来实现武装和平。如此，在战场上所有以和平为前提的观念、制度的基盘也随着丧失了……为了政治的正统性，时刻应有为国捐躯的觉悟，并将其贯彻到实际的行动中。"②

作为例注，日本陆军杉本五郎中佐（此人于1937年9月14日在山西省被我军击毙）的遗稿《大义》就体现了这种战争信仰。《大义》称：

> 天皇就是天照大御神的化身，是统治宇宙唯一最高的神。国宪、国法、宗教、道德、学问、艺术乃至诸道皆以天皇为旨归，即诸学问诸道门的最大使命就是把天皇视为无知无觉的绝对存在。只有无知无觉，方能洞悉宇宙，窥见天皇。其大者，上至三十三层天，下贯地底，纵横十方世界皆是天皇之法相；其小者，墙垣之虫鸣，息吹之春风，皆是我天皇之法相……拯救世界，建立天皇之国是我皇民的大使命。（为达成使命）在圣战的征途上纵然遭受烙铁的炙烤又何所畏惧。本来，皇国未有寸土，如今却是皇威遍布……发扬天皇精神并非要扩张领土，乃是要解救苍生。若有敢亵渎我皇威者，就是我内外国民共同之敌人，当共歼灭之……皇国之民当一以贯之，终生扶翼我皇运，时刻准备为天皇献身。成为一是讲献身，二还是讲献身，从早到晚，行住坐卧都是讲献身的对天皇绝忠（绝对效忠）的人。绝忠者必忘生死，而顾生死者，则必不绝忠。③

基于"国体论"的战争信仰与前文天皇观影响下的正义观一样，对国民身心造成伤害，为了"扶翼皇运"，国民要时刻准备牺牲生命以尽忠心。

---

① 長尾龍一：『日本国家思想史研究』、東京：創文社、1981、7頁。
② 長尾龍一：『日本国家思想史研究』、東京：創文社、1981、7～8頁。
③ 参见杉本五郎『大義－杉本五郎中佐遺著』、平凡社、1939。

其实这是明治以来国家有意识对国民长期进行神国教育、国体宣传的结果。正如长尾指出的那样：

> 在明治国家的场合，"国体"并不是通常那样的一般名词。它含有这样的信仰规定，日本是神国，作为现人神、万世一系的天皇君临日本、统治日本，国民在国家一旦有缓急之时，则应为天皇和国家献出生命……通过教育和仪式把这个信仰植入国民的精神中去……作为其中的一个意图就是在发生战争和内乱之际，培养出"义勇奉公"的战争英雄……靖国神社中用以祭祀戊辰战争中战死者的"招魂社"就是典型……通过祭祀战死的亡灵，使他们的英灵成为护国之神。这个信仰与佛教的地狱极乐世界信仰还有基督教的天国、地狱信仰有很大的不同。国体信仰是为了塑造更多"忠勇无比、壮烈战死"的"军神"。[1]

关于"国体"的功用，长尾认为，国体论在对外方面，强调日本的"神国论"，因此便具有了"攘夷"的含义，也在实际上否定了"幕府开国的方针"；在对内方面，强调尊皇思想，因此在维护天皇地位上，也就"否认了幕府的权力"。国体含有的"攘夷"和尊皇的功用对幕末"尊皇倒幕"和"尊皇攘夷"运动起到了巨大作用。

另外，长尾以下的分析尤为需要注意：

> 对外方面的神国思想，在幕末攘夷论中被狂热吹捧，这其实是对于西洋帝国主义东渐的过激反应。当日本摆脱殖民危机后[2]，攘夷论随之走入低潮，对欧美国际协调主义成为中心论调。可是当日本自己作为帝国主义势力之一，为了抑制邻邦诸国的抵抗推进侵略和殖民地化，作为对本国民众进行意识形态宣传的一环，神国思想又开始被强调起来。并且正如我们所熟知的那样，之后在台湾、朝鲜进行的皇民化教育，甚至

---

① 長尾龍一：『日本国家思想史研究』、東京：創文社、1981、57～58 頁。
② 原文为"当日本理解了西欧列强并无使日本殖民地化的企图之后"，笔者认为这样理解有违史实。当时西欧列强确实要把包括日本在内的亚洲诸国都变成殖民地，只不过，日本通过明治维新成功摆脱了这种危机，根本上不是列强无此意，而是日本的自强粉碎了列强的企图。

是在满洲国搞"建国神庙创建"活动中，神国思想在被统治的殖民地住民中被更加强调。[1]

作为一个理性的知识人，长尾最后评价道："笔者（长尾龙一）认为含有侵略性的神国思想与天皇主权意义的'国权论'保留了四、五世纪游牧民族的意识形态，在日本文化史中也是处于比较浅显的层次。相关论者的著作内容空洞浅薄、愚劣不堪。"[2]

遗憾的是，就是这样空洞浅薄、愚劣不堪的国体论思想，却上升为整个国家的意志，并被日本右翼狂热崇拜，最终成为主导整个民族从事对外扩张行动的精神动力。更为遗憾的是，日本知识阶层的很多人对此服膺膜拜，完全失去了学者应有的理性和道德底线，只有当给世界人民带来灾难，日本亦付出惨重代价之后才会反思。这正反证日本神国观、天皇观、国体观思想已在日本国民思想中根深蒂固。

从日本右翼尊皇的立场来看，天皇在右翼思想中居于核心地位的意义在于为其确立了自身存在的依据。换言之，如果将尊皇思想从右翼思想的构造中剥离出去，那么右翼就无法确认自身的独立价值。日本右翼把先验的天皇神性与自己对天皇神性的信仰系统地融为一体，在确立自我认同的同时，也迷失了自我。

第三节 右翼思想的外核——"使命观"

一 维护纯洁之"日本精神"

何谓"日本精神"？"日本精神是我日本古来之传统，深藏于日本人的心中，表现为一种民族精神，是我国建国之根本精神，即效忠万世一系的天皇、尊神敬祖、忠孝一致。但是，日本精神的实质并不是能通过具体实在之物来说明的。'日本精神存于日本人心中，无论如何都不是形而上学之物，并不能直接被认识'。"（和辻哲郎语）国家主义者、"革新右翼"代表人物

---

[1] 長尾龍一：『日本国家思想史研究』、東京：創文社、1981、10 頁。

[2] 長尾龍一：『日本国家思想史研究』、東京：創文社、1981、53 頁。

大川周明也认为："对于日本精神的自体并不能从理论上予以把握，只能在国家的历史中去探寻，只能将其作为改造国家的根本精神并在实践过程中得以把握。"①

与"西洋精神"相对，日本精神也称"日本主义"、"纯正日本主义"或者"皇道主义"，通常认为以日本代代相传的"神道"、"日本精神"或者皇道的思想作为施行政治、外交、经济、社会等所有领域的思想理论基础。②

日本主义最先由"政教社"的井上哲次郎提出。19世纪90年代，高山樗牛进一步丰富了日本主义的内涵。高山樗牛将"日本主义"解释为，"日本主义是代表了国民自明的自觉心的主义"，"日本主义以维持团体和满足国民性为两大制约条件而保全国家的独立、国民的幸福，并以这两个制约条件为中心、为核心，来尝试对内外诸种文明之物做公平的研究，然后依据其研究的结果而做选择和取舍……日本主义对内排斥与基督教相同的非国家性的、非现实性的佛教，保守又落后的儒教的一部分；对外则吸收德国的国家社会主义，英国的功利实验主义的一部分，然后依此对内外一切文明之物做全方位的比较选择"。③

后来，二人在发行的《日本主义》杂志中又宣称："日本主义来源于我们国民的性情，与建国精神有很深的渊源，是根深蒂固的。日本主义表达了大和民族的抱负和理想。"这就是所谓的"日本主义"。

另外，警备警察研究会的《右翼运动》一书认为日本主义应包括如下内容：

> 首先，基于"天孙降临"之神敕，"万世一系"而皇统连绵不绝的皇孙作为大和民族之绝对的核心来永远统治大日本国。由此确立一君万民的统治原则和皇土皇民的经济原则。一君万民、皇土皇民的思想从根本上否定了个人主义、自由主义以及资本主义，同时也必然会敌视社会主义、共产主义。

---

① 警備警察研究会：『右翼運動』、東京：立花書房、1954、65～66頁。
② 堀幸雄：『最新右翼辞典』、東京：柏書房、2006、481頁。
③ 高山林次郎：『樗牛全集．第4卷（時勢及思索）』、博文館、1906、388頁、397頁、第401頁。

其次，天皇亲政思想。天皇万机亲裁，拥有绝对的权力统治日本，由此确立绝对主义、全体主义的思想，否定间接统治和议会政治，反对民主主义。

最后，推崇日本自古以来的精神、文化的传统。思想上要求复古的意识必然会反对外来思想，来维持其复古、保守、排他的性格。在"八纮一宇"思想的影响下，必然会发展为侵略主义。

总之，日本自古以来的传统深藏于日本人的心中，固化为大和民族精神，形成所谓的日本主义、皇道主义。①

在日本的文化传统中，"日本精神"和"日本主义"的思想观念同以天皇制为基础的政治理念结合起来后受到统治者的垂青，成为居于统治地位的"正统"观念，也成为意识形态领域里的核心价值观念。

维护纯洁之"日本精神"，在思想上除了要大力弘扬和阐释日本精神的真意外，还要与那些有可能玷污甚至威胁到日本精神的一切思想做斗争，"欧化主义"无疑是其中的大敌。

欧化主义盛行于明治初期。明治政府为了富国强兵实现日本的近代化，开始推行全盘欧化政策，但欧化主义政策从一开始就遭到了顽固保守势力的反对，头山满更是表达了强烈的不满。有一次头山与客人相谈，在谈及对欧化主义的态度时，客人问道："鹿鸣馆里踢踏舞曼妙之时，你们这些在野的志士们难道就没有议论吗？"头山答曰："当然有。伊藤博文、井上馨这些人把国人当成了洋人的奴隶，我们都想杀了他们，杀了他们都怕玷污了日本刀，不如挖个大大的粪坑，把这些人都埋进去才好。"②

相较于头山情绪化的言语，内田对于欧化的危害却有着冷静的思考。内田认为：

政府一味模仿欧洲文明，却毫无深谋远虑，在思想上被欧化征服的结果就是日本精神的丧失。我国纯美优良的风俗日益丧失，国民就会深陷疲敝的生活之中。政府对外以卑躬屈膝之媚态，甚至不惜放弃治外法

---

① 警備警察研究会：『右翼運動』、東京：立花書房、1954、66 頁。
② 頭山満：『頭山満直話集』、書肆心水、2007、96 頁。

权来获得条约的修改，不完备本国的法律和文明制度却要翻译施行外国的法律制度，这对我民族无丝毫的好处；为了博得列强的欢心，大肆开设舞会，败坏上流的风气和道德之本……政府的欧化政策根本就是一个错误！①

　　如今统治阶级的思想就是古今中外所有的学问都吸收之。可是我国并没有完全消化的能力，就如同混合了各种酒的鸡尾酒那样不易消化。故此，失去了芳醇的日本精神，那作为我国体根本的确立和平世界经纶的基础也将难以建立。②

内田反对欧化不仅因为欧化败坏了日本"纯美优良的风俗"和"道德之本"，而且更为担心的是大臣们对列强卑躬屈膝久而久之就会对天皇生出"辱慢"之心——"欧化的结果必然会丧失独立之精神，对欧美诸国抱有崇拜之情则必生恐惧之心而鄙夷自我。尊崇列国必导致国威尽失、国权尽丧。主张欧化主义的大臣们藐视天皇大权，致使我国家权益受损，崇拜外国文化而丧失本国精神，再没有比如此更毒害国本的了。"③"岩仓、大久保等人视察欧美之后，就被欧美发达的物质文明迷惑了双眼，在醉心于欧化的过程中，逐渐蒙蔽了心智，以至于无视日本的国情，恣意专权，结果导致国家大乱。"④

内田进一步认为，欧化造成日本精神丧失之后，必然就是亡国：

　　欧化使我国丧失了与外国竞争的自信，忘却了国家的伟大天职，其结果只能是日本传统精神的大没落……日本精神遭受外国文明的威胁成为外国思想的奴隶之后，国民就会堂而皇之地否定国家，进而做出叛逆国家的行为，并将其视为正当的行动而毫不自知，实在是悲哀。⑤

日本右翼在维护"日本精神"的纯洁性上，犹如一个狂热又虔诚的"宗教徒"，他们坚决地反对欧化主义，宣扬"国粹主义"。值得一提的是，

---

① 内田良平：『日本の亜細亜』、黒龍会出版部、1931、229～230頁。
② 内田良平研究会：『国士内田良平－その思想と行動』、展転社、2003、405頁。
③ 内田良平：『日本の亜細亜』、黒龍会出版部、1931、229～230頁。
④ 内田良平：『日本の亜細亜』、黒龍会出版部、1931、228頁。
⑤ 内田良平：『日本の亜細亜』、黒龍会出版部、1931、102頁。

对于儒教虽然没有像反对欧化主义那么强烈，但是从维护日本精神纯洁性的立场出发，右翼也表达了某种担心。内田认为：

> 原来我大和民族以至诚至忠的尚武精神作为国魂，并发扬国魂的力量来一统朝鲜，与中国分庭抗礼。然而自儒家传入后，虽对日本文明的形成有一定的积极作用，但包括制度在内的全盘模仿中国，崇拜中国导致了日本精神的衰微。由此也使得朝鲜对我日本信赖和敬畏之心日薄。可见，作为国魂的尚武精神若动摇，那么国家就形如沙土上的楼阁，一旦遭遇事变就会顷刻瓦解。[1]

虽然右翼对儒教多少持有戒心，但从理论上、学术上彻底去"中国化"的任务主要还是由之前的"国学派"理论家甚至更早的神官来承担。维护国粹，就要纯化国体，"中世的神官们尝试建立反本地垂迹说就是为了'国体论'的纯化，它与之后江户时代出现的'垂加神道''复古神道'及水户学、国学等思想存在密切关联"。总之，太过形而上的东西向来与日本右翼无缘，付诸行动才是他们最有力的宣言。

内田所代表的右翼势力固守国粹主义的立场主要建立在反对欧化主义基础之上，坚决反对日本从上到下的崇洋媚外：

> （崇洋媚外）的危害就是导致外尊内卑的思想泛滥，此犹如佛教东传一样。佛教传入我国后，我日本便视印度为"本地"，视自己为"垂迹"之地；把中国视为圣人、贤人辈出的国度而推崇有加。而日本完全丧失了独立自主的对抗之心。时至今日，我国又表现出对欧美文明、欧美人的崇拜，凡是欧美的文明一概无批判地盲目接受。如此这般，必会导致我国在对外关系上妥协、退让。[2]

内田分析完崇洋媚外而丧失日本精神的危害后，满心忧虑地向日本全体国民警示道：

---

① 内田良平：『日本の亜細亜』、黒龍会出版部、1931、82～83頁。
② 内田良平：『日本の亜細亜』、黒龍会出版部、1931、91～92頁。

由于佛教的传入，日本人的思想为之一变；随着吸收支那文明，日本人之精神也为之一变。儒学在传入的最初阶段，对于培育日本文明不无裨益，但是同佛教的崇拜心相结合，导致了对支那文明的崇拜。从制度到器物全面模仿支那的后果就是日本精神的日益衰微。原本我日本凭借至诚至纯至忠的武之精神发扬吾之国魂而一统三韩威加支那。但衰微的后果则是三韩对我日本信赖与畏惧之心皆无……白村江一败，我日本只能退而求其次，放弃三韩以图自保。若国民之精神一息尚存，怎会招致如此之败绩？新罗凭借唐朝力量，排击我国势力，吞并百济、高丽而独立……我日本国威大失，以至于向唐俯首，大陆经纶之皇谟亦完全受挫……放弃三韩，国威尽失，皆是我国醉心外国文明招致国民精神衰微、颓废之恶果。①

内田由此疾呼："日本如今正处于非常危险的境地。原因是我们不分欧美文明中的善恶而全盘吸收。在教育、政治、经济上总体都是一种模仿文明。我国当务之急就是要咀嚼、消化东西文明，创造出新日本。"②

对于日本精神之于国家、民族的意义，内田又总结道："国家的治乱兴衰与立国精神的存无休戚相关。"③ "天皇既是日本精神、国民精神的显现。"④"真正的日本精神乃是传承着我国民遵照天照大神神谕，光复天孙统治下的亚细亚旧版图的使命。故当'一朝有事'之际，我大和民族必猛然崛起。日中、日俄之战就是我大和民族狂热报国心的见证。"⑤

另外，需要特别指出的是，虽然以内田为首的黑龙会系右翼（主要是其后的右翼团体）的反欧化的主旨在宣扬日本精神，进而为其扩张寻找精神动力，但这并不代表所有右翼的立场，尤其以头山满为首的早期右翼，虽说在反欧化的态度上丝毫不逊于内田，但在目的上，并没有内田那么强烈的扩张愿望，更多是缘于对欧美"霸道文明"的厌恶。这从头山点评西乡有关反欧化的言论即可得见。西乡认为：

① 内田良平：『日本の亜細亜』、黒龍会出版部、1931、84～86 頁。
② 内田良平研究会：『国士内田良平－その思想と行動』、展転社、2003、406 頁。
③ 内田良平：『日本の亜細亜』、黒龍会出版部、1931、102～103 頁。
④ 内田良平：『日本の亜細亜』、黒龍会出版部、1931、189 頁。
⑤ 内田良平：『日本の亜細亜』、黒龍会出版部、1931、94 頁。

所谓的文明应该颂扬和广施道化，而不是讲求空虚的庄严、服饰的华美，外观的浮华云云……世人多以为西洋为文明之国，实不了解内情。若西洋果为文明之国，那对未开化之国理应以慈爱为本、谆谆教导其开化，但事实是对蒙昧之国行残忍之事，唯利是图以满足私利，实乃野蛮之举也。①

头山对此非常赞同地点评道：

　　欧美诸国对世界诸国总是虎视眈眈，从未伸出援手帮助后进国家。从日俄战争之后，西洋人对日本态度有所改变，在此之前却态度蛮横。特别是英国大使帕克斯来日后的所作所为简直是把我日本人当玩物耍弄。我国那些洋气十足的政治家们在西洋人面前仿佛矮了半截似的点头哈腰，极尽媚态之能事。如今崇洋媚外的癖好必须改正。②

总之，内田与头山在反欧化的出发点上虽有不同，但是在根本目的上并无二致——维护日本精神、维护日本主义。二者所阐释的日本精神之于国家的重要意义，实际上是在宣扬天皇对于国家的根本意义，因为"天皇既是日本精神、国民精神的显现"。右翼如此尽心竭力地维护纯洁的日本精神，根本上还是为了维护天皇地位，维护天皇制度。

二　"解放"亚洲之有色人种

"人种论"是构成日本右翼"使命观"的重要基石。右翼常常以身为大和民族万世居于神之国度而骄傲，就人种而论，大和民族自然无比优秀，超过世界上其他任何人种。大和民族优秀的论调可以说构成了右翼人种差异论与解放有色人种论的逻辑前提。《近代日本思想史讲座》关于右翼的人种论有过精辟的论述：

---

① 『大西郷遺訓』出版委員会編『大西郷遺訓』、K&Kプレス、2006、43 頁。
② 『大西郷遺訓』出版委員会編『大西郷遺訓』、K&Kプレス、2006、43 頁、63 頁。帕克斯（1828～1885 年）英国外交官，庆应元年（1865 年）任驻日公使，曾经支持过倒幕派的萨摩和长州两藩，一直任职到明治 16 年（1883 年），此间一直指导日本的外交。

日本人种论本身包含这样一个逻辑，即不同种族之间存在优劣、强弱的差别。优秀的强大的人种有权力也有能力统治弱小民族。人种论显然是一种种族歧视、大国沙文主义的表现，把人类社会简单地与自然界弱肉强食相类比，这不仅是一种狭隘、偏私的观点，还暗含统治与被统治的侵略逻辑。右翼所持的人种论即包含了这样一种逻辑——"强与弱也许是自然界的秩序，但绝不能把它作为人类世界的根本价值。虽然虎能吃兔，但不能说比起兔子，虎是一种高尚的存在，也不能说鲨鱼比沙丁鱼优秀。即便如此，文明与野蛮或者叫未开化等这些称谓中却含有强弱的价值观念。我国被欧美诸国威逼而开国，这明显就是凭借力量的强制行为……明治以来，我国所走的道路，根本上就是弱者追随强者的道路……"①

内田自己也认为：

欧美白种人征服世界其他民族，侵略他国领土并将其作为自己的殖民地，意欲建立白种人的世界。但我日本帝国勃兴之际，企图瓜分支那便是痴心妄想。遭受白种人多年殖民压迫、剥削的各民族如果看到我日本能够战胜白种人，我皇国也当由此自信和自觉，就会明白有色人种不比白种人劣等，如此一来，将来就不会甘于白种人的颐指气使而表现出强烈的独立意识。②

由于日本是神所创而非自然生成，这就使得日本的诞生非同寻常，带有某种宿命论的味道，这种宿命论在传统文化中的表现就是大和民族的"使命说"。"使命说"是右翼对外扩张和称霸世界的旗帜，也是自圆其说的幌子。如《日本书纪》中有"兼六合以开都，掩八纮而为宇"之句。"六合""八纮"在中国古汉语中都是方位代词，通常代指天下四方和宇宙世界，而前缀"兼""掩"二字表明其宣扬对外扩张与统一世界的野心昭然若揭。

如何收复亚细亚进而完成日本右翼所谓的"兼六合以开都，掩八纮而

---

① 伊藤整：『近代日本思想史講座（第7）近代化と伝統』、東京：筑摩書房、1959、30～31頁。
② 内田良平：『日本の亜細亜』、黒龍会出版部、1931、92～93頁。

为宇"的大和民族的使命，内田认为：

> 虽然我国在精神、地理上占据优势。但是在物质要素上不及列强诸国，尤其武备还不够精良，经济依然较弱，发展武备、经济已成我国之急务。发展武备就要充实陆海军，发展经济就要大力发展工商业、航海业、殖民地经济，使三者齐头并进扬长避短。精神、地理的要素是先天的，非人力可为，物质要素则事在人为，只要我国民发扬自觉之精神努力发展武备和经济，那么我日本必将称雄东亚，进而完成"兼六合，掩八纮"统一宇内之天职。①

其实，大肆渲染"兼六合，掩八纮"的狂言，右翼非始作俑者，古贺侗庵早在 1838 年用汉文所撰的《海防臆测》一书中就已表露出这种扩张的思想主张。他说：

> 试使本邦在支那印度之地乎？以帮俗之虓鸷，更得如烈祖及丰太阁之英武而驾驭之，以展厥宏略，可以吞并邻邦，突过清之大，而虎视于五大洲，岂不快之极耶。乃以四面临海不甚便于进取也，苶然有退缩之势，不复思兼并，予未见其为幸也。②

内田在论述蒙古与日本地理关系时，字里行间透露出对蒙古优越地理位置的一种艳羡之情：

> 如今日本与亚细亚之所以像现在这样隔绝，完全是天灾异变的结果。异变导致了蒙古的海上升隆起，成为沙漠。日本海中原先广阔的陆地也大部分沉入海底，只留下佐渡、隐岐、对马等少数地方。大片海水将原本连为一体的日本和亚细亚从此隔绝。③

在这次异变中，最让内田惋惜的是：

---

① 内田良平：『日本之三大急務』、黑龍会本部、1912、13～15 頁。
② 参见古贺侗庵『海防臆測. 卷之下』、日高誠実、1880。
③ 内田良平：『日本の亜細亜』、黑龍会出版部、1931、3～4 頁。

作为人类最进步富饶的亚细亚大陆中央的满蒙与亚细亚广大地区交通不便，气候也变得寒冷，由此导致了世界性的民族大移动。大和民族也不得已离开枢要之地的满蒙南下以黄河为中心发展。大和民族南下以后便完全失去与本土的联系，成为一个远离本土统治的独立的地方。这也导致了本来都是源自大和民族如今却是风俗迥异语言不通。①

内田认为蒙古之地所居之民是大和民族的一部分，只是"天灾异变"导致彼此隔离疏异。虽然内田并未直言要占领满蒙，但是觊觎之心还是有所表露，更何况内田是在论述亚细亚是日本古之领土的基础上论述的，显然其中包含了蒙古古为日本之版图的逻辑。内田上述言论完全可以视作日后其力陈政府制定"分离满蒙"策略的前奏。

需特别注意，内田指涉作为华夏文明诞生地的黄河流域原是"大和民族所居之地"的言论，暗含着华夏民族不过是大和民族的一个变种的逻辑。如内田所言：

> 如今的汉民族不过是过去从亚细亚移民过来的，同当地各民族混合杂居形成的。汉民族的主体移民是大和民族遭受天灾异变而导致与本土疏隔，远离天皇的统治的结果。②

按照内田的逻辑，不仅中国是日本的领土，而且华夏民族也是大和民族的子孙。这完全是一种极端民族主义的表现。这种极端民族主义应该说是明治维新后日本随着国力日益强盛而对中国、朝鲜等亚洲国家蔑视情绪的集中体现③。

对于这种傲慢又危险的观念，思想家中村敬宇表达了某种不满与忧虑：

---

① 内田良平：『日本の亜細亜』、黒龍会出版部、1931、3~4 頁。
② 内田良平：『日本の亜細亜』、黒龍会出版部、1931、16~17 頁。
③ 关于近代以来日本的中国观问题，杨栋梁主编的《近代以来日本的中国观》六卷本系列学术著作对此做了卓越而富有开创性的研究。在第一卷总论中，杨栋梁将近代以来日本中国观的演变高度概括为"从质疑到蔑视—从蔑视到无视—从无视到敌视—从敌视到正视—从正视到'竞合'"五个演变阶段。以广阔的历史视角、宏大的叙事、深邃的哲思对日本中国观问题做了系统的梳理和论述。具体内容详见杨栋梁主编《近代以来日本的中国观》，江苏人民出版社，2012。

吾邦于支那，为邻国，人种亦同，文字亦同。自千有余年以来，至于中古，礼乐文物、工艺器具，大抵无不从支那朝鲜输入。儒佛二教即从支那朝鲜传来。故于幕府时代，如朝鲜人来聘，其仪式甚为殷勤，且择文人学士而结伴，文人学士也以选中为荣。笔谈问答，诗书往返，颇为兴盛。来长崎商舶的支那人，偶有有文事者，当时的汉学家敬重之，或一起笔谈，或乞诗文之批正，如能得一言之褒，视如金玉。然与欧美外交之事起，以至于百事以之为师，邦人或自以为在支那人之上，于是产生鄙视支那人之弊。夫鄙视人者，其人自卑，君子于童仆尚敬之，况他人乎。纵然是比自己小的国家，鄙视之心不除，便自区文明远矣。①

遗憾的是，当日本沉浸在成为亚洲强国的集体狂欢中时，中村却不乏冷静的洞见只能是逆耳之言，终被边缘化而淹没于狂热的民族主义思潮中。

完成了对中华文明的抹杀将其归为己有之后，内田又开始粉饰起日本文明来：

日本文明是世界上最古老的文明。在所谓的太古时代，蒙古地区还未隆起，日本海中国土还未陷落之前，日本就已经统治亚细亚广袤国土了。唯有这样久远的日本文明才具备同化宇宙原理、化育万物的自在力，这实在是人类究极之文明。日本文明的隆兴乃是真正文明之复兴。只有将日本文明普及于全世界才能救赎人类，才能缔造永久和平之极乐世界。②

内田完成了地理、历史、文化上亚细亚是日本固有领土的论证之后，又提出了日本当今的重要使命：

大和民族因天灾异变而四分五裂。彼此隔绝的年代久远，以至疏于亚细亚大陆之世情，完全被视为外国。虽然如此，但大一统的潜在意识

---

① 西周著、大久保利謙編集：『明治啓蒙思想集』、明治文學全集 3、東京：筑摩書房、1967、324 頁。
② 内田良平：『日本の亜細亜』、黒龍会出版部、1931、26 頁。

里依然流淌着同根同族的血液……日本要徐图收复亚细亚大陆之
准备。①

按照内田的逻辑，如果向朝鲜、中国扩张的话，那么日本的行为绝不是
侵略，而只是收回本就属于自己的领土，这不仅美化了日本对外侵略的丑恶
行径，也异化了国民的正确历史认知，鼓动其狂热支持国家对外的军国主义
侵略。

为进一步替侵略行径辩护，内田又言："我日本若为了维护大和民族的
生存而反对侵略主义、帝国主义，甚至放弃的话，那等于是自取灭亡……国
内一些学者、官员、记者主张放弃满蒙、搞计划生育限制人口，如此一来人
口受限，大和民族就会萎缩，国家就会自取灭亡。"②

这种出于所谓自保的言论，完全体现的是一种功利主义的价值诉求，毫
无正义性可言。该言论与西乡的"东亚经略"思想颇有异曲同工之妙。

西乡的"东亚经略"思想主要考虑的是面对西方列强的殖民侵略在完
成自保的同时如何实现富国强兵而与之抗衡。这一想法的逻辑展开，一方面
主张谋求东亚弱国的联合，共同抵御西方；另一方面却又主张日本在实现独
立之后，效仿西方殖民扩张的模式，积极向东亚扩张以实现"富国强兵"
的近代化。前者被右翼受容后衍生出了"东亚连带论""东洋盟主论""大
亚细亚主义"等思想。而后者对右翼产生了更为深远的影响——"我忧国
志士传承征韩论之精神，为出兵朝鲜、中国等东亚经纶之策倾注大量心
血……"③右翼在对朝、对华问题上继承了西乡的思想，他们认为：

> 朝鲜内乱而政治不稳，实乃千载难逢之良机，如果我等错失良机，
> 那么征韩论一事只能成为政府内部争权夺利的由头而被后世所耻笑。我
> 等生逢此时，当继承江藤、西乡等志士之遗志，奋发有为创一番事
> 业。④
>
> 征韩论败于庙堂之上，西乡公愤恨下野，我福冈志士无不扼腕叹

---

① 内田良平：『日本の亜細亜』、黒龍会出版部、1931、32～33 頁。
② 内田良平：『日本の亜細亜』、黒龍会出版部、1931、95 頁。
③ 内田良平：『日本の亜細亜』、黒龍会出版部、1931、234 頁。
④ 玄洋社社史編纂会：『玄洋社社史』、東京：玄洋社社史編纂会、1917、245 頁。

息……为今之策，应讨韩亦可伐清，以继承神功皇后、丰臣公之遗志，以报元寇来袭之辱……当集天下志士以共遂此志，天下大势则成矣。①

显而易见，西乡的"东亚经略"思想不仅从根本上影响了右翼在朝、华问题上的扩张立场，而且与右翼对外扩张思想具有内在的连续性，是构筑后者扩张理论的思想基盘。后来右翼宣扬的"日韩合邦""中国保全""大东亚共荣圈"等扩张理论无不与西乡的"东亚经略"思想存在千丝万缕的联系。

同样是出于人种论的考虑，明治时期的著名思想家中村敬宇却更强调中日间的亲善、提携，并表现了对中国文明的尊重，而这一点与内田等右翼之流有着本质的不同。② 中村在《栈云峡雨日记序》中说道：

> 我东方亚细亚洲，文艺最盛，人物多出，莫禹域若也。疆域广、生齿繁，莫禹域若也。可与欧罗巴颉颃者，莫禹域若也。禹域与我邦，文字同，可亲厚一也。人种同，可亲厚二也。辅车相依，唇齿之国，可亲厚三也。亚细亚不及今同心合力，则一旦有事，权归于白皙种，而我黄种危矣，可亲厚四也。抑元世祖之侵我西疆，我邦人之扰闽浙，当是时，不有欧罗巴之外交也，不有狼子野心之觊觎者也。设使如今日，则二国必无此事矣。今也我邦与禹域，务当小大相忘、强弱莫角、诚心实意、交如兄弟、互相亲信、不容谗间。有过相宽恕，无礼不相咎，盖二国所期者，在于同心协力，保护独立，以存亚细亚之权而已矣。③

井上清对于日本觊觎朝鲜、中国的野心曾一针见血地指出：

---

① 玄洋社社史编纂会：『玄洋社社史』、东京：玄洋社社史编纂会、1917、73～74页。

② 关于中村敬宇的中国认识，可参见杨栋梁主编《近代以来日本的中国观》（第三卷），江苏人民出版社，2012；薄培林《中村敬宇における中国》，载北京日本学中心编《日本学论丛X》，世界知识出版社，1999；高增杰《中村敬宇与近代初期的中日文化交流——近代中日文化交流的两项新资料》，《中日关系史研究》1996年第1期等。

③ 载于1879年所刊的竹添进一郎《栈云峡雨日记并诗草》，题为《栈云峡雨日记　后序》，见小岛晋治『幕末明治中国见闻录集成』、第19卷、ゆまに书房、1997、189～193页，参见〔日〕竹天井井《栈云峡雨稿》，冯岁平点校，三秦出版社，2006。

征服朝鲜是梦想征服大陆的第一步。这种策略的目的并不是使我国国力即民力在政治上和经济上充实起来，并作为东亚的先进国家，启发朝鲜、中国等落后国家，协力对抗沙皇俄国和英、美、法对领土和经济的侵略，恰恰相反，我国国内并不去抵抗英、美、法、俄的压迫，而是图谋要侵略朝鲜和大陆上的满洲，并从中获利，实际上是把人民对外平等的要求转变为掠夺新领土的战争。①

走向极端的民族主义固然不好，但是如果能恰当、合理地运用民族主义的话，它就又常常会成为促动一个民族觉醒、成为国家发展的动力。中村光夫在谈及日本得以摆脱殖民危机走向近代化的原因时，特别指出："主体上起根本作用的是那些富有精神活力的武士阶级的所谓中间层的存在。他们用国体观念或者说尊皇思想促使了国民意识的觉醒。"② 这也可以说是民族主义的两面，但显然日本右翼将民族主义引向了极端的一面，助长了日本进行对外扩张的嚣张气焰。

余　论

《古事记》《日本书纪》中的传统糟粕文化与近世尊皇、崇皇的国学等思想是日本右翼思想形成的基础，也是其进行对外扩张的理论来源和精神动力。"（记纪）两书的内容含有千奇百怪的传说，也有很多自相矛盾的地方。但是把时间性上的神代与人代的区分，空间性上的高天原与地上的区分作为基本的图式，通过叙述高天原的主神天照大神派其孙作为日本的统治者降临世间的神话确立了时间性上的神代与人代的分界点以及空间性上从天上到地上的正统性。"③

右翼通过对日本传统文化中的神国创世、尊皇、崇皇等思想的系统性"拼装"，逐渐在其思想构造中建构起了"神国观"是其底色、"天皇观"（"国体观"）是其内核、"使命观"是其外核的"三元构造"模式。

---

① 〔日〕井上清：《日本军国主义》第二册，姜晚成译，商务印书馆，1985，第79~80页。
② 伊藤整：『近代日本思想史講座〈第7〉近代化と伝統』、東京：筑摩書房、1959、14頁。
③ 長尾龍一：『日本国家思想史研究』、東京：創文社、1981、7頁。

　　此三者的内在逻辑关系是："神国观"思想的本体源于《古事记》《日本书纪》神创日本、"天孙降临"的神话传说。把岛国日本说成是神创之国，导引出日本是神之国度，进而导引出神国日本万邦无有、大和民族优越无比。在"神国观"的基础上，把天皇系谱与神族系谱进行嫁接，杜撰出日本皇室一脉是神的后代，天皇自然具有神性，作为现人神万世一系统治日本。由于天皇至高无上，君临日本，施行绝对的天皇专制，所以天皇就是日本的代表，"朕即国家"，由此形成的国家意识即"国体观"也就转换为"天皇观"，"国体观"和"天皇观"自然合二为一，国体观等于天皇观。而二者又以"神国观"的存在为其成立的逻辑前提，并以"神国观"为其本质属性的规定性。同时，神国观、天皇观（国体观）在日本右翼的对外行动论上又泛化为一种"使命观"，成为"使命观"存在的逻辑前提，而"使命观"所鼓动的"维护纯洁之日本精神"、"开万里波涛"、"效忠天皇"以及"扶翼天壤无穷之皇运"等极端思想不仅成为右翼积极参与对外扩张的理论依据和精神动力，而且反过来向内传导，又成为维护天皇独裁、巩固天皇制度的力量保证。

　　假设："神国观"为 A；"天皇观"（国体观）为 B；"使命观"为 C。如不做严格的逻辑推演的话，那么三者的逻辑关系图示可简单表述为：A→B→C（→：本书设定为表示逻辑上的推出关系，不同于逻辑学上的推导符号"⊢"）。

　　当然，在"三元构造"模式中，"天皇观"（国体观）是其最为核心的思想，居于三者的中心位置。因为，日本右翼无论思想主张还是行为目的在根本上都受"天皇观"思想的支配和影响，并以维护天皇的利益为旨归。"右翼思想的底盘建立在日本的历史和传统之上，而'天皇论'又占有举足轻重的地位。"[①] 天皇观内容正如前文所言，无不强调天皇是日本国之根本，其他都只能依附天皇而存在，天皇作为"现人神"而万世一系统治日本。在天皇观的指引下，右翼自然把进行对外扩张的行动看作对天皇的效忠。不仅在对外问题上，而且即便是在国内，如果有与天皇为敌，企图颠覆天皇制

---

① 　天道是：『右翼運動 100 年の軌跡：その抬頭？挫折？混迷』、東京：立花書房、1992、14頁。

的任何人，那么右翼都将其视为不共戴天的仇敌而使其成为"天诛"的对象。① 反过来，日本皇室的"万世一系"、独一无二自然又成了日本是神国、天皇具有神性的最好明证，作为一种反作用力，进一步强化了日本的神国意识，而这点恰恰正是右翼所极力推崇和坚信不疑的。

右翼思想理论家北一辉根据天皇观的内在原理认为日本的近代化与西方无关，是大和民族古来的"兴国精神"推动的结果。也就是说，在右翼看来，日本明治维新以及近代化所取得的成绩完全是依据"大和民族兴国精神"自立自为的结果。

北一辉所说的"建国精神"的内涵无非就是神创日本之后天皇奉祖神"天照大神"之命来创建和统治日本国家。其具体的内容是：明治政府成立后，天皇作为神圣而不可侵犯的最高统治者带领群臣百官，统和国民以"五条誓文"为国基施行明治维新、富国强兵之策而使日本成功走上了近代化之路。其实北一辉的看法某种意义上也代表了整个右翼对日本近代化的理解。右翼将日本实现近代化完全归功于"建国精神"、天皇，以至于可以完全抽调历史观、发展观来看待历史，表明其在已经完全陷入唯心主义史观的同时，再次印证了其思想中神国观、天皇观的根深蒂固。

"神国观"、"天皇观"（国体观）、"使命观"三者除了逻辑上的前后推衍关系外，在力学意义上，又形成了 C→B→A 的由外向内闭合的力（能量）传导图示（→：本书设定为表示力学上的能量传递关系）。

如果不对其进行严格的概念阐释和界定的话，那么大体上又可以认为"神国观"等于"天皇观"（国体观）等于"使命观"，即逻辑意义上的 A = B = C 和力学意义上的 A、B、C 为同一种力（能量），如此一来，右翼思想中的"三元构造"模式及其运作机理就可以被认为是"三元合一"的运作模式，即三者合为一体，共同支配右翼的行为模式和行动选择。以上关系如图 3 - 3 所示。

由于历史的不断强化积淀，《古事记》《日本书纪》所构筑的神国日本的传说对日本右翼尊皇思想的固化具有深远的影响。"特定社会的政治心理通常以社会大众为大多数载体，因此，政治心理是政治权力及其对于政治权

① 猪野健治：『日本の右翼』、東京：ちくま文庫、2007、57 頁。

力的转化形态的精神反映。"① 正是由于天皇是神的后代，作为现人神来治理日本，所以便本自具足绝对权威和崇高地位，于是日本历史上就出现了很值得寻味的图景，即无论权势多大、威望多高的诸侯大臣都无法，也不敢推翻天皇取而代之，充其量只能以"武家政治"② 的模式挟天皇以令诸侯，所以在日本从来没有改朝换代的事件，所谓的"下克上"也只是针对政府和大臣而绝非天皇，并且常常以"清君侧"之名来推翻异己政治势力，维护和巩固天皇地位。正因如此，日本的"皇统"才得以永续。日本政治上的这种独特性在全世界是独一无二的。这种特殊性也使得战后"GHQ"总司令麦克阿瑟将军不得不采纳本尼迪克特的建议，正视大和民族的尊皇传统，豁免了裕仁作为战争罪犯的罪行，保留了日本"象征天皇制"。

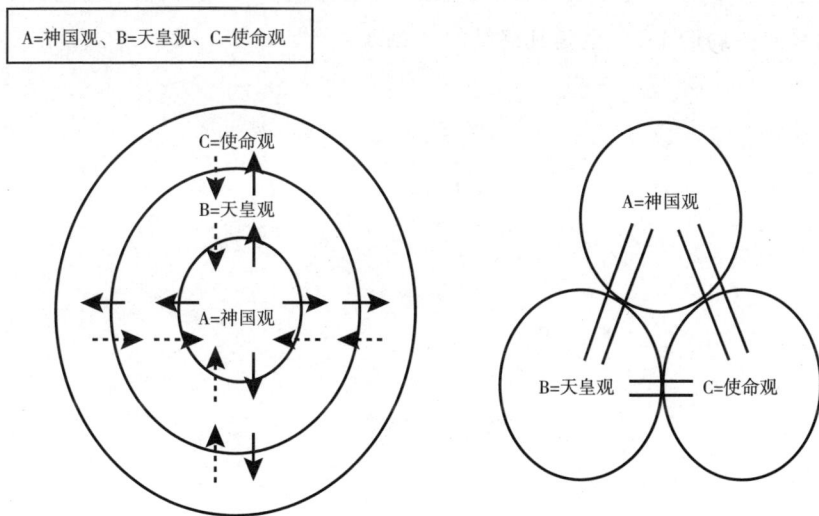

图 3-3 "三元构造"与"三元合一"

可是，天皇在 1946 年 1 月 1 日发表的"关于建设新日本的诏书"（史称"人间宣言"）中否定了自己神格的地位。同年 11 月 3 日颁布的《日本国宪法》中又规定了"天皇是日本国的象征，是日本国民整体的象征，其

---

① 王浦劬等：《政治学基础》（第二版），北京大学出版社，2006，第 6 页。
② 日本历史上由武士阶级凭借军事力量而独自建立起对全国实施政治统治的一种政权组织形式，历经镰仓幕府、室町幕府、织丰政权、江户幕府四个历史时期，瓦解于明治维新，共700 余年。

地位以主权所在的全体日本国民的意志为依据"①，这和战前的大日本帝国宪法有关"大日本帝国由万世一系的天皇统治""天皇是神圣不可侵犯"②的规定有着天壤之别。如此规定使得原本神圣不可侵犯、拥有绝对统治地位的天皇失去了神格，失去了政治上统治日本的合法地位。就右翼的角度而言，天皇自我否定神格等于直接否定了右翼存在的理论依据。这种打击不亚于一个虔诚的基督徒得知"上帝已死"时的痛苦和心死。如此一来，以"现人神"的天皇为精神支柱和理论来源的战前右翼也一下子失去了精神之源而更加无思想直至走向没落。

日本右翼完全没有想到，被他们所顶礼膜拜的"皇室中心主义"却指引着自身走上了军国主义的歧途，与日本军国主义分子一同被钉在历史的耻辱柱上。可以说，"神国观"、"天皇观"（国体观）、"使命观"既是日本右翼勃兴的"助产士"，也是其终结的"掘墓人"。③

---

① 参见『日本国宪法』。
② 参见『大日本帝国宪法』。
③ 1945 年 8 月，日本帝国主义无条件投降，日本右翼也遭到沉重打击。根据《波茨坦公告》达成的共识——整肃日本军国主义，对其进行非军事化、民主化的改造，作为战后民主化改革的重要一环，右翼活动被视为非法活动，日本右翼团体被悉数取缔，宣告了近代日本右翼历史的终结。

第四章
右翼的反政府行动

1868 年，明治政府甫一成立就迫不及待地展开了对朝鲜的复交活动，但是由于日本复交国书言语轻慢、骄横无礼，大有把朝鲜视为属国之嫌而遭其拒绝。两国关系立时交恶，日本国内的征韩论调也随之甚嚣尘上。围绕着征韩为上还是内治优先，明治政府内部产生分歧，最终导致分裂。主张征韩的西乡隆盛、江藤新平、板垣退助等"外征派"愤而下野，各自走上了反政府的不同道路。日本早期的右翼就是在"征韩论"[1] 甚嚣尘上的时代背景下，在"外征派"的指引下，先后走上了武装叛乱和投机自由民权运动的反政府之路。

日本右翼勃兴的契机得益于明治初期"征韩论"的兴废而由此所导致的政府的分裂。下野的"外征派"为右翼勃兴提供了组织基础，为右翼反政府运动预设了发展的进路——武装叛乱（"武斗"）和投机自由民权运动（"文斗"）。早期右翼在投身"武斗"和"文斗"两条反政府的道路中，"矫志社""坚志社""向阳社"等团体组织相继被建立起来。这些组织的成立为玄洋社最终建立奠定了前期组织基础，也在事实上完成了早期右翼系谱的建构。

第一节　右翼反政府的起因

一　"征韩论"始末

（一）明治政府的"对韩策"

1867 年以萨摩、长州藩为首的"倒幕派"，在尊王倒幕的旗帜下，在维

---

[1]　征韩论起于明治时期日本政府高层提出的针对朝鲜的一种对外扩张的论调，其企图用武力打开朝鲜的国门，而其根本目的是要以朝鲜为跳板侵略中国。参见毛利敏彦『明治六年政変』、中央公論新社、1979。

护天皇绝对权威的理念指引下，通过武力推翻了幕府的统治，结束武家政治。明治政府在此基础上得以成立。明治政府成立的初期，英法美俄等列强觊觎亚洲，通过武力推行殖民扩张，亚洲诸国面临着空前的殖民危机。明治政府虽然成立了但民族危机依然存在，为了缓和危局，也出于国际外交惯例，1868 年 1 月 15 日，明治政府成立伊始即通过外务局照会各国公使，向各国正式宣告大政复古，新政府成立。但是列强在外交上并没有承认明治政府，依然虎视眈眈。为了打破外交上的孤立境地，明治政府把目标锁定在近邻朝鲜身上，意欲与朝鲜建交。

为恢复因德川幕府倒台而中断的日韩关系，1868 年 3 月 23 日，明治政府命令对马藩主宗重正与朝鲜复交。其电文称：

> 今王政一新，与诸国交际之谊，朝鲜国自古素有往来……汝当尽心尽力通两国之交通，以固国之权益。然，海外之仪有别，今又王政一新，汝当一洗旧弊，勿失国体，以显国威①。

于是宗氏向朝鲜王李熙递交国书，要求恢复邦交。在《遣礼曹参判大修使书》中称："爱我皇上登极，更张纲纪，亲裁万机，欲大修邻好，而贵国之于我也，交谊已尚矣，宜益笃恳款，以归万世不渝，是我皇上之诚意也。"② 关于日韩复交的国书内容，《玄洋社社史》一书中也有记载：

> 我邦皇祖连绵，万世一系，总揽大政二千余年，然中世以后，兵马大权、举任武将、外国交际并管之，而后升平之久不能无流弊，而与贵国之谊即久矣，且万世不渝是吾皇之盛意，遂遣使以修旧好。希冀体谅此旨……今特派宗氏桶口铁四郎为主使、菰田多记为副使携国书出使贵国。

另外使节还带有委任书函：

① 玄洋社社史編纂会：『玄洋社社史』、東京：玄洋社社史編纂会、1917、21 頁。
② 外務省調查部編『大日本外交文書．　第 2 卷　第 2 冊』、日本国際協会、1936、692～693 頁。

本邦今时势一变，政权一归皇室，奉敕遣使出访贵邦。为此，京师朝廷褒奖旧勋加爵左迁近卫少将，赐印委以出使贵邦之重任。希图两国交际益厚、诚信不失，永传不朽。今遣使携国书、新印以表我邦之诚意，望贵国明鉴体察。①

朝鲜方面于 1869 年 2 月回复日本复交文书称：

我朝鲜国依循三百年之祖制，而彼日本则要变不易之法……形变易俗不可谓日本人，所骑所乘舟船若非旧样，恕不允其入境。两国贸易本是"不易之法"，然，今视彼国商人走私越货毫无法度，亦不为耻，此等不良之辈皆不允其入境……②

朝鲜认为日本国书格式不遵惯例，而且书中使用"皇祖""皇上""朝臣"，使节信函中使用"皇室""敕"等措辞有蔑视本国，以为其下之意。实际上是拒绝与日本复交。不仅如此，朝鲜还下令禁止日本商人入境③。日本将朝鲜的拒绝邦交之举视为国辱，国内征伐朝鲜的论调随之甚嚣尘上。④

为解决与朝鲜的外交纷争，明治政府派佐田白茅、森山茂出使朝鲜进行交涉，但朝鲜方面未改初衷。1870 年 3 月，朝鲜东莱府复函日本外交使节：

大抵贵国之称皇、称敕，天下无异辞则行之，其国自当黎然而顺。苟其不然，则此重宝之所不可啖，众力之所不可胁。贵国亦知弊邦之必不许受，而轻试以此无亦不谅之甚欤。夫以三百年金石之盟，至今彼此无敢而徒费无益之辞，欲行难强之事，非所以永而为好也。恐不如及兹改图，务偱常旧，不至失和之为贵……邻交之道，贵在一尊旧规，则弊

---

①　玄洋社社史編纂会：『玄洋社社史』、東京：玄洋社社史編纂会、1917、21 頁。

②　玄洋社社史編纂会：『玄洋社社史』、東京：玄洋社社史編纂会、1917、43 頁。

③　猪野健治：『日本の右翼』、東京：ちくま文庫、2007、13 頁。

④　井上清并不认同征韩是由于朝鲜国书侮辱了日本的说法，他认为日本早有预谋。在《日本历史》一书中，井上清指出，"日本政府向朝鲜投递国书是 1868 年的 12 月 19 号"，而在此之前的"12 月 14 日，参议木户孝允就已向辅相岩仓具视提出远征朝鲜的意见，随后，又与军务次官大村益次郎等拟订了具体计划"。参见〔日〕井上清《日本历史》，闫伯纬译，陕西人民出版社，2011，第 229 页。

邦之不肯唯唯，不亦宜乎？诚欲申讲旧好使千百年如一日，则诸凡书契之中何患酌宜遣词之为难，而苟然持久乎？遥想贵国之中，亦多通炼赞画之人，尚且计不出此，良可慨也。①

佐田等人只好悻悻回国，羞愤之余向政府提交建议称：

佐田妄论，朝鲜近年大兴武官练兵制、制器械诸方作兵营、诸道蓄粮仓，大有威加海内之势……今又辱我皇国，岂可不下皇使以问其罪乎？朝知守不知攻、知我不知彼，其人狡猾又盲目自大，不断然以兵力莅焉，则不为我用也。况朝蔑视皇国谓文字有不逊与耻辱于皇国，君辱臣死实不共戴天之仇，不可不伐之，速令皇使去，大兵遂入……不出五旬，必掳其国王矣。若不然，而徒下皇使，虽百往交涉实下策也，若征讨之最速绝非浪举……朝鲜仰正朔与清国而清祖兴乎夷狄。若天朝加并相救，则遣皇使于清国告所以伐之。若清固援之，则可并清而伐之……全皇国为天下之城，则虾夷、吕宋、朝鲜、清皆皇国之藩屏也。虾夷业已开拓而吕宋、朝鲜、清可唾手得……法必不使朝鲜久矣，俄虎视眈眈，美国亦有攻伐之意，皇国若失斯好机会则兴之于外国。失朝鲜如失吾唇，唇亡则齿寒，朝不可不伐。伐朝鲜有利而无损，一日虽投若干金谷，不出五旬而得矣……朝鲜乃金穴也，米麦颇多，一举拔之，正其民与金谷各以用之可偿大藏省开拓虾夷之费……伐朝者，富国强兵之策……②

佐田白茅建议书的主旨是希望政府不要把时间浪费在与朝鲜建交上，应立即出兵朝鲜，名义上是惩罚朝鲜"辱我皇国之罪"，实际上是要趁机侵略。佐田认为，出兵朝鲜一可大发战争财。"朝鲜乃金穴也，米麦颇多"，占领朝鲜，可以充盈国库、富国强兵，以图进一步扩张。佐田认为当时的朝鲜已经是列强砧板上的鱼肉，"法必不使朝鲜久矣，俄虎视眈眈，美国亦有攻伐之意"，所以日本应该利用地缘优势，抓住这个机会，抢先下手，虾

① 外務省調査部編『大日本外交文書．第2巻』、日本国際協会、1938、129頁。
② 玄洋社社史編纂会：『玄洋社社史』、東京：玄洋社社史編纂会、1917、36頁。

夷、吕宋、朝鲜、清则不过是"皇国的藩屏"，天下一旦有变，都是"唾手可得之物"。二可定军心、壮国威。佐田认为大宝初定，国基尚薄、民心思变而军心不稳。"今皇国实患兵之多不患兵之少……东北之师颇好战，恐酿私斗内乱之祸，幸有朝鲜之举用之而泄其戾气。唯一举屠朝鲜大练兵制又大辉皇威于海外，岂可不神速伐之乎哉。"①

确如佐田所言，明治政府成立初期，很多士兵都是直接收编的武士，本性浮浪难驯，野蛮好战。另外，明治维新也剥夺了武士很多特权和利益，导致其对政府不满，所以"恐酿私斗内乱之祸"也绝非危言耸听。他认为转嫁国内矛盾的策略就是攻伐朝鲜"泄其戾气"，又可以演练兵制，更可光耀皇威于宇内。这点认识和后来征韩论的论调如出一辙，都想借征伐朝鲜，转嫁国内矛盾。值得注意的是，佐田建议中已微露出兵中国的意图。佐田认为，如果清派兵救援，则可先派使节向清解释出兵缘由，如清执意出兵干涉，则"并清而伐之"。

朝鲜之所以拒绝与日本建交，一个重要的原因是，当时朝鲜施行锁国攘夷政策，而日本明治维新推行开国欧化政策，朝鲜认为这是违背祖制和礼法的大逆不道行为，而且"'皇祖'、'皇上'、'奉敕'等称谓不合旧例，国玺印章不同旧物"，一旦建交，不仅国家受到侮辱，还可能会影响到自己锁国政策，所以断然拒绝。朝鲜为了向日本表示拒绝建交的决心，纵容国内的反日势力冲击釜山的日本人公馆，驱逐日本侨民离境，并在驻釜山日本人公馆的墙壁上张贴公告。公告称："日本人与西洋人交往，乃是要接受夷狄的风俗礼仪教化，这实与禽兽无异。今后，凡与日本人交往之朝鲜人将被立即处死。"② 朝鲜的强硬做法将外交危机演变成严重的双边危机，激化了两国矛盾。

1873 年（明治 6 年）4 月，朝鲜东莱府水军借操练之名，在日本驻朝鲜使馆附近鸣枪放炮以示威，而朝鲜人排日运动也日益高涨。5 月东莱釜山官员又以打击走私越货为名，向日本使馆照会：

今视贵国商人之为毫无法度而不知耻，然我国需申明法令自行实

---

① 玄洋社社史編纂会：『玄洋社社史』、東京：玄洋社社史編纂会、1917、37 頁。
② 安藤英男：『評伝西郷隆盛』、白川書院、1976、161 頁。

施，凡是入境停留者，如遵循法纪可自由行动、不遵纪守法者则严厉制裁……希冀贵国告诫本邦之人不要惹是生非……①

同年 6 月，日本外务大臣副岛种臣作为钦差出使清朝，名义上为清朝皇帝大婚贺喜，交换日清条约的批准书，实际目的是要"作为征韩的前提探查中国的态度和国情"②。就朝鲜问题清政府表示"朝鲜是拥有内政和外交权的自治国，关于朝鲜对日本的无礼，和清政府无关，不负任何责任"。虽然没有任何书面的协定，副岛判断"即便出兵朝鲜，清政府也不会干涉"③。另外，副岛同俄国驻日公使达成"俄国保证不干涉日本出兵朝鲜"的口头协议，又获得英国的支持，甚至美国方面也唆使日本出兵朝鲜，"日本夺取朝鲜，控制辽东，遏制俄国南下；占领台湾就可以牵制清国"。④ 在征伐朝鲜问题上，各主要国家给了日本较为满意的答复，日本完成了外交上的准备。

（二）"征韩论"的泛起

针对朝鲜排日运动和驱赶侨民一事，太政大臣三条实美，参议西乡隆盛、板垣退助、大隈重信、后藤象二郎、江藤新平、大木乔任七人召开阁僚会议。板垣认为"最好的办法莫过于派兵出击釜山，首先确保居留民的安全，然后逼迫其修交谈判"。"突然兴兵，恐会造成日本要吞并朝鲜的误解。在此之前，最好是派全权大使出使朝鲜交涉，倘若朝鲜加害的话，那么世界就知道罪在朝鲜，那时再兴兵问罪也师出有名"，西乡提出异议。三条实美据此提出一个折中的方案"派全权大使率兵乘军舰出使朝鲜"。西乡又提出异议"此次派使为求和平解决，率兵实在不是稳妥之举，不能坏了礼法"。席间，大隈曾提出朝鲜问题是国家大事，应当等岩仓大使回国后再做朝议为好。大隈的提议遭到西乡的呵斥："堂堂一国之政府，连国家大事都不能在内阁会议上决定，那干脆关门大吉，什么都不要做了。"众人最后一致同意由西乡做全权大使出访朝鲜。

关于是否征伐朝鲜，在"岩仓使节团"出访欧美之前，统治阶层内部

---

① 玄洋社社史編纂会：『玄洋社社史』、東京：玄洋社社史編纂会、1917、42～43 頁。
② 安藤英男：『評伝西郷隆盛』、白川書院、1976、161 頁。
③ 安藤英男：『評伝西郷隆盛』、白川書院、1976、163 頁。
④ 参见大隈重信『早稲田清話』、冬夏社、1922。

普遍认同兵部大辅大村益次郎提出的通过征韩来转嫁国内矛盾的策略，作为政府权威人物的西乡隆盛则是征韩论的主要倡导者，受其影响，明治高层制定了"开国进取"的国策。木户孝允也热衷此说，不遗余力推行征韩，并且在各种场合公开支持西乡，放言"惩处韩国乃是当务之急"。1869 年，倡导"征韩论"的大村遇刺后，此说走向低谷，木户也一改激进征韩的论调，提出先养兵备战徐候图之的所谓"温和论"。

岩仓使节团回国后，三条实美于 1873 年 9 月召开了内阁会议，拟讨论派遣大使出访朝鲜的议案。同年 10 月，经过高层的商讨酝酿后，派使访朝的议案在内阁会议上被正式地提了出来。意外的是，议案遭到大久保、岩仓、木户等人的激烈反对。他们力主内治优先，结果一直争论到黄昏也未有结果。最后只得留待明天继续讨论。[①] 翌日，外征派[②]的代表板垣、副岛、江藤、后藤四人与内治派的代表岩仓、大久保、大隈、木户等人为是否征韩展开激烈争论。随即，三条要求除岩仓之外所有人都退席，开始和议。和议的结果是岩仓做出让步，同意派使者出访朝鲜，最后议会通过该决议。大久保得知结果后，甚为不满，欲退出内阁。会后，他给三条写信称："微臣资历浅薄、能力有限，举国是而任重道远，难当大任，恐辱没了浩荡的皇恩。"委婉表达了辞职之意。[③]

大久保提出辞呈后，内治派内的岩仓、木户、大隈等人也相继递上辞呈，内阁面临土崩瓦解的局面。一方面，三条面对如此复杂的政治局面，采取了回避拖延的策略。他以精神过劳无法处理政事为由，决定暂缓派使访朝，硬把决议压了下来，未向天皇奏明。另一方面，以西乡隆盛为首的外征

---

① 玄洋社社史编纂会：『玄洋社社史』、東京：玄洋社社史编纂会、1917、55 頁。

② "内治派"与"外征派"日文一称"内治党"（ないちとう）和"外征党"（がいせいとう）（参见玄洋社社史编纂会『玄洋社社史』、東京：玄洋社社史编纂会、1917、60 頁）；一称"征韓反対派"（せいかんはんたいは）与"征韓派"（せいかんは）（参见唐木順三、竹内好共編「世界のなかの日本」、『近代日本思想史講座』、筑摩書房、1961、14 頁）。本书之所以翻译为"内治派"与"外征派"，是因为基于两点考虑。其一，西乡、江藤等人主张征韩的矛头虽指向朝鲜，但并非只针对朝鲜，其根本目的是要以朝鲜为跳板进一步对外扩张。若翻译成"征韩派"似无不可，但无法将其隐匿于征韩背后的对外扩张的意向完整表达出来，而"外征"一词意蕴较为深远。其二，考虑到当时藩阀政治主导下的日本根本未确立政党政治，政府内部只有派系而无政党的史实，若翻译成"党"容易被误解为某一政党，所以笔者认为翻译成"派"比较妥当。

③ 玄洋社社史编纂会：『玄洋社社史』、東京：玄洋社社史编纂会、1917、57 頁。

派担心内治派辞职后，恐被人诟病为独揽大权，也随之纷纷提出辞呈。三条以身体抱恙为由，委托岩仓代为处理。岩仓本属于内治派，转由岩仓处理实际上已表明高层内部同意了内治优先的国策。岩仓上台后，立即撤销了征韩的提案。大久保、木户、大隈等人也纷纷回归，西乡、江藤、板垣等人只得提交辞呈愤而下野。

内治派采取以退为进、以辞职相要挟等策略，取得了政治斗争的胜利。当然，内治派主张内治优先，并不意味着向朝鲜妥协。1874 年 2 月（明治 7 年二月）森山茂丸就朝鲜问题上书大久保，指出不可轻视怠慢：

> 尝闻虎狼数月不杀，则跳踉大叫，以发其怒；蛇蝎终日不蛰，则噬咬草木，以致其毒……今朝鲜犹如虎狼蛇蝎之国，不可须臾放松警惕。

森山认为无论征韩还是抑韩其举措"无非宽猛二途"。他主张"宜以宽处之，夫宽者次序就礼施以公法说，以公情而得"。也就是说，在处理朝鲜问题上，要尽量有理有据，谨慎处理。然后他又委婉地批评政府对朝问题拖沓推诿，希望政府尽快着手处理。

同年 3 月，日本爆发"佐贺之乱"，明治政府受到很大震动。政府开始认识到如果不处理好朝鲜问题，国内矛盾就会激化，不平氏族的叛乱就会愈演愈烈。于是派以森山为首的六人团携外交文书赴朝交涉。外交文书称：

> 明治元年，皇上登极万机亲裁、更张纲纪以兴本邦……贵国与本邦邻谊有旧，疆土相连，盖是唇亡齿寒之国。奉敕修书特派理事官森山茂、副官广津弘信明告本邦盛意之所在……①

1875 年 1 月（明治 8 年一月），外务大丞宗重正又呈书朝鲜国礼曹参判阁下，称：

---

① 玄洋社社史编纂会：『玄洋社社史』、東京：玄洋社社史編纂会、1917、62 頁。

昔吾皇亲废幕府，复太政官革封建为郡县，又置外务省，世袭官皆罢免。重正也幸被任命为近卫少将，委以与贵国交际之任务……至今，屡次差使又遣官员往晤东莱、釜山以告本邦盛意所在，然贵国拒而不纳，反邻谊违旧好，一致两国七年未交……深为贵国之憾。为求善邻之道，躬亲渡航并会驻馆官员森山茂以究明错由……如有奸佞之徒从中作梗，破坏两国之谊者，严惩不贷。摒弃前嫌、重开旧好，贵都以为何？若贵国只图一时之权益，不顾人心之得失，实非保国安民之道，又岂是贵国所望乎？今派理事官森山茂往东莱府，以探明委曲，共议两国之交际，宜款接之，速派专使以订立万世不渝之盟……①

朝鲜方面做了回复，大意是，两国相交之际，而贵国服色有违旧制，弊邦认为两国交谊不宜独服，循旧制乃是古今惯例，有违者，不可许之……亲告贵邦，希谅体察。朝方再一次拒绝建交。愤怒的森山立即向政府报告：

韩国并无诚意，口舌之交毫无解决问题之希望，我国应派战舰两艘在朝鲜沿海游弋，施加压力以促成其觉醒。

报告让政府高层失去最后的忍耐。山县有朋极力主张对韩强硬。明治政府放弃外交斡旋转向武力解决，终酿"江华岛事件"，最后通过武力打开了朝鲜的国门。基于以上的史实，有学者一针见血地指出内治派与外征派在征韩论问题上"其论争的焦点无非是其扩张策略及时机选择上的差别而已"②。

二 右翼勃兴的契机论

促成日本早期右翼勃兴的原因较为复杂，最根本的还是源于"神国观""天皇观"为其做了思想上的准备。现实原因既有明治维新严重触犯了士族阶层的利益而导致的怨恨，也有替西乡下野而鸣不平以及受到士族叛乱的鼓动，直接的原因是征韩论的兴废。

---

① 玄洋社社史编纂会：『玄洋社社史』、东京：玄洋社社史编纂会、1917、62 页。
② 伊藤整『近代日本思想史講座（第 8）世界のなかの日本』、东京：筑摩書房、1961、14 页。

　　岩仓使节团回国后，尽管政府高层多人倒戈反对征韩论，尤其是以整备内政为急务的大久保利通、木户孝允。但即便如此，西乡依然坚持征韩。他认为征韩"可使（士族）思乱之心移作兴国之远略"①。西乡的策略在当时也得到了江藤新平（时任司法卿）、副岛种臣（时任外务卿）、后藤象二郎（时任参议）、板垣退助（时任参议）等高官的支持。如此一来，在国家发展策略上，明治政府高层间发生了分歧，围绕着征韩论的兴废问题，形成以大久保、木户、大隈重信、伊藤博文等为代表的"内治派"和以西乡、江藤、板垣、副岛等为代表的"外征派"。② 当时，两派除言语相抵之外，更是展开了激烈的权斗以致水火不容，最终导致统治阶级内部彻底分裂。

　　一方面，因不满政府的"优柔寡断"加上政治上失势，西乡、江藤、板垣、副岛、后藤等愤而下野，连带着以土佐、萨摩藩出身的文武官员也相继辞官返乡。下野后的西乡回到鹿儿岛，一大批下野的志士也追随其来到鹿儿岛，他们对政府充满了怨恨和不满，离异之心、谋反之意陡然高涨。1874年6月，西乡在萨摩藩设立私立军校。军校的建立在事实上为西南战争的爆发积蓄了武装力量。

　　另一方面，明治维新所推行的"废藩置县""秩禄处分"等政策使得大批武士失业而日益贫困。没落的士族对政府非常不满，尤其是福冈藩的不平氏族对政府的怨恨尤甚。藩政改革之前，福冈藩俸禄五十二万石，光是豢养的武士就有数万人，可以说是内地屈指可数的大藩。然而，藩政改革后，这些武士大都破产，有的被迫背井离乡流徙到北海道，更有甚者整日抱着"金禄公债书"哀叹，沉溺于昔日辉煌的黄粱美梦中。③

　　没落的武士阶级因为明治维新早已对政府失望至极，而现在政府又要排斥"征韩论"采取"内治优先"的方针，与其意欲通过讨伐朝鲜改变其无用武之地的想法背道而驰，心中的愤懑达至极点。在福冈这些愤愤不平志士中，武部小四郎、越智彦四郎、箱田六辅、平冈浩太郎、近藤喜平太、头山满等人脱颖而出成为领导者。他们推崇"征韩论"，积极响应西乡的号召。如此一来，对政府充满愤恨的下野的"外征派"与明治维新后没落的旧封

---

① 〔日〕信夫清三郎编《日本外交史》上册，天津社会科学院日本问题研究所编，商务印书馆，1980，第149页。

② 玄洋社社史編纂会：『玄洋社社史』、東京：玄洋社社史編纂会、1917、72頁。

③ 玄洋社社史編纂会：『玄洋社社史』、東京：玄洋社社史編纂会、1917、73頁。

建武士集团由于政治理念趋同而合流，最终发展成为滋生和培养日本右翼的温床。

在西乡、江藤、板垣、副岛等为代表的"外征派"下野之后，根据对明治政府的态度，内部又分成两派。一派是以板垣、后藤为代表的"民权派"，主张通过议会斗争，开展论战来推翻政府；另一派是以西乡、江藤为代表的"主战派"，力主通过武力打倒政府。"民权派"最终发展为"自由民权运动"，"主战派"则以"佐贺之乱"和"西南战争"被明治政府镇压而惨淡收场。

无论是"民权派"还是"主战派"，其形成的诱因主要是征韩论的失败，这使"外征派"被迫退出权力中心，在探寻反政府运动道路的过程中两派得以形成。两派不同的斗争策略为刚刚勃兴的日本右翼反政府运动预设了两条斗争路线。一条是采取西乡的发动不平氏族武装暴动反政府的路线（可以简称为"武斗"的路线）；另一条则是采取板垣的通过开展自由民权运动，以议会斗争的形式反政府的路线（可以简称为"文斗"的路线）。后来的右翼运动史表明，无论是"武斗"还是"文斗"的反政府路线，右翼都参与其中（关于右翼参与"武斗"和"文斗"的反政府运动的史实，将在本章第二、三节详论，此不赘述）。参与"武斗"和"文斗"的政治运动也在事实上促成了其武装暴动反政府和投机自由民权运动的两个阶段的形成。从这个意义上说，"征韩论"一事，实在是造成日本内阁分裂，佐贺、鹿儿岛之乱和江藤新平、西乡隆盛殒命的祸根，更是福冈草莽兴兵，大久保被杀以及民权论、民选议院开设运动勃发的内在诱因。[1]

虽然征韩论直接导致了明治政府的分裂，促成了右翼的勃兴，但这并不是促成政府内部分裂的根本原因。充其量不过是政府高层对待日本国家发展战略分歧在对朝问题上的集中反映而已，放在日本实现近代化的历史语境下，更深层次的矛盾实际上是关于近代化发展路径之争。显然，西方发达的资本主义经济、健全的议会政治体制深深刺激和影响了岩仓使节团的掌权者，甚至颠覆了他们旧有的传统观念和政治理念，以大久保、木户、岩仓为代表的"内治派"更是主张要学习西方，走西方的工业化道路，发展资本

---

① 玄洋社社史編纂会：『玄洋社社史』、東京：玄洋社社史編纂会、1917、75頁。

主义来实现日本的近代化。而与之形成鲜明对比，西乡、江藤等人虽然完成了明治维新改革的历史任务，但治国理念仍残存着旧幕府的体制思维，对近代议会政治运作机理缺乏认知，没有完成思想领域的近代化转型。结果两派因政治理念差异，在国家发展战略的重大问题上产生矛盾。理念上的矛盾之争向来难以协调，两派最终只能走向分裂，只能以战争这种暴力的方式来消解对手，为自己的理念之路扫清障碍，"西南战争"为此做了很好的注脚。由此可见，要想完成国家近代化的使命，首先应从思想上完成近代化的准备。

同时也应看到，一方面，选择西方这种近代化发展路径，国家的崛起或者说完成国家崛起的资本积累就只能通过对外殖民扩张这种方式实现，换言之，西方近代化的发展模式暗含着侵略扩张的强国逻辑。西方的崛起之路以及日本后来重蹈西方覆辙的历史就是明证。另一方面，外征派坚持通过对外掠夺土地和资源的旧式强国理念也不过是一种野蛮的军事冒险策略，在实现日本近代化上，这种发展路径本身就缺乏内在的根本动力支持，也缺乏长久的资本支撑。可见，征韩论并非简单的征与不征的问题，其背后暗含着日本如何实现近代化的根本性问题，征韩论不过是对待如何实现近代化两种理念的冲突在国家政策上的反映。

第二节　武装叛乱反政府的右翼

一　右翼支援不平氏族的叛乱

（一）"清君侧"以图征伐朝鲜

根据对明治政府的态度，"外征派"下野后又分成两派。一派是以板垣、后藤为代表的"民权派"，主张通过议会斗争，开展论战来推翻政府；另一派是以西乡、江藤为代表的"主战派"，力主通过武力打倒政府。下野后的板垣曾问西乡，"吾欲立民选议院之建白，君当如何？"西乡则答复说，"君之策，宽弱有余，威猛不足。今之政府当以强力夺之，而后徐图民选议院之改造。处事应有缓急，故君之所图不可"[1]。言语往来间，二人政治主

---

① 玄洋社社史编纂会：『玄洋社社史』、東京：玄洋社社史編纂会、1917、72頁。

张上的分歧表露无遗。虽然"外征派"内部存在两条反政府路线，但早期右翼并没有为究竟采取何种路线而争论不休，在他们的意识里，追随西乡、服从西乡是心甘情愿也是理所当然的事情，所以运动伊始即选择了支援西乡武装叛乱。

除了情感上对西乡的膜拜而使右翼选择支援西乡之外，更重要的原因是以西乡为代表的"外征派"主张征韩的扩张战略迎合了包括早期右翼在内的广大不平氏族意欲通过征伐朝鲜改变自身无用武之地的政治需要。

福冈不平氏族武部小四郎、越智彦四郎、箱田六辅、平冈浩太郎、头山满等人当时极力主张征韩：

> 讨韩亦可伐清，以继承神功皇后、丰臣公之遗志，以报元寇来袭之辱……当集天下志士以共遂此志，天下大势则成矣。①

内田也认为西乡征韩乃是深谋远虑之举，一方面"将天下思变之心收拢而转嫁到征韩问题上来防止内乱"，另一方面"日本征韩可对抗西力东渐，建立东亚联盟的基础，也可以蓄养实力，保皇国万世安泰，将皇谟恢宏于世界"②。同时，内田认为征韩的意义也非同一般：

> 欧美列强对亚洲的殖民扩张日益加剧。鸦片战争不过是列强蚕食中国的开始，不久就会将矛头指向日本，唇亡则齿寒。当务之急，应该建立东亚联盟的基础以抵御西力东渐。富国强兵不仅可以抵御欧美，皇国万世的安泰也指日可待。如此一来，我皇谟必然会广布于世界，也可告慰殉国之先辈。③

内田对岩仓、大久保反对征韩并逼迫西乡、江藤等人下野，推行内治优先的做法非常不满：

---

① 玄洋社社史編纂会：『玄洋社社史』、東京：玄洋社社史編纂会、1917、73～74 頁。
② 内田良平：『日本の亜細亜』、黒龍会出版部、1931、227 頁。
③ 内田良平：『日本の亜細亜』、黒龍会出版部、1931、227 頁。

　　大久保、岩仓以内治优先想要充实国力而反对征韩，但是没有考虑到国内士族的不满情绪，结果反对外征，导致激发了内乱。而内乱的结果，则是两败俱伤。国家柱石之臣因此次叛乱陨落者大半。大久保也因此遭到暗杀，全国可谓陷入一片悲哀中……如果实施征韩战略，就不会引发内乱。甚至不用发动日俄、中日的战争就可以达到目的。即便日俄、中日之间的战争或者三国干涉的事件不可避免，但是如果早施征韩之策那么日本国运的兴隆至少可以提前二十年。①

　　征韩论者悉数下野，政权被内治派所把持。天下不平之士奋起反抗。1875 年江藤新平领导的佐贺之乱，1876 年前原一诚领导的荻之乱，还有 1877 年西乡领导的西南战争，这些叛乱的兴起，充分暴露内治派政府在对内问题上的失策。不仅如此，在对外问题上，特别是对于征韩一事更是毫无计划。这样无能懦弱的政府只会祸及国运。②

头山、平冈等右翼分子为此密谋要刺杀大久保。刺杀的原因正如石川县不平氏族岛田一良、长连豪等人"斩奸状"所陈：

　　大久保、岩仓等奸佞之徒其罪有五：罪一，狡诈贪婪、欺上瞒下，杜绝公义、压制民权，以权谋私；罪二，飞扬跋扈、目无法纪、徇私枉法；罪三，大兴土木、挥霍无度、劳民伤财；罪四，排挤忠义之臣、打压忧国之士，以至怨声载道终酿内乱；罪五，外交失策，国权失利。有其五罪，实为千载之民害，空前之国贼，理当诛之。当诛者，首推大久保、岩仓、木户、大隈重信、伊藤博文、黑田清隆之辈。而三条实美之流亦不可原谅。然，我忠良之辈势单力薄而奸佞之徒众多，故宜先除大久保、木户、岩仓之中一人。当天下义士豪杰见我等诛奸之义举，定会受此感召而奋起以继承吾辈之志，其余奸臣不日定被诛杀③。

作为体制外的政治上又被边缘化的右翼势力想凭一己之力影响甚至改变

---

①　内田良平：『日本の亜細亜』、黑龍会出版部、1931、227～228 頁。
②　内田良平：『日本の亜細亜』、黑龍会出版部、1931、225 頁。
③　玄洋社社史編纂会：『玄洋社社史』、東京：玄洋社社史編纂会、1917、184～186 頁。

政府决策，在当时的历史条件下，只能通过暗杀、恐吓等极端的办法向政府施压，逼其改弦更张。刺杀大久保即表达了早期右翼与不平氏族对藩阀政治的不满，又想借此逼迫政府重新回到征韩论的议题上来，施行对外扩张的策略。应该说，恐怖主义手段一直都是日本右翼处于政治上不利局面或对政府体制不满情势下惯常采用的极端方式，对后世右翼的行为产生了重要影响。

（二）不平氏族发动反政府叛乱

参议江藤新平下野回到家乡佐贺后，引发了当地士族对政府的更加不满。在佐贺乡党的支持下，江藤决定以"清君侧"之名举兵清算大久保、岩仓等人。1874 年 2 月 1 日，江藤率"征韩党"公开发动武装叛乱，史称"佐贺之乱"。"征韩党"顾名思义，就是希望通过武装叛乱以逼迫政府回到征韩问题上来，达成征伐朝鲜之举。① 佐贺叛乱爆发之时，江藤发表了一份檄文，以申其志、以明大义：

> 行使国权当先从民权，并以此为基，以定交战媾和之盟、通商航海之约等国事。若国权一日之失，国将不国。国权失，则人权必失，国人将沦为奴隶毫无尊严。朝鲜屡弃我国书，辱我使臣，傲慢无礼，真是可忍孰不可忍。征韩一事，朝廷本有定论，然几个奸佞之人却苟且偷安，从中作梗，以致蒙蔽圣聪，征韩之策皆废。有识之士无不扼腕叹息……雪国耻乃是志士之义务，为国家大义而奋起乃是臣子之责任。今举兵以效前人之伟业，不负前辈之志向。②

政府方面得知佐贺士族发生叛乱后，立即下令熊本镇台司令谷干城率军镇压。随后，内务卿大久保利用手中兵权，委任嘉彰亲王为征讨大都督赶赴佐贺平叛。为力保一举歼灭、万无一失，除了从东京、大阪两地增派援军外，大久保也亲自率军前往镇压。2 月 14 日，政府军集结完毕后，兵分两路，从水路和陆路进军佐贺。战斗初期，江藤军方面利用天时地利占据优势，但随着多路政府军部署到位，在政府军的齐攻之下，迅速溃败。2 月 28

---

① 〔日〕信夫清三郎：《日本政治史》第 2 卷，周启乾译，上海译文出版社，1988，第 441 页。
② 玄洋社社史编纂会：『玄洋社社史』，東京：玄洋社社史編纂会、1917、98～99 頁。

日，政府军攻下佐贺，叛乱基本被镇压。3月底，江藤在逃亡高知县甲浦途中被捕。江藤被捕后，大久保旋即设立临时法院判其斩首之刑，没给其丝毫上诉的机会。佐贺之乱最终被政府血腥镇压。

佐贺之乱伊始，得到消息的福冈志士箱田和越智就立即决定响应。他们迅速组建了一支450人的队伍，并将队伍分成10个小分队，计划以镇抚队之名混入佐贺支援江藤。为了防止消息有误而轻率盲动，也是为了探听虚实情况，箱田、越智二人先派探子前往佐贺探听消息，希望能联系上江藤。但是由于战况激烈，探子并没能见到江藤。随着形势不断恶化，箱田、越智只好起兵急援佐贺。为了迷惑政府军，越智特地打着前往佐贺镇压近藤之名将队伍分编入镇抚军里，但暗地里伺机和江藤联络。由于佐贺志士不知道武部、越智的动机，以为福冈镇抚队是前来镇压的，因此对福冈军充满敌意，结果福冈与佐贺联合的计谋化为泡影。不久，佐贺之乱即被镇压，江藤也被政府处死。福冈志士支援佐贺的武装行动宣告失败。

政府在镇压佐贺之乱问题上，基本上由大久保全权主导，而且大久保坚决主张血腥镇压。作为政治家，大久保自然有他的理由。在他看来，佐贺之乱并不是一个偶然的氏族叛乱，而是不平氏族与政府矛盾积压许久后的爆发，而且叛乱又是由和自己水火不容的前参议江藤领导，这是政治斗争也是军事斗争，所以必须全力镇压，绝不能手软。佐贺之乱，打响了氏族叛乱的第一枪，如果政府镇压不利就会导致其他地方的氏族发动叛乱，国家将陷入混乱。只有血腥镇压，才能压制住不平氏族的犯上作乱。虽然明治政府对叛乱氏族毫不手软，但血腥镇压反而使矛盾更加激化。部分参与佐贺之乱的氏族逃亡鹿儿岛投奔西乡，新一轮的反政府叛乱在酝酿之中。

1876年，前原一诚在山口县荻发动士族叛乱，史称"荻之乱"。当时，时任参议的前原就已对政府在征韩问题上的优柔寡断以及大久保、木户、岩仓等人把持朝政的藩阀专制心怀不满。下野后的前原在得知政府血腥镇压佐贺之乱并将江藤处斩后异常愤怒，决定起兵讨伐政府。恰逢此时，熊本又发生了不平氏族的"神风连之乱"①。前原等人便借机以旧藩校明伦馆为据点

---

① 熊本叛乱起因于明治政府颁布"废刀令"和施行取消武士俸禄的"金禄公债"而导致士族与政府矛盾激化。1876年10月，熊本旧士族两百多人公开武装叛乱，反对政府改革。

集结不平氏族准备支援"神风连"。10 月 28 日，以前原为首的"殉国军"
武装组织建立起来，并发表檄文称：

> 有人非议当年丰太公神功征韩失败一事①，说其师出无名。江藤的
> 死、西乡的下野也皆因此种观点所致。然朝鲜若成独立之国，那彼清国
> 鲸吞之，彼俄国攫取之，局势将变化莫测。朝鲜若视我日本为仇敌，我
> 当兴王师以问罪，纳朝鲜入我之版图，徐徐受我礼乐之教化②。

此篇檄文矛头直指大久保、岩仓、木户等反对征韩的高官。檄文再次重
申了征韩的战略意义和必要性，并且表达了征韩的决心。檄文发布后，前原
率兵迅速攻击县町，夺取了荻冶炼厂的武器弹药，并企图进攻山口县。政府
得到报告后派三浦梧楼少将率领广岛镇台和孟春好军舰两路夹击"殉国
军"。结果前原军队大败。11 月 5 日，前原在岛根县被捕，随后被处斩，
"殉国军"终以失败而告终。"荻之乱"发生之时，福冈的箱田六辅曾计划
要武装支援前原。但由于叛乱很快被镇压，只得作罢。不过此次福冈不平氏
族的异常举动也使得福冈县政府加强了对矫志社的监视。时隔不久，矫志社
社员狩猎归途中与小仓连队福冈分队发生冲突，福冈县令借机镇压矫志社，
逮捕了箱田六辅和一批社员。为了营救箱田，头山借打猎为名，在深山里聚
众密谋营救计划。岂知政府早已掌握其行踪，并趁此时机搜查了头山、近藤
等人家宅，掌握了他们密谋刺杀大久保的证据，并将其一一逮捕。社长武部
同强忍社社长越智被迫逃亡鹿儿岛，投靠西乡。由于社长出逃，大批社员又
被捕，三社难以为继而纷纷解散。

二 右翼与"福冈之变"

面对全国不平氏族对于政府的不满，各地士族叛乱不断，加之自由民权
运动的兴起，政府陷于严重孤立的境地。为了安抚不平氏族，缓和矛盾，维

---

① 丰臣太公指丰臣秀吉。丰臣秀吉执政时期，曾派兵侵略朝鲜。1590 年，丰臣致书朝鲜国王
宣称"长驱直入大明国，易吾朝之风俗于 400 余州，施帝都政化于亿万斯年"，威逼朝鲜臣
服。1592 年、1597 年丰臣秀吉先后对朝鲜用兵，史称"文禄之役""庆长之役"。但是两
次侵略之举，都因为明朝的举兵介入而遂告失败，从此再也不提征朝一事。
② 玄洋社社史编纂会：『玄洋社社史』、東京：玄洋社社史編纂会、1917、107～108 頁。

护政权的稳定，1875 年 4 月，天皇下达立宪政体诏书：

> 朕即位之初，会群臣，立五誓以敬神明，定国事以求保全万民之道。朕幸得皇祖庇佑、群臣扶翼，才有今之康平盛世。然，中兴之日尚浅，万事待兴更张。今，朕欲扩誓文之大意。拟设元老院，以充立法之源，设置大审院，委以审判之权。召集地方百官以咨民情而后谋公益，渐次确立国家之立宪政体。望天下万民深体朕心，勿要墨守成规，亦莫做轻率激进之举。①

诏书一下，万民皆感佩圣恩，士族叛乱有所收敛。民权领袖板垣也受感召加入内阁，民权运动一时失去了方向。其实诏书主要针对的是当时民权派要求实现开设国会、改组藩阀政府的政治诉求。诏书下达等于是向民权派做出开设国会的许诺，如此一来，民权派便失去了政治目标和存在的正当性。诏书借以分化民权派的目的也就达到了。但诏书对不平氏族的政治要求没有半点提及，更谈不上有所承诺。诏书不过是简单地利用皇恩和朕心来感化安抚。其实，不平氏族的叛乱并非针对天皇，矛头指向的是明治政府，特别是大久保、木户、岩仓等人，目的是要推翻明治政府、打倒藩阀政治，将万机交与天皇亲裁，进而确立征韩、对外扩张的国策。在不平氏族的眼里，此举非但不是大逆不道，恰恰是扶翼皇室的勤皇义举。但是，由于诏书并没有提及征韩一事以及今后如何扩张等不平氏族关心的议题，所以并没有从根本上解决不平氏族和政府的矛盾。更大、更激烈的氏族叛乱也在酝酿之中。西南战争便是这种矛盾激化到顶点的总爆发。

1877 年，因参与荻之乱而解散的矫志社、强忍社、坚志社三社在荒津合并成立"十一学舍"。同年，西乡举兵叛乱，西南战争爆发。新成立的十一学舍也跃跃欲试准备加入西乡的反政府武装叛乱。西南战争爆发后，西乡发函邀请十一学舍共举大事。为支援西南战争，在内田良五郎（内田良平之父）与小河孙次郎的宅邸，福冈志士会集一堂，商议支援西乡军一事。最后决定在福冈举兵支援西乡。会后众人派吉田真太郎、川

---

① 玄洋社社史編纂会：『玄洋社社史』、東京：玄洋社社史編纂会、1917、174～175 頁。

越庸太郎赶往人吉，向驻扎在那里的西乡军通报。3 月 19 日，福冈志士齐集在平尾山，商议组建福冈义军，并推选武部、越智为此次武装行动的大队长。随后武部、越智集结众不平氏族组建起福冈义兵，约定 3 月 27 日夜发动军事行动。福冈义兵一共 850 人，武器以火枪为主。其军事编制如下①：

> 大队长：越智彦四郎、武部小四郎。
> 大队副官：久光忍太郎、舌间慎吾。
> 小队长：久世芳磨、加藤坚武、村上彦十。
> 辎重部队负责人：大野卯太郎、内田良五郎。
> 传令使兼差役：八木和一。

军纪如下：

> 第一条：违抗军令者，严惩不贷。
> 第二条：草菅人命者，严惩不贷。
> 第三条：纵火烧民宅者，严惩不贷。
> 第四条：淫人妻女者，严惩不贷。
> 第五条：偷盗者，严惩不贷。
> 第六条：私逃者，严惩不贷。②

发布的檄文称：

> 夫政府之责任在保全国民之幸福。然今庙堂之上三二奸佞当道，把持朝政、蒙蔽圣聪；阻塞言路、欺上瞒下，打压忠良之士；苛捐杂税，以致民不聊生。更甚者，为一己之私欲，图一朝之利而不顾国家无疆的公道天理，实乃是悖天理、逆人心的祸害之举。今福冈众之士愤然而起义兵，虽势单力微，但誓死要向天下昭明大义名分，维护我三千万同胞

---

① 玄洋社社史編纂会：『玄洋社社史』、東京：玄洋社社史編纂会、1917、123 頁。
② 玄洋社社史編纂会：『玄洋社社史』、東京：玄洋社社史編纂会、1917、124 頁。

之权利，敬告上天，为保我日本帝国万世康宁、以扶翼无穷之皇运。今布公檄文，感召有志之士共举大义。愿天下体鉴明察吾等忠义之心。①

福冈义兵的军事策略分为上策、中策和下策，分别对各种军情变化和军事进展情况进行部署和制定方略②：

> 上策：攻下福冈城，抢夺弹药库之后，顺势袭击县政府，夺其官资以充军费开支。然后一鼓作气，奋勇占领政府在博多湾的碇泊军舰。开军舰沿海北上，直取大阪。攻占大阪，打倒明治政府，除奸佞、清君侧以奏明圣上举用贤臣、广招人才，改革政府。如此，是为上策。
> 中策：攻下福冈城，抢夺弹药库之后，若未能夺得碇泊军舰，则应立即挥兵据守福冈城，以逸待劳，断绝官军的给养，等待西乡萨摩军的支援。
> 下策：若攻打福冈城失败，则重整军队屯兵于大休山，伺机从背后奇袭官军，以求自保，其余从长计议。

制定好军事策略之后，福冈义兵又制定了特别方略：

> 一、越智大队长率领四百弟兄在中岛以西的地方集结，伺机袭击福冈城。
> 二、武部大队长率领四百弟兄在中岛以东的地方集结，伺机攻打县厅和袭击警察。

3月27日，越智、武部下达军事命令③：

> 拟于28号凌晨一点，正式起兵。兵分两路，中岛桥以东一部作为萨摩军的外援袭击县厅，中岛桥以西部队攻击留守福冈城的镇台守兵。

① 玄洋社社史編纂会：『玄洋社社史』、東京：玄洋社社史編纂会、1917、123～124 頁。
② 玄洋社社史編纂会：『玄洋社社史』、東京：玄洋社社史編纂会、1917、124～125 頁。
③ 玄洋社社史編纂会：『玄洋社社史』、東京：玄洋社社史編纂会、1917、125 頁。

另外村上小队负责攻击西新町警察分署以及福冈大名町电信局、警察分署，而后转战大休山会和。

按照预定计划，福冈义兵于28日凌晨一点正式起兵。越智军列阵于早良郡原村宫的树林里；大队副官久光忍太郎、参谋船越间道等90人同村上、加藤等小队长率领的部队驻扎在红叶八幡；武部军一部由大队副官舌间慎吾、平冈浩太郎等率队驻扎在住吉神社。全军约定在越智军袭击福冈城后，以城内火起为号，各路军队一起杀进城。

依照战略部署，村上率领小队50名志士先袭击了西阵町役场，接着袭击警察分署，顺势又袭击了福冈监狱藤崎分监，并救出了许多士族叛乱时期的在押犯人。村上小队完成既定任务后，便等待越智队袭城信号。但是许久未见放火信号，不得已村上率队向城南大休山转移。

越智率主力攻打福冈城，但是由于政府军训练有素，战斗力强，久攻不下之际亦只好向大休山转移，与村上一部会和。驻扎在住吉神社的武部军一直在等待着越智点火攻城的信号，后来见福冈城方向火起，误把越智军撤退时焚烧民宅当成了放火信号，便率兵攻向福冈城。直到发现军情有误，方知越智军攻城失败，此时若强攻过去，必然会寡不敌众，无奈只好向大休山转移。

福冈官军打退叛军后，立即合并向大休山挺近，随后便将越智军包围。越智军拼死突围之后决定穿越三濑进入肥前，从背后袭击官军以支援西乡军。途中越智前部被官军包围，结果舌间慎吾、大畠太七郎等30余人战死。越智军一路损兵折将，进入秋月藩后，越智不幸被捕。武部在逃亡途中也被福冈警署逮捕。与此同时，西南战场上，西乡军也是节节败退，西乡自刃于城山而残部被悉数镇压。也许是历史的巧合，早期右翼势力因叛乱失败而伤亡殆尽时，头山、近藤等人却因参与"荻之乱"和密谋刺杀大久保而事前即已被捕，未能参加福冈叛乱，所以侥幸躲过此劫，他们在西乡兵败后的翌日被特赦返回福冈。

武部、越智等参与"福冈之变"的不平氏族被捕后，政府对这些叛乱者施以严惩，判决如下：

福冈县下筑前国那珂郡西职人町士族越智彦四郎、福冈县下筑前国那珂郡船町士族武部小四郎二人目无王法结党造反，实属大逆不道。应除族、枭首示众。

福冈县下筑前国那珂郡平尾村士族久光忍太郎、福冈县下筑前国早良郡西新町士族村上彦十、福冈县下筑前国远贺郡户畑村士族加藤坚武三人招兵买马协助武部、越智叛乱，公然与朝廷为敌，实为助纣为虐大逆不道之举，依律除族并处以极刑。

除此之外判有期徒刑 3～10 年者 2 人；判 2 年者 330 人；一年者，65 人；拘役百日者，1 人；除去族名者 24 人；被赎出者 2 人；免罪者，31 人。而福冈一役战死者 80 多人。[①]

主犯武部、越智等五人被处死刑，而此役死伤者百余人[②]。战死的福冈志士后被安葬在东公园元寇纪念碑下方的松林深处。玄洋社社员于 1879 年在此设立招魂碑，碑上刻有"千代松原招魂碑"几个字，并附碑铭记：

吾县越智、武部、久光、舌间等志士举兵以援萨摩西乡，与官军抵死相抗。奈何，诸义士战败被擒杀。尔时有来拜谒者，我常谓言，当年，朝廷遣使朝鲜以交好，朝鲜却口出不逊、态度傲慢，西乡、江藤等一二大臣视为国辱甚为不满，力征韩国。然则，众议不纳，西乡愤然辞官下野。江藤氏固执其议乃至举兵作乱……朝廷剿之，江藤氏败。后十年二月，西乡起兵，朝廷征伐。诸义士感佩西乡维新之功绩、海内之名望，且熊本、山口、秋月之乱相继而发，岂非民怨久积所使然乎？众义士胸怀报国志而不能伸，今当乘此之机，以遂其志。急募六百余袭官军、公厅及分营。然，事与愿违，兵败而死。虽诸君之暴举罪不可恕，然本出于忧患国事欲彰显国体之目的而意气用事，奋不顾身、不畏生死，其风骨高节岂可泯灭乎？请示官府以立亭为招魂祭祀之所。感佩圣恩宽宥，立碑撰文上记诸君之名，以为后世知其志而不妄论。[③]

据说，每年的 4 月 27 日，战死者的遗族悉来参拜，在招魂碑前举行招

---

① 玄洋社社史编纂会：『玄洋社社史』、東京：玄洋社社史編纂会、1917、137 頁。
② 木下半治：『日本右翼の研究』、東京：現代評論社、1977、50 頁。
③ 玄洋社社史编纂会：『玄洋社社史』、東京：玄洋社社史編纂会、1917、145～146 頁。此碑文由龙田懋吉所撰。碑文中的"吾""余"指代撰文者龙田懋吉。

魂祭。这一天，玄洋社社员也会在墓地旁的松林宴请烈士的遗族，以示缅怀先烈。

至此，明治初期的不平氏族叛乱最终以西乡的兵败而宣告结束，日本早期右翼的反政府武装叛乱也随着领袖西乡的逝去而偃旗息鼓。"西南战争的失败，宣告了征韩论余波彻底消亡，针对明治政府的运动开始向伸张民权、建民选议院的自由民权运动转变。"①

第三节　投机自由民权运动的右翼

一　自由民权运动的兴起

明治维新在政治、经济、文化等方面进行一系列的改革，意在发展资本主义，实现富国强兵，走上近代化之路的同时，也触动了旧封建特权阶级的利益。首先是士族阶层因为实行征兵制、改革地租、秩禄处分等措施，利益被剥夺，政治上被边缘化而对政府心怀不满。一部分知识分子、少数出身中小地主和富农家庭等的开明人士由于受到西方资产阶级自由民主思潮的影响，萌生了要改组藩阀政治，获得相应政治权利的诉求。而身居社会底层的广大劳动人民也因深受地租、兵役苛捐杂税之苦而不断爆发农民暴动。总体观之，大资产阶级、大寄生地主阶级和农民群众及中小资产阶级之间的阶级矛盾，成为明治初期社会主要矛盾。② 在这样的时代背景下，自由民权运动应运而生。"自由民权运动是在日本资本主义的摇篮期，在明治绝对主义藩阀政权强制推行富国强兵政策过程中，被剥夺了政治权利、遭受重大利益损失的下级士族阶层、地主阶级以及整个农民阶层所展开的民主主义的国民运动。"③

当然，自由民权运动的发生不仅是因为社会矛盾的激化，还同明治政府推行欧化政策，知识界兴起介绍西方资产阶级思想的热潮有重要的关系。如福泽谕吉在《劝学篇》中就借鉴了西方天赋人权的理论提出"一律平等"

---

① 玄洋社社史编纂会：『玄洋社社史』、东京：玄洋社社史编纂会、1917、139 页。

② 吴廷璆主编《日本史》，南开大学出版社，1994，第 421 页。

③ 《近代日本思想史》研究会：《近代日本思想史》（第二卷），李民、贾纯等译，商务印书馆，1992，第 162 页。

思想，还有加藤弘之在《真政大意》一书中主张天赋人权论，使西方天赋人权思想在日本各阶层产生了广泛影响。这些介绍西方民主人权的书籍为自由民权运动的兴起提供了思想基础。

领导自由民权运动的代表人物是因征韩论下野的板垣退助。在打倒政府、革新藩阀政治问题上，与西乡采取军事政变的极端行为不同，板垣则采取非暴力的言论斗争的形式。通过向政府提交"民选议院建白书"、发动民权运动以期实现对政府的改造。①

1874 年（明治 7 年）1 月，板垣、后藤等人成立"爱国公党"的政治组织，向政府提交要求设立民选议院的建议书，自由民权运动正式展开。

自由民权运动的发展大体经历三个发展阶段。

第一阶段是自由民权运动兴起阶段，以提出设立民选议院建白书为标志。征韩论失败后，1874 年（明治 7 年）1 月，板垣退助、后藤象二郎、江藤新平等成立"爱国公党"，向政府提交《设立民选议院的建议书》，主张天皇对万民赋予永恒的"通义权理"，人皆生而具有平等的权利，政府是为人民而设，不是以大久保、岩仓等人为中心的"有司专制"。只有人民的权利得到实现，才能"发扬国威，富足国民"，这也是"爱君爱国"之道。②

第二阶段是运动的发展阶段，以高知的"立志社"和大阪"爱国社"的建立为标志。1874 年 4 月，为了更好地开展民选议院运动，板垣退助、片冈健吉等早期民权运动领导者在故乡高知县设立了立志社。随后板垣退助又设立遍及各地的民权政社，自由民权运动迅速发展开来。1875 年 2 月，为了统一指导各地的民权运动，板垣又在大阪设立了全国性的民权组织机构"爱国社"，主张"各自伸张其自主之权利，尽人类本分之义务"。虽然运动如火如荼展开，但运动本身很脆弱。一是运动覆盖的地域主要集中在西部，其他地区的民权组织发展缓慢。二是运动的主体主要是士族阶层，民众参与有限，限制了运动向广度和深度发展。但总体上，自由民权运动还是迅速发

---

① 包括板垣退助在内的民权派部分人士最开始也有举兵的图谋。板垣曾说："若兵力达到八千或一万，并准备好枪支火药，我将出任三军统帅。"宫崎八郎也曾说："造反让西乡取天下不亦快哉。"但西南战争的溃败、西乡的战死让板垣、宫崎等人认识到武装叛乱的道路行不通，反而更加坚定了通过自由民权运动推翻明治政府的决心。据此，信夫清三郎认为"西南战争发挥了自由民权运动的先驱作用"［参见〔日〕信夫清三郎《日本政治史》（第 3卷），周启乾译，上海译文出版社，1988，第 59 页］。
② 板垣退助监修『自由党史』、青木书店、1955、84~85 页。

展起来。

对于自由民权运动的燎原之势，政府感受到了威胁。为了激化民权派内部矛盾，瓦解自由民权运动，大久保极力拉拢、劝诱板垣再度入阁。板垣入阁后，爱国社不得不在 4 月解散，民权运动走向低谷。板垣二次入阁，反映了自由民权运动领导者的软弱和不彻底性。爱国社解散后，政府马上撕下伪装，于 1875 年 6 月颁布《新闻条例》，严格限制言论，开始集权统治。此举促使民权运动再度活跃起来，板垣也愤而退出政府，组织宣扬民选议院的活动。1877 年 6 月，立志社代表片冈健吉向天皇递交设立民选议院建议书，建议书明确提出了开设国会、减轻地税、修改条约三大纲领。"他们虽没有摆脱以领导者自居的士族优越思想和国权思想，并企图与氏族叛乱相呼应，颠覆政府等，但三大纲领反映了农民、富农、中小地主、工商业资产阶级的共同要求……这表明自由民权运动进入一个新的阶段。"①

政府并没有接受建议书，片冈等人转而创立报纸、杂志，通过舆论来宣传自由民权运动，并以立志社为中心，到各地讲演自由民权思想。1878 年，民权派决定以立志社为中心，重建爱国社。同年 9 月，在大阪召开了重建爱国社的第一次大会。1879 年 11 月，召开爱国社大会，通过了立志社的提议，各地民权志士联名签署请愿书，进呈天皇要求开设国会。到 1880 年，民权运动已扩展为全国性的运动，从东北到九州 2 府 22 县 87000 余人的总代表 114 人齐集大阪，成立了新的国会促成同盟，民权运动进入高潮。

第三阶段是自由民权运动深入发展直至衰落的阶段。自爱国社重建之后，植木枝盛等人就被派往四国、中国等地巡回宣讲自由民权主义。随着自由民权运动的深入发展，参加的阶级越来越广泛，植木、樱井静等人的民权思想也开始发生变化。早在 1879 年 7 月，樱井静就在其起草的《开设国会恳请协议案》中提出，国民不能没有评议国家政治的权利，而且国会要赋予人民参政议政的权利，不能把"国会作为充当征税的机关"，国会应当有牵制"地方施政"、"否决法案"以及"评议政府和行政之权"，并建议豪农出身的议员要联合起来，恳请政府开设国会。樱井的提案明显比板垣的"以士族为中心""强调国民和国家一体"的民权理念更为激进，"樱井静的提案标志着以往以士族为中心的民权运动开始向以地方豪农豪商为领导的民

---

① 吴廷璆主编《日本史》，南开大学出版社，1994，第 426 页。

权运动转化，这在民权运动史上具有划时代的意义"①。

也许正是因为民权运动过于激进，政府不得不采取高压政策予以遏制。1880 年，政府颁布《集会条例》开始限制群众的结社集会行为。这项条例颁布后激怒了民权派，他们认为"这是一项压制民权运动的专制主义法令"，导致民权运动更加激进。1880 年可视为自由民权运动的分水岭，1880年以后，自由民权国会期成同盟会中平民代表人数开始超过士族，以豪农为中心的平民阶层开始成为民权运动的主导。这一变化直接导致民权运动的性质开始发生变化：跳出以士族阶级为中心的，以维护士族阶级利益的局限，向追求广大人民的自由和权利的更深层发展。特别是思想更为激进的植木枝盛在自由民权运动的地位日益超过板垣，其号召力日益增强。

1880 年，植木制定了《日本国宪案》，公然宣称"日本人民完全可以抗拒蛮横行为"；"政府违背国宪时，日本人民可以不服从，可以排斥政府官吏的压迫，甚至人民可以推翻它，建立新政府"。② 植木激进的言论显然已经使得自由民权运动开始带有西方资产阶级民主革命的味道，这也是自由民权运动性质转变的重要标志。自由民权运动主张更广大人民群众的权利，使得更多的豪农、市民加入其中，带有资产阶级性质的政党在各地也纷纷建立起来。到 1887 年，声势浩大的自由民权运动已超出政府的预期和控制，全国形势已经面临失控的危险，最后政府不得不采取怀柔分化与镇压相结合的办法来瓦解民权派，由于民权派自身不同阶层、派别存在的利益分歧，加上政府从中挑唆离间，轰轰烈烈的自由民权运动最终归于失败。

自由民权运动的三个发展阶段，由于其程度和性质的不同，对于当时投机自由民权运动的右翼也产生了不同的影响。右翼主要参与的是 1880 年之前的民权运动，也就是板垣所倡导的"以士族为中心""争取士族的参政、议政权利""强调国民与国家一体"的民权运动，而右翼对于 1880 年之后带有资产阶级民主革命色彩的民权运动基本持消极态度，特别是在 1881 年玄洋社成立之后，右翼基本上整体退出民权运动，开始转向国权主义运动。

---

① 吴廷璆主编《日本史》，南开大学出版社，1994，第 427 页。
② 植木枝盛：『日本国国憲按』、『現代日本思想史大系』3 卷、東京：筑摩書房、1965、78 頁。

二　右翼民权运动的展开

多次武装暴动的失败也促使早期右翼分子开始放弃武装叛乱而向自由民权运动靠拢。就在叛乱的 1875 年 2 月，越智和武部二人就尝试与民权派接触。二人出席了"大阪会议"，并受板垣民权理论的启发，提出"民权的扩张是国策之本"的理念。之后受"西南战争"影响，早期右翼参与武装叛乱，制造"福冈之变"而终被政府强力镇压，武斗之路戛然而止。

1877 年 11 月，头山、箱田等人在福冈设立"开垦社"，别名"向浜塾"，以"评议时政，图政治改善"为目标，开始转向自由民权运动。

1878 年，大久保被暗杀的消息传到福冈，得知此事的头山兴奋异常，叛乱之心再次复燃。"今大久保被刺，政府摇坠，宜当乘此时机奋起举兵，则大事成矣"①，为此，头山亲赴土佐要鼓动板垣发动武装暴动，试图重蹈西乡武装叛乱的覆辙。但头山的土佐之行并未如愿，反而被板垣鄙为莽夫所为，"西乡即已兵败殒命，武斗之路决计不通，由天皇陛下颁布誓文，万机皆于公论以唤起自由民权之运动才是上策"②。头山返回福冈带领福冈不平士族开始投身民权运动。随后在福冈建立了玄洋社的前身组织"向阳社"，"以备讲习实学、宣讲自由民权学说、兼论政治时局之用"。

"向阳社"成立伊始，头山便不遗余力地开展民权运动。为"宣扬民权思想兼顾开设国会请愿运动"，头山奔赴鹿儿岛，出席大阪民权派的"爱国社"大会，并依据爱国社大会的决议，到各地组织集会、宣传民权思想。"向阳社"一时成为自由民权运动的重要团体。③ 可以说，这一时期是头山与自由民权运动的"蜜月期"。对此，木下半治不无调侃地说："从日后'玄洋社'从事右翼活动来看，此时头山热衷民权运动的做法，不禁给人相当异样之感。"④

1878 年 9 月，应立志社的邀请，近藤喜平太、加藤直吉作为代表出席了在大阪召开的"爱国社复兴大会第一次代表大会"。头山也从高知赶来。

---

① 平井晚村：『頭山満と玄洋社物語』、東京：武侠世界社、1915、184 頁。
② 平井晚村：『頭山満と玄洋社物語』、東京：武侠世界社、1915、186～187 頁。
③ 公安調査庁：『戦前における右翼団体の状況‧上巻』、東京：公安調査庁、1964、8 頁。
④ 木下半治：『日本右翼の研究』、東京：現代評論社、1977、53 頁。

除了向阳社之外，佐贺的木原隆忠、丰前的友松醇一郎、久留米的川岛澄之助、熊本的佐野范太、松山公共社的高木明辉等也出席了大会。这次大会会聚了日本当时最有名的几个民权运动组织，可谓盛况空前。立志社的板垣、植木枝盛主持大会，在开幕式上，宣读了爱国社再兴宣言。与会者通过讨论共同议定了十二条规划，并将全国划分为十区，在各区设立分社，选出委员，负责管理日常工作和宣传民权主义。最后大会制定如下决议：

> 一、请求开设国会。二、制定开设国会实施方案，准备在来年二月的大会上复议。三、派人员到各地游说，宣传国会开设运动，进一步联合、团结同志贯彻国会开设之宗旨。四、发起全国各地有志之士联名国会开设书，并由爱国社统一进呈给政府。五、翌年三月，务必把国会开设请愿书递交给政府。[1]

根据决议，向阳社承担在北陆及九州地区的宣讲工作。北陆地区由近藤、奈良原负责，九州地区由来岛恒喜、藤岛一造等负责。根据第三次大会决议，箱田、平冈、头山、近藤等商议决定设立"共爱会"，组织筑前志士联名向政府提交开设国会的请愿书。制定"共爱会"会宪："一、固守人民共同公爱之真理。二、扩张国权、扶翼皇室。三、积蓄国本之实力。"

1880 年 3 月，第四次爱国社大会召开。2 府 22 县 140 人齐集一堂。会上代表们共同上交了由 9 万多人联名的国会开设请愿书。大会将爱国社更名为"国会期成同盟会"，并选举片冈健吉、河野广中为请愿书进呈委员，商议由二人负责于同年 4 月向太政官进呈请愿书。

随着自由民权运动的展开，各地也纷纷建立民权政社组织。当时较有名的如土佐的立志社、合立社，福冈的向阳社，熊本相爱社，名古屋霸立社，参河交亲社，云州尚志社，越前自疆舍等。由于各地民权结社运动的蓬勃发展，政府开始担心起来。为了佐贺、荻、熊本、福冈、鹿儿岛等地方士族叛乱不再重演，政府公开反对自由民权、反对政党政治、反对民选议会，开始打压民权者，凡是反抗政府者都将受到严厉处置。从 1878 年 7 月开始，政府便有系统、有针对性地派警察检察各地政社组织，凡是激进、反政府的政

---

① 玄洋社社史編纂会：『玄洋社社史』、東京：玄洋社社史編纂会、1917、215 頁。

社一律查禁。翌年 4 月，政府颁布《集会条例》，规定严禁一切组织和个人在室外集会，并根据各地方具体情况解散政社组织。政府打压民权运动和专制行为引起了社会的不满。头山对政府的行为评论道："政府如此蛮横压制，看来贯彻民权主义实非易事，我等当众志成城不畏强权、威武不屈。"①

头山、近藤等人为了抵制政府维护民权运动，带领向阳社众社员集体上京以示抗议。全国各地志士得知向阳社集体上京后，便闻风而动，一起向京城聚拢。就在第四次爱国社大会结束后的一个月，爱国社代表们把国会开设请愿书递交给了太政大臣，但遭到拒绝，随后又递交给元老院，元老院也以开设国会为时尚早为由婉拒。对于政府的"冥顽不化"，被激怒的民权派积极通过报纸和讲演的方式宣传民权主义，对政府形成社会舆论压力以促成国会开设。

1880 年 11 月，以河野广中为议长的国会期成同盟会大会在东京召开。这次大会将"国会期成同盟会"更名为"大日本国会期成有志会"，继续开展自由民权运动。向阳社的箱田为了进一步发扬"大日本国会期成有志会"民权运动之精神，在大会结束后，即刻动身上京，为促成国会开设而奔走。箱田此举也被认为是"广结天下志士，俨然成为攻击藩阀政治、倡导民权主义的急先锋"②。头山、近藤在京城搞集会示威运动，更加提高了向阳社的名气。"向阳社已然成为民论党中最为重要的组织。"③

由于政府高压政策并没能遏制住自由民权运动的发展，相反，却激起了民权派的斗志，运动更加如火如荼地开展起来。政府开始意识到一味实施高压政策并无效果，于是转为怀柔政策。当时，政府内部也有声音认为"开设国会、立宪政治是宇内大势所趋、历史的潮流"。大隈和井上馨、伊藤博文就立宪政治一事私底下已达成共识——需将开设国会一事提上日程以迅速改变国内混乱的政治局势。1881 年 3 月，大隈、岩仓在意见书中称"明治15 年（1882 年）底选举出议员。明治 16 年开设国会"。1881 年 10 月，天皇到东北巡视回京后，召集太政大臣三条实美，左大臣炽仁亲王，右大臣岩

---

① 玄洋社社史編纂会：『玄洋社社史』、東京：玄洋社社史編纂会、1917、218 頁。
② 玄洋社社史編纂会：『玄洋社社史』、東京：玄洋社社史編纂会、1917、219 頁。
③ 玄洋社社史編纂会：『玄洋社社史』、東京：玄洋社社史編纂会、1917、218 頁。

仓具视，参议寺岛宗则、山县有朋、伊藤博文、井上馨等召开御前会议，商讨开设国会一事。会后天皇正式下诏定于 1890 年开设国会。诏书下达后，"全国志士兴奋异常，反政府的激进言论和过激行动有所收敛，社会逐渐安定起来"①。

可以认为，天皇颁布开设国会的诏书，实际上等于是对民权派要求兴民权、开设民选议院建白的回应，而且给出了具体的时间表，即九年之后的 1890 年。如此一来，等于是宣告了自由民权运动已无存在意义，另外也起到分化瓦解民权派的作用。事实也的确如此。诏书颁布后，作为自由民权运动领袖的板垣退出民权运动，转而组建自由党，开始转向政党政治，民权内部已然分化。其后自由党策划的"福岛事件""群马事件""秩父事件"也相继遭到政府的镇压，自由党被迫解散，自由民权运动走入低潮。后期的民权派领袖植木枝盛在逐渐将民权运动引向带有社会革命性质的西方式民主革命运动之后，不仅政府不能容忍，而且就连民权派内部也是分崩离析。头山、平冈等人也因民权运动超出天皇观、国体观的价值底线而终与民权运动分道扬镳，转向国权主义。

三　右翼与自由民权运动的关系

幕末和明治初期，国家的内忧外患并未解决，尤其欧美列强对日本的觊觎之心并未减弱，所以国家的独立自由和富国强兵依然是明治时代的主题。国家主义的观念大都在此种危机中形成，而国家主义的内涵中势必又含有国权主义的内在要求。自由民权运动本身也含有此种倾向：

> 自由民权运动把以基本的人权为基础的民权论和把重点放在天皇、国家上面的国权论，互为表里地结合起来。②

板垣在论及自由民权运动的本质时也指出：

> 小则保全一身一家，大则维持天下国家，最终以增进天皇陛下的尊

---

① 玄洋社社史編纂会：『玄洋社社史』、東京：玄洋社社史編纂会、1917、218 頁。
② 永井秀夫：『日本の歴史　25 自由民権』、小学館、1976、46～47 頁。

荣福祉，使我帝国与欧美各国对峙屹立，并驾齐驱于世，我等所欲，皆在于此。①

可见，自由民权运动实质并非其名所示具有自由主义、民主主义的性质。事实上，运动本身并未涉及市民的自由和权利，也没有明确提出民主政治的要求，毋宁说"自由民权运动是继承了幕末尊王倒幕与明治初期士族叛乱的精神的反体制的政治运动"②。板垣所谓设立议院给人民以选举权，并不是给一般人民而是要为士族阶层争取权利。即使1874年，板垣主张广建民会时，也不忘强调设立民会的目的是"增进我天皇陛下的尊荣，昌盛我日本帝国的福利"③。爱国社在其复兴宣言中也明确其宗旨是"国家安危，与每一个人的安危息息相关，一国若安，个人亦安；一国若危，个人亦危"④。强调国家与人民具有一体性，是同一命运共同体。因此，国民要形成以国家为己任的国民自觉，关心国事，热衷政治：

　　若人只为其一身一家谋，于国家大事不用心，将国家之事视如他国异域之事，完全置之度外，这种蝇营狗苟之民非国家之良民，乃国家之死民也。⑤

由是观之，板垣所倡之"民选议院"根本目的不在于个人权利的最终达成，而是维护"上下亲睦、君臣相爱"的天皇制国家。自由民权运动在根本上"更多带有浓厚的国家主义色彩，运动的发起人和参与者，也大都具有国家主义的倾向"⑥。

早期的右翼之所以投机自由民权运动，至少有三点原因不可忽视。

---

① 板垣退助監修『自由党史（上）』、岩波文庫、1957、247。

② 岡崎正道：「日本の左翼と右翼の源流」、『言語と文化・文学の諸相』（2008年3月刊）、岩手大学人文社会科学部、2008。

③ 板垣退助監修『自由党史』、青木書店、1955、130頁。

④ 板垣退助監修『自由党史（上）』、岩波文庫、1958、91頁。

⑤ 植木枝盛：『民権自由論』、『明治文化全集第2卷（自由民権篇）』、日本評論新社、1955、185頁。

⑥ 〔日〕松本三之介：《国权与民权的变奏——日本明治精神结构》，李冬君译，东方出版社，2005，第51页。

第一，在江藤、西乡等"主战派"相继被明治政府镇压后，头山、平冈等人虽有心追随，但已是"报国无门"。残酷的现实和血的教训逼迫着他们不得不采取"曲线救国"的方策，而自由民权运动正好为这些处于落魄与彷徨之际的草莽提供了活跃的舞台。武斗之路行不通就只好采取文斗的路线，通过自由民权运动开展议会斗争达到推翻藩阀政治的目的。这也可称为现实的原因。

第二，板垣所领导的自由民权运动的本质并不是西方资产阶级所追求的民主、自由和人权的民主革命运动。自由民权运动所谓的兴民权，实质强调的是希望赋予那些因明治维新后政治上、经济上落寞的士族参政的权利，并没有涉及广大市民的权利，根本上也不可能践行包括人民在内的普选权的问题。由于强调的是士族的权利，所以作为不平氏族的代表头山、箱田、平冈等人当然愿意参加民权运动。这也可称为出于既得利益的原因。

第三，最重要的原因还是自由民权运动的矛头指向的是大久保、木户、岩仓等藩阀政治的代表，而不是要推翻天皇，相反，在他们看来，推翻政府、打倒藩阀政治就是要让天皇万机亲裁，独揽大权，这是"清君侧"、勤皇的光荣行动。更何况，自由民权运动兴民权的同时更重视国权，二者不但不矛盾，而且实际上互为推动。正如板垣所说"只有兴民权，才能发扬国威、富足国民"，"以增进天皇的尊荣福祉"，这也是"忠君爱国之道"。

可以说，自由民权运动勤皇的立场和暗含着伸张国权的逻辑内涵契合右翼所能接受的价值观底线。因为皇室中心主义、勤皇一直都是右翼最核心的思想，而自由民权运动恰恰迎合了他们的理念。

上述三点原因构成了右翼能够参加自由民权运动的三条原则。这些原则在一定程度上解释了早期右翼之所以能够投身自由民权运动的动机问题，当然也可以作为解释右翼最终脱离自由民权运动甚至与自由民权者反目的原因。

在1880年以后自由民权运动发展进入高潮的时候，自由民权运动内部开始发生深刻变化。"以士族为中心的民权运动开始向以地方豪农豪商为领导的民权运动转化。"1880年3月，爱国社大阪会议上，与会代表向政府递交了开设国会请愿书，明确要求扩大资产阶级民主，确立政治自由；轻徭薄赋，保障经济上的自由和发展。甚至一些自由民权运动团体，如立志社的植木枝盛、嘤鸣社的沼间守一更是提出要建立全国性的领导机构，筹备建立自由党，意在"扩大日本人民的自由和权利；谋求国家进步、增进人民幸福；全国人民平等、树立立宪政体"①。人民甚至有权力推翻"肆意违背宪法""擅自蹂躏人民自由权利"的政府。这些明显带有资产阶级民主革命的要求，已经超越了士族利益的范畴，严重触及天皇利益，更违背了右翼能够参加自由民权运动的三条原则。于是在自由民权运动走向高潮的 1880 年之后，右翼开始逐渐退出。

1881 年右翼团体玄洋社的建立就已经表明了右翼要正式同民权运动分道扬镳。具有讽刺意味的是，自由民权运动在 1884 年以后，也开始倾向国权主义：

> 当自由民权运动以资产阶级民主斗争形式蓬勃发展时，侵略的国权主义思想处于潜在的地位，一旦他们放弃民主斗争，侵略的国权主义就成为主流。②

日本民权运动的指导者杉田定一在其《游清余感》中称：

> 或有论者曰，支那为辅车之国，宜亲之，不可敌视。是乃知其一而不知其二也……若不乘此时机，中原之鹿，一旦落入白人掌中……旧日之支那，则将变为新成之欧罗巴。时至此时，尽管垂涎百尺，也固不可及……准照开化理论，鉴于优胜劣败之实际，也不可不着手于支那也。不知其然，徒说自由、徒谈权利，也只能是说自由、谈权利之口，反而不自由、无权利也。③

这段话从一个侧面再次辅证了前文笔者认为玄洋社不是为自由民权运动而建立，而是右翼国权主义运动开端的观点。

上述三点原因可以说明早期右翼虽大都以投身自由民权运动作为自己政

---

① 垣退助监修：『自由党史（上）』、岩波文库、1958、374 页。
② 参见矢泽康祐「明治前半期ブルジョア民族主義の二つの発現形態——アジア連帯意識をめぐって」、『歴史学研究』（歴史学研究会編）1960 年 2 期。
③ 芝原拓自、池田正博、猪饲隆明：『対外観（日本近代思想大系 12）』、東京：岩波書店、1988、316～317 页。

治活动的开端，但并未从根本上改变右翼源自西乡"主战派"一脉的事实。头山、平冈等人投身自由民权运动并非出于理论上的自觉，皆是出于无奈之举、权宜之计而已。头山曾毫不讳言："自由民权论勃发的时代，我与平冈浩太郎、近藤喜平太、箱田六辅诸君一起在筑前一隅创建玄洋社。建社精神与西乡先生的道义主义、日本主义没有二致。"① 1881 年成立的玄洋社与自由民权运动分道扬镳以及 1893 年干涉选举与民权派反目、大打出手就是很好的证明。松本健一在《右翼国家主义的传说》一书中含蓄地表达了这样一种观点：

> 玄洋社并不是作为民权运动其中一环而成立的，毋宁说是以西乡隆盛的私学校党、前原一诚的"荻之乱"的不平士族以及"矫志社"为根基。他们的民权伸张论，并不是直接受容欧美自由民主理念，而是传承不平士族反明治政府的思想。②

正因为头山、平冈等草莽志士受到西乡精神的影响太深，他们自觉不自觉地在思想上与西乡精神保持高度的契合。这种排他性的契合也使得早期右翼根本无法与板垣退助所萌生的近代民主政治意识实现对接，反而是貌合神离而渐行渐远……当然，也正是由于这一点不同，前者才能开日本右翼之先河，后者才能功成民权斗士之事业。

也许当时的头山并没有意识到自由民权运动的实质，但凭直觉，他已经从自由民权运动中嗅到了浓厚的国权主义味道。从这个意义上说，以头山为首的早期右翼所从事的自由民权运动从一开始就已经在国权主义的延长线上了。

对此，玄洋社机关报《福陵新报》（后改称《九州日报》）的社长的野半介（平冈浩太郎的义弟）评价道：

> 头山氏为国事奔走呼号都是为了要推翻幕府、整顿内治，然后吞并朝鲜乃至中国。由于岩仓、大久保等当局者在东洋政策上毫无建树、优

---

① 『大西郷遺訓』出版委员会：『大西郷遺訓』、K&Kプレス、2006、65 頁。
② 松本健一：『右翼・ナショナリズム伝説』、東京：河出書房新社、1995、77 頁。

柔寡断，大西乡、江藤、前原等豪杰才会断然与其决裂，"清君侧"以图维新，实现吞并朝鲜、中国的战略。不幸的是，南洲翁、江藤等皆兵败殒命。头山氏也借此明白靠武力维新难达目的，遂转向以自由民权为武器以图推翻政府，实现维新。[1]

右翼参与自由民权运动实在是投机之举，而并非出于对自由、民权、平等理念的诉求，更不是右翼思想如何进步之明证。皇室中心主义、日本主义、国权主义才是右翼价值观追求与行动选择的最终归宿。

---

[1] 平井晩村：『頭山満と玄洋社物語』、東京：武侠世界社、1915、197 頁。

第五章
右翼对内伸张国权的行动

日本通过明治维新改革，逐渐实现了富国强兵，在完成了平定国内士族叛乱之后，开始将矛头指向亚洲诸国。为此，日本制定了"大陆政策"，意欲占领朝鲜，吞并中国，然后称霸世界。在"大陆政策"的影响下，在日本对外扩张野心的刺激下，日本右翼也狂热推行国权主义扩张行动。

"扩军备战论"主张日本应增加军事预算，加大军事支出，大力扩军备战，为占领中国东北进而占领整个中国，实现与欧美列强争霸世界的战略做好军事准备。右翼鼓吹的"扩军备战论"服务于政府的"大陆扩张政策"，本质上是一种军事扩张主义。

第一节 "大陆政策"与扩军备战论

一 "大陆政策"的出笼

完成明治维新改革的日本国力日益强盛，尤其富国强兵政策的成功实施，使日本的军事实力大为增强。1877 年，明治政府在镇压了"西南战争"等氏族叛乱后，开始将国家战略转向对外扩张。随着欧美列强亚洲殖民扩张活动日益猖獗，日本也制定了大陆扩张策略。

明治初年，日本即已提出"布国威于海外"的方针，此可视为"大陆政策"的前奏。所谓的大陆政策，实质就是规划日本如何施行对外扩张的战略。其战略共分为五大步骤：

第一步征服中国的台湾；第二步征服朝鲜；第三步征服中国的东北和内蒙古地区，也就是日本所谓的"满蒙"地区；第四步征服中国内地；第五步征服世界。①

战略的具体展开：首先取得对朝鲜的实际控制，占领朝鲜后以朝鲜为跳板向中国的满蒙地区扩张并占领满蒙，促使其与中国分裂，成为日本控制下的独立王国；进而以满蒙为基地，逐渐南下，图谋占领整个中国，确立经营大陆之基础，最终统一宇内，征服世界。

山县有朋在《施政方针》中又提出利益线的主张：

盖国家独立自主之道有二：第一为守卫主权线；第二为保护利益线。主权线者，国之疆域是也；利益线者，与主权线之安危有密切关系之区域是也。大凡国家，不保主权线及利益线，则无以为国。而今介于列国之间，欲维持一国之独立，只守卫主权线已绝非充分，必亦保护利益线不可。②

山县有朋认为：

无论从东洋之形势、我国军备现状及外交政略之任何一点来观察思考，完成军备都是我国最大急务。如要伸张我国国权，保护我国国利，使我国国威光耀海外，受万邦尊重，除了兵力之外，有何可恃？③

大陆扩张之目的即在于达成日本所谓的"主权线"与"利益线"。何谓"主权线"与"利益线"？山县有朋在 1889 年受命组阁，担任总理大臣时在其起草的《外交政论略》中即已阐明：

国家独立自卫之道在于护卫主权线和保护利益线。何谓主权线？疆土是也；何谓利益线？与邻国接触之势，与我主权线之安危密切相关之区域是也。为国者，不可无主权线，亦不可无利益线，而外交及军备之

---

① 米庆余：《近代日本"大陆政策"的起源及其形成期的特征》，载中国日本史研究会编《日本史论文集》，辽宁人民出版社，1985，第 209～227 页。
② 山县有朋著、大山梓编『山県有朋意見書』、東京：原書房、1966、203 页。
③ 山县有朋著、大山梓编『山県有朋意見書』、東京：原書房、1966、179 页、185 页。

奥义，则以此二者为基石。今环顾宇内，要维持国家之独立，仅仅守卫主权线，尚且不够，必须兼顾利益线之防护。如何防护利益线？如有对我不利者，当有责任排除之，不得已时，则以强力施行国家之意志。①

在国会上发表《施政方针》时，山县有朋再次重申：

大凡为国，不能保护主权线和利益线，则不能为国。方今立于列国之间，维持一国之独立，仅仅守卫主权线已绝非充分，必须亦保护利益线。②

对于山县有朋所谓日本捍卫主权线和利益线的说辞，米庆余在《日本近现代外交史》一书中尖锐地指出，"当年山县有朋在宣讲日本国家政策时，或许振振有词。但是，为了日本的独立而把拥有主权的朝鲜作为需要日本'保护'的利益线，无论在国际法上，还是在邻国关系上，都不是什么'自卫之道'，而是侵略之道"③。

从日本政府制定大陆政策的过程及其内容来看，"大陆政策"可谓日本处心积虑谋划的意在吞并朝鲜、中国乃至亚洲诸国的极具军事侵略性质的国家战略。无论大陆政策在军事行动层面上能得到多大程度的贯彻和实现，作为一项最高国家战略其主导性都不容置疑。实际上，后来日本军国主义扩张战略基本上就是依此实施的。

二　扩军备战论的甚嚣尘上

"大陆政策"即已确立，剩下的任务就是如何有计划、有步骤地推进，首要任务是扩军备战。在军队建设方面，1878 年，日本政府进行了军制改革，废除陆军参谋局，设立参谋本部，并制定了《参谋本部条例》。条例规定④：

---

① 山県有朋著、大山梓編『山県有朋意見書』、東京：原書房、1966、196～197 頁。
② 山県有朋著、大山梓編『山県有朋意見書』、東京：原書房、1966、203 頁。
③ 米庆余：《日本近现代外交史》，世界知识出版社，2010，第 69 页。
④ 中村尚美等編『史料日本近現代史』第 1 卷、三省堂、1985、150 頁。

第一条 参谋本部设在东京，统辖各监军部、近卫及各镇台之参谋部。第二条 本部长依敕任命将官一人担任，统辖部事，参与帷幄之机务……第四条 平时审查陆军之定制、节度和团队之编制、部署、预先详细地理……洞查异邦形势……第五条 凡军中机务、战略动止、进军、驻军和军队转移之令，行军路程之规，运输方法，军队之派遣，等等，有关军令者，专由本部长管制，参与筹划，亲裁之后，直接下达陆军卿实施之。第六条 凡战时有关军令者，因亲裁之后直接下达监军部长或特命司令将官，故其将官直属大纛之下，本部长得以参与策划并仰呈上裁。

该条例的规定有几点值得注意。

首先，条例中明确规定参谋本部最高长官也要"依敕"行使职权，"参与帷幄之机务"并"仰呈上裁"。说明在权力配置上，天皇拥有最高统帅权，施行独裁统治。天皇专制作为日本根本的政治体制，在1889年《大日本帝国宪法》中被明确提了出来，并以最高的宪法形式最终确定下来。《大日本帝国宪法》规定：

"天皇为国家最高元首，总揽统治权，并依宪法之条规行使之"；天皇拥有"统帅陆海军""宣战、讲和及缔结条约""任免文武官吏""召集帝国议会，令其开会、闭会、休会及众议院的解散"等一切大权……

其次，在行政隶属关系上，自条例颁布之后，参谋本部正式独立出来，军事与行政完全分开。也就说，除了天皇之外，任何机构都无权对参谋本部下达命令。这样规定的用意，一方面是为了保证天皇掌控军权，只有掌控军队，才能掌握政权；另一方面则是为日本推行军事扩张的"大陆政策"扫清障碍，防止行政机关掣肘。

法律上确定了参谋本部的地位和权力之后，1879年，日本政府修改《征兵令》，将日本陆军编为常备军、预备军、后备军、国民军四种兵役。新征兵令的实施"等于把日本全国青壮年完全编入了军事体制之中"。[①] 日

---

① 山県有朋著、大山梓編『山県有朋意見書』、東京：原書房、1966、158頁。

本陆军编制开始正规化、体系化，无论是数量还是质量都得到了大幅提升。

一向偏好反体制、反政府的日本右翼在对外扩张问题上，却一反常态地对政府制定的"大陆政策"盛赞有加。内田在《日本之三大急务》一书中把扩军备战列为头等大事。内田认为：

> 世界诸国相互竞争的方法和手段无不是武备竞争和经济竞争两种。如今，列强各国投入大量费用扩充陆海军备，其目的就是想通过武力征服他国。经济上的竞争固然可以成为胜利者，但只有武力竞争的胜利者才能保证经济上的胜利，才能确保成为最后的胜利者。所以，欲要施行富国政策，必须扩充军备，保证武备充足；欲要繁荣产业贸易，必须扩充军备，保证武备充足；欲要增进人民的福祉，维护国家的和平安定，必须扩充军备，保证武备充足；欲要确保国家大政方针顺利实施，民族发展，则必须扩充军备，保证武备充足。[1]

既然武备竞争的优胜者才是最后的胜利者，那么日本要想成为胜利者，自然也必须扩军备战，内田认为：

> 我日本帝国拥有数千年之历史，久居太平洋之要冲，又蒙皇祖皇宗盛恩泽被以成我优秀之国民。今天下列强征伐世界竞争之大势已成，我国宜早定国是……我国陆海军可谓世界精锐之师，在中日甲午战争、日俄战争中，我军之实力已得到充分展现，我国已然步入世界强国之列。但是，在世界竞争中，尤其是在外交、经济上的竞争，我国每每处于劣势，原因何在？非我国实力、国民能力不及列强，而是因为面对世界竞争，我国没有确定根本国策。国策未定，则国民毫无目的方向，终日无所事事；外交和内政矛盾不一；财政和军备政策相互抵制。如此一来，举国一致之根本准备将遥遥无期。[2]

内田比政府还如此急迫地要求较早确立的国策内容何指？

---

① 内田良平：『日本之三大急务』、黑龍会本部、1912、3～5頁。
② 内田良平：『日本之三大急务』、黑龍会本部、1912、6～7頁。

　　所谓国是无非进取主义与保守主义、帝国主义与个人主义、积极主义与消极主义、大日本主义与小日本主义之分。日俄战争作为二十世纪初最大的战争，从国际视野看，无非是拉开了诸列强竞争东亚大陆的序幕。我国获得此役之胜利只是一时之胜利而非恒久之胜利。我国如果在日常的军备竞争、经济竞争上不能占据优势地位，那么太平洋之主人与东亚之霸主的梦想则无从谈起。①

　　当时，对于日本是否应该扩充军备，政府内部实际上存在两种声音，一派主张积极扩充军备，另一派则主张应当以经济为中心发展工商业，反对将财政用于军备扩充上。内田所代表的右翼对政府内部主张发展经济的一派深恶痛绝，认为他们和当年反对征韩论者一样，都是懦弱无为、目光短浅之辈，枉费了志士们多年经营大陆的心血。"我忧国志士传承征韩论之精神，为出兵朝鲜、中国等东亚经纶之策倾注大量心血。这些志士是东亚问题的主导者。"②

　　内田所代表的右翼坚决拥护扩军备战论，主张积极扩充军备。内田认为扩充军备是日本当前"最大急务"：

　　如今，某些消极论者认为，帝国财政若用于扩充军备，则会使国库亏空、国力疲敝。今日之急务应当是规整财政、刷新行政、减少税赋、与民休养……应当与俄国谨守协约，促进友谊，不要担心俄国会报日俄战争一败之仇……今支那已呈列强瓜分之势。日本需要抓住这个历史机遇，制定大陆扩张政策。今视俄国在远东的一系列战略行动，其图谋复仇重新夺回东北权益也并非危言耸听……当今之形式，我帝国若采取消极的保守主义政策，那么日本只会成为一个孤岛。南面占领台湾，西面吞并朝鲜，以此为跳板进而占领满蒙及中国大陆之帝国政策也不过是"黄粱美梦"……当今世界是物竞天择的世界，竞争一刻也没有停止……我帝国唯进取之策方可屹立于宇内。③

---

① 内田良平：『日本之三大急務』、黒龍会本部、1912、8~9頁。
② 内田良平：『日本の亜細亜』、黒龍会出版部、1931、234頁。
③ 内田良平：『日本之三大急務』、黒龍会本部、1912、16~19頁。

内田认为确立国策的根本措施是要在武备、经济的竞争上确立优势，即要发扬我国民自觉之精神，确定进取之国策。作为配套措施，一方面国力上要有所充实，另一方面外交上要有所作为。北面，在巩固以满洲为中心的大陆势力范围的基础上，继续推行南进策略，扩大长江一带利益范围，进而控制太平洋的制海权，获取东亚大陆的权益。

具体的措施包括：

> 欲图武备与经济齐头并进地发展以充实国力，第一，要坚决改革行政制度，节约经费，整顿税制，扩充财源；第二，政府在外交政策上要有所作为，利用"合纵连横"之策，扩大我国在东洋的权益。[①]

内田进一步强调"进取国策"成败的关键在于军备的积累情况：

> 扩充军备、发展经济和充实国力是应对列强竞争的根本准备，也是我日本今日之最大急务。我帝国应充分利用地缘优势，发展工商业，拓展航海及殖民地贸易。如此，日本成为最终胜利者之梦指日可待。[②]
>
> 扩充军备即扩充陆海军的军备。唯其如此，我日本才能掌控太平洋的制海权和支那大陆的霸权。相反，如果军备松懈，则我日本必失太平洋、支那大陆的优势地位。[③]

论述完日本发展军备的重要性以及尽快推行"进取国策"的紧迫性之后，内田又分析了制约大陆扩张的几个要素：

> 今诸国列强凭借精神、地理、物质这三大要素，在国际上居于优势地位。精神的要素包括：1. 国家精神，它是立国的基础；2. 国民精神，即国民所特有的风俗习惯；3. 社会精神，即社会所特有的习惯规则；4. 国民教育和宗教的教化。

---

① 内田良平：『日本之三大急务』、黑龍会本部、1912、15 頁。
② 内田良平：『日本之三大急务』、黑龍会本部、1912、15 頁。
③ 内田良平：『日本之三大急务』、黑龍会本部、1912、21 頁。

　　地理要素包括：1. 国土面积的大小与人口的多寡；2. 地势状况与地理位置；3. 国家的版图与殖民地的地理位置；4. 港口与交通。

　　物质要素包括：1. 政治要素，即国家内政外交及一切法律制度；2. 经济要素，即贸易产业、殖民地财政及交通运输；3. 武备要素，即包括陆海军等一切军事设施；4. 文教要素，即包括教育、宗教等一切教育设施。①

基于以上三个要素，内田对比分析了欧美列强与日本在大陆扩张上的优劣态势：

　　列强在这三个要素上互有长短……而我日本国遵循皇祖皇宗之遗训，确立"兼六和，掩八纮"之国是。我国民素有进取果敢之精神，义勇奉公之忠心，一旦国家有缓急，必将以视死如归之觉悟抵御外侮来光耀国威……此精神特质必将使我日本国将来在世界的竞争中成为最终的优胜者。

　　我国所处的地理位置犹如太平洋之咽喉。西面与亚细亚大陆连接，又占据满洲、朝鲜；东临太平洋与美洲隔海远望；南面占有台湾、澎湖岛屿同南洋群岛及澳大利亚相拥；北面控制着西伯利亚广袤大陆。我国所处之地尽是优良港湾，为船舶运输煤矿等资源提供便利。从地理位置来看，可谓得天独厚，真是天佑我日本。只要充分利用地理的优势占据制海权，我日本国在国际竞争中必将胜出。②

　　虽然我国在精神、地理上占据优势，但是在物质要素上不及列强诸国。尤其是武备还不够精良，经济依然较弱。发展武备、经济已成为我国之急务。发展武备就要充实陆海军，发展经济就要大力发展工商业、航海业、殖民地经济，使三者齐头并进，扬长避短。精神、地理的要素是先天的，非人力可为，物质要素事在人为，只要我国民发扬自觉之精神努力发展武备和经济，那么我日本必将称雄东亚，进而完成"兼六

---

① 内田良平：『日本之三大急務』、黒龍会本部、1912、9～10 頁。
② 内田良平：『日本之三大急務』、黒龍会本部、1912、11～13 頁。

合，掩八纮”统一宇内之天职。①

通过分析，内田认为，日本在国民精神和地理位置上尤其是国民精神上具有列强无法比拟的优势。同时内田也冷静地认识到了日本在物质要素上同列强的差距，所以他又重申了扩军备战的重要性：

> 应对国际竞争最根本的准备、最不可或缺的准备乃是武装和经济的准备，而精神上的准备则是根本动力。若一国国民的精神、国民的元气腐败堕落，那么强兵之策虽然可以强国，也可以富国，但不过都是一时，难保国家永远富强。反之，若一国国民精神、元气都很富足，那么国家自始至终都会在世界竞争中获得胜利。②

右翼扩军备战论的目的是进一步推动“大陆政策”的实现，而“大陆政策”想要得以实现，又必须以扩充军备为前提保障。只要日本大肆扩充军备，那么将来日本就一定会占领朝鲜，征服中国，进而统治世界。右翼如此狂妄的“自信”在于他们认为日本有列强所没有的万世一系的天皇的存在，并且在“兼六和，掩八纮”的“皇祖皇宗的遗训”指引下，大和民族拥有列强不可匹敌的“进取果敢之精神，义勇奉公之忠心”，“必将使我日本国在世界的竞争中成为最终的优胜者”。

第二节　干涉国会选举的行动

一　军备预算案在国会的搁浅

1881 年天皇颁布于 1890 年（明治 23 年）开设国会的诏敕。1890 年 7 月 1 日，第一届帝国议会召开。当时，出席第一届议会的政党团体有：大同俱乐部、改进党、爱国公党、九州进步党、自治党、自由党、帝党、中立派、无党派。后来诸党派之间经过分化组合后，最终确定为：大同俱乐

---

① 内田良平：『日本之三大急務』、黑龍会本部、1912、13～15 頁。
② 内田良平：『日本之三大急務』、黑龍会本部、1912、179 頁。

部、爱国公党、立宪自由党（自由党三党合并而成）、大成会、改进党、国民自由党、中立无党派。立宪自由党由于是民权派团体的联合，因此也被认为是代表民权派的政党，而国民自由党因众多官吏参加，也被认为是代表政府的政党。两个党派在议会中分庭抗礼，相互制衡。福冈玄洋社同富山、爱知、大阪的大同派一起也出席了议会，玄洋社被认为是国权主义派的代表。

第一届议会一经召开，民党派与政府派就围绕着山县政府拟定的 8300 万元的财政预算案展开激烈的争论。民党派坚决反对，认为政府应该削减开支、与民休养，预算至少削减一成以上。政府派却认为预算案合理，应该予以通过，结果两派各执一词、互不退让，预算案久而未决。最后政府只得妥协退让，预算削减为 630 余万元，才得以通过。翌年，松方正义取代山县出任总理组成新一届政府。松方政府成立不久，日本就遭受了重大自然灾害。为了救灾和抚恤民众，松方政府拟定在现预算基础上追加 180 万元的预算支出。民党派却认为政府有操纵预算之嫌，坚决反对追加预算，结果又是争论得不可开交。

1891 年 11 月，第二届帝国议会召开。松方政府在前年预算案基础上又拟定追加 149 万元，主要用于制造军舰、修建炮台、建造炼铁厂、修建国有铁路等军事工业。民党派再一次以与民休养、节约开支为由否决了预算案。海军大臣桦山资纪因民党派反对建造军舰而恼羞成怒，当着众议员大声疾呼"我日本国有今日之安宁，盖谁之功劳乎"[1]。言外之意，帝国军队劳苦功高。此言一出，议会内一片哗然，搞得两派都难以下台，结果 12 月 25 日，帝国议会宣告解散。当时，身在东京的头山满对此评论道，"民权固然重要，然国权则实为重中之重，我国将来必成东洋之盟主而代行天职，宜早做扩充军备之筹谋，而民党议员，只执感情之一端，全无审时度势之大观，吾深反对之"[2]。

议会解散后，马上面临新一轮的总选举。松方政府认为"制造军舰、修建炮台、建炼铁厂等国防事宜一日不能耽搁，这是国家的大问。岂能容议

---

① 玄洋社社史編纂会：『玄洋社社史』、東京：玄洋社社史編纂会、1917、414 頁。
② 玄洋社社史編纂会：『玄洋社社史』、東京：玄洋社社史編纂会、1917、414～415 頁。

会滥用职权否定之"①。为赢得总选举，保证军备预算案顺利通过，松方认为有必要干涉选举。松方干涉选举的计划得到内务大臣品川弥二郎、陆军大臣高岛鞆之助、海军大臣桦山资纪等强硬派的支持。于是政府开始策划干涉选举，并为此秘密拨付 100 万元的活动经费。松方等人十分清楚，干涉选举之事并非光明正大之举，政府不可以抛头露面，以免招致非议，只能采取秘密行动。另外，总选举获胜，关键是保证政府派获得尽可能多的议席，只有在议席数上压制民党派，才能保证预算案通过，而就议员的选举而言，地方上的选举又是关键。松方、品川等人最终确定用在地方搞破坏民党派选举的办法来保证总选举的胜利。他们将能担此重任者锁定在以头山满为首的玄洋社身上。

当时，福冈县令安场保和与头山满素有交情，松方就委托安场说服头山及玄洋社众人能够协助干涉选举。由于松方内阁扩军备战案与其扬国威于海外的国权主义不谋而合，头山最终答应协助政府参与干涉选举活动。

二　暴力干涉国会选举

1892 年 2 月，第三次帝国议会的总选举正式拉开序幕，政府干涉选举的计划也随之启动。当时，干涉选举最为激烈的地方是高知、佐贺、福冈等。在这些地区，警察、官吏纠集一些国权主义分子与自由党人士发生激烈冲突。尤其是福冈地区，选举伊始，头山便带领玄洋社众人"赤膊上阵"。头山秘密组织二百多名"爪牙"同民权派大打出手，制造流血事件企图干涉选举。熊本的国权党也赶来助阵，福冈地区成了总选举的"主战场"。当时同情民权派的旧福冈藩士对玄洋社充当政府打手的行为非常不满，讽刺"这是政府军所为"。

到选举结束参与干涉选举而死伤的人员多达 173 人，玄洋社野蛮的暴力干涉选举的行为举世哗然。《读卖新闻》更是评论头山是"没有主义和节操的人格低劣者"。总之，此事件让国人对玄洋社嗤之以鼻。虽然头山拼力干涉选举，但是最后民党派议员获得席位依然多于政府派，可以说玄洋社干涉选举非但没有奏效，反而其丑陋的行为更成了"日本宪政史上最大的污点"。松方本人迫于压力不得已引咎辞职，伊藤博文临危组

---

① 玄洋社社史編纂会：『玄洋社社史』、東京：玄洋社社史編纂会、1917、416 頁。

阁。其内阁成员如下：

总理大臣：伊藤博文。大藏大臣：渡边国武。内务大臣：井上馨。通信大臣：黑田清隆。外务大臣：陆奥宗光。司法大臣：山县有朋。陆军大臣：大山严。农商务大臣：后藤象二郎。海军大臣：仁礼景范。文部大臣：河野敏谦。

伊藤起用的都是老牌政治人物，所以当时伊藤内阁也被称为"功勋内阁"。玄洋社干涉选举以失败告终，在得知伊藤组建"功勋内阁"后，非常不满，他们认为这些老牌政治家思想保守、言行过于谨慎，尤其外务大臣陆奥宗光更是反对军备扩张的代表人物，这样的内阁是不可能推动军备案的。于是，玄洋社社长近藤带领众多社员大张旗鼓地奔向京城，要阻挠伊藤组阁。另一部分玄洋社社员不甘心选举失败，纠结众人跑到自由党本部闹事。玄洋社社员藤井种太郎还殴打自由党干事长河野醇，导致后者负伤。玄洋社野蛮无所顾忌的暴行严重影响了社会安定，政府实在忍无可忍，下达戒令，令其退离京城。政府如此不讲情面，军备案又未果而终，头山对政府的懦弱感到气愤，逐渐淡出国内政治运动，开始将右翼运动的重心转向大陆问题，意欲染指中国和朝鲜半岛。[①]

玄洋社为何要冒天下之大不韪，甚至冒着与民权派决裂的危险而帮助政府干涉选举呢？要知道，玄洋社的主要领导人头山、近藤、平冈等一向自我标榜是反体制，终身不仕，不慕金钱、名利的豪杰之士。的确，头山、平冈等人一开始打着反明治政府旗号，靠武装叛乱起家，武装叛乱失败后，又投机自由民权运动。虽然自由民权运动没有采取暴力的方式，但依然是反政府的政治运动。所以，右翼参加自由民权运动实际上还是在扮演反政府的角色，依然在延续反体制的政治路线。从这个意义上说，右翼的确与政府保持距离，一直游走在体制边缘。

但是为何右翼会在此时轻易地就放弃他们一直坚守的路线，放弃民权理念而向政府靠拢呢？从头山的话中可见到一些端倪。头山说：

① 玄洋社社史编纂会：『玄洋社社史』、東京：玄洋社社史编纂会、1917、427 頁。

民权的伸张固然重要，但是一味地追求民权而无视国权的消长，国家终要被外国所欺辱。欲要恢复我日本帝国之元气，只有依靠军国主义之一途，应当弃民权如弊履而大力伸张国权。①

可以推知，右翼放弃民权理论，转向国权主义是其向政府靠拢的真正原因。右翼认为国权远比民权重要，国权的消长关系到国家的存亡，要维护国权，只有与政府合作"依靠军国主义之一途"。

玄洋社对于日本应该走军国主义道路有一番理直气壮的辩白：

世界上对于军国主义的是非问题存在诸多的争论。今日之世界，人类的智慧已经很发达，社会也很文明，如果还保留着野蛮时代的遗风，追求武力和暴力的确与时代不相容，也是文明国家之大忌，以和平手段来发展国家才是人类共同的追求。然而，现今的世界，无论个人还是国家之间都在激烈的竞争。在这样一个现实的世界里，军国主义无疑是自我防卫所不可或缺的武器。尤其为了贯彻和实现国家任务和目的，鼓舞民众士气、振奋民族精神，军国主义是必要的。②

内田也认为：

今日列强在中国各自划分势力范围，掀起瓜分中国的狂潮，导致中国动乱不断，列强在华之利权难免会此消彼长。中国大陆今后之形式将如何发展，如何变化，会不会出现更大的动乱，这些都实难预测。唯今之计，不在外交、不在协约，可凭恃者在一国之军备。我国若军备不完备，那么中国大陆的权益就会尽落他国之手。③

上文提到的国家的目的和任务具体内容为：

---

① 玄洋社社史編纂会：『玄洋社社史』、東京：玄洋社社史編纂会、1917、408 頁。
② 玄洋社社史編纂会：『玄洋社社史』、東京：玄洋社社史編纂会、1917、409～410 頁。
③ 内田良平：『日本之三大急務』、黒龍会本部、1912、19 頁。

我国作为黄色人种，已受欧美人百般欺压和奴役。现今，我大和民族要与彼等分庭抗礼，一国之军备不可缺乏。特别是作为东亚新兴的强国，我日本将来要想实现东洋之盟主的梦想，必须高举军国主义的旗帜。我国采军国主义之道，乃是为了人道正义，如果能善加利用，其结果必然会战胜俄国，合并朝鲜，吞并中国。①

右翼虽然强调军国主义，但这不过是个理念而已，军国主义不可能依靠一个右翼团体组织就可以实现，这是国家政治体制的问题，是需要由掌握公权力和国家资源的政府来推动才可以实现的。右翼要想维护国权、走军国主义道路，如果还保持在野精神，游走在体制边缘，甚至和政府作对，那么根本无法实现其政治理念，唯有与政府合作，成为体制内的一员。基于以上的政治考量，玄洋社才会协助政府参与干涉选举运动。

另外，松方内阁制定的追加军事开支的预算案符合玄洋社国权主义的理念。"军备问题不只是国民生活程度之问题，更是国家生存之问题；不只是政府财政权衡之问题，更是从国际竞争大势着眼的问题。"② 政府只有扩充军备，增加军事开支，才能保证日本拥有强大的军事力量，才有实力维护国家的利益，国权才有保障。而且只有把扩充军备、增加军事预算作为政府一项稳定的、持续的政策才有可能在军备充足、军事能力显著增强的条件下走向军国主义道路。

现在帝国议会内民权派占有多数议席，政府增加军事开支的预算案能否通过完全取决于前者。第一届议会，民权派就对政府的预算案百般阻挠；第二届议会，民权派又否决了追加军备开支的预算案。在右翼看来，民权派已经成为扩军备战的最大障碍，只有压制民权派，削弱其在议会中的力量，才能保证扩充军备案顺利通过，才能为日本军国主义道路扫清障碍。这是松方内阁的想法，也是玄洋社参与干涉选举的目的所在。玄洋社毅然决然地参与政府干涉选举的阴谋活动，既标志着日本右翼与民权派的彻底决裂，与自由民权运动彻底分道扬镳，也标志着日本右翼真正走上了国权主义扩张的道路。

---

① 玄洋社社史編纂会：『玄洋社社史』、東京：玄洋社社史編纂会、1917、410 頁。
② 内田良平：『日本之三大急務』、黒龍会本部、1912、19 頁。

第三节　抵制修改条约的行动

一　日本政府修改条约的经纬

明治政府成立以后，面临两大课题，一是如何确保国家独立、自由，二是如何实现国家发展。为获得国家的真正独立，明治政府首先将修改或者废除与欧美列强签订的不平等条约提上政治日程。当时，日本与列强签署的不平等条约主要有：

> 1868 年 11 月 11 日签订《日本国瑞典条约》以及与瑞典、挪威签署《贸易规则》。
>
> 1868 年 11 月 12 日签订《大日本国西班牙条约》及其附属规定和贸易规则。
>
> 1869 年 2 月 20 日在神奈川签订《大日本国北德意志联邦修好通商航海条约》及贸易规定。
>
> 1869 年 10 月 18 日签订《日本奥地利条约》及有关贸易规定等。

这些条约都是在列强的威逼利诱下签署的。条约里面涉及的关税自主权、治外法权等代表一国尊严、关涉国家利益的条款都严重损害了日本尊严和利益，是完全的不平等条约。明治政府意识到，这些不平等条约犹如束缚国家经济命脉的绳索，严重制约了国家的独立和发展，唯有打开这些绳索，才能为国家的发展松绑，才能维护皇权，才能独立有尊严地走向近代化而不至于受到列强的干涉和掣肘。

1869 年 4 月 9 日，担任政府议定的岩仓具视（后任右大臣）在其《外交、会计、虾夷地开拓意见书》一文中，对于修改条约一事的重要性做了说明。他认为：

> 不可不改订同英、法、普、美等国已缔结的通商贸易条约，以保我皇国之独立。如今，任凭外国军队登陆我国港口，旅居洋人屡犯我国之法律，却由彼国处置，我国无权过问，尤为我国之耻辱。为今，当断然

改订这些不平等之条约，以立我皇之权威。①

1871 年 9 月，时任大藏卿的大久保与大藏大辅井上馨联名提出要收回关税自主权。在建议书中，二人痛陈了条约中对关税和贸易等不平等的规定，认为这不符合国际公法，"往往妨碍自主权利。如此因循反复，将来如何以对？"应予以修改，方保我国固有之权利，以奠定我国富强之基业。②

独立是一国发展的前提，发展又是一国独立的保障。明治政府高层清醒地认识到修改不平等条约的重要性和紧迫性。基于维护国家独立与发展、维护皇权尊严的考量，明治政府开始了有计划、有步骤修改条约的外交活动。1871 年 10 月 28 日，天皇敕命太政大臣下达了《向欧美派遣使节之事由书》（以下简称《事由书》），正式将修改不平等条约一事提上日程。《事由书》认为：

> 我国与诸外邦缔结条约之始……旧政府（江户幕府）因循短见而又擅权私断，全然不顾明白正大之舆论，缺乏智勇之谋略，因一时之糊涂而缔结如此关乎国之存亡之条约。其虽有出于不得已之因由，然根由终系于官吏之贪婪腐化软弱、股息懦弱。条约即定，我国交际失当、贸易失利者甚多。又逢我国多事之秋，内事不断。彼外邦乘强弱之势以乱彼此权利之界限，以至主客易位，我国处于不利之境地，其害甚矣……今政体一新，欲恢复已失之权利，杜绝凌辱侵犯之事，需改订以往之条约，以除旧习弊害。若诸外邦视我东洋乃是一种国体，政俗与之有异，则理应推行我国法律而不能循于彼。理应归于我国之权利之事，理应服从我国规则之事，理应按照我国税法之事，我国纵有自处之理，如皆不能使彼服从而要与彼商议，一切关系中外事件，皆不能与彼对等而难以进行公然之谈判……根据列国公法。我国国法、民法、贸易法、刑法、税法等，凡与公法相背者，皆当变革更正。③

---

① 芝原拓自、池田正博、猪饲隆明：『対外観（日本近代思想大系 12）』、東京：岩波書店、1988、8 頁。

② 大久保利謙：『岩倉使節の研究』、宗高書房、1976、196 頁。

③ 芝原拓自、池田正博、猪饲隆明：『対外観（日本近代思想大系 12）』、東京：岩波書店、1988、8 頁、18 頁。

变更的具体办法是：

> 将我国政府之期望和目的，尽向各友邦政府报告且与之商议。此种报告和商议，乃是由我国先行议论，若是需由我国向彼征询所求，则议论可延伸……若其采纳我国之目的和方案而共同商议，则完成实施的延续期限至谈判。

为了进一步向诸列强解释明治政府修约之政策，也是为了进一步了解列强各国之态度，明治政府决定派使节团出访欧美诸国，磋商修改条约一事。《事由书》对此解释道：

> 为验证其实效，无妨亲自观察欧亚诸国开化最盛之国体、各种法规和各种规则等实物，采取公法认可之方法，以施于我国国民。故而，当派全权理事官员及书记官和翻译官等若干人随从全权使节，而全权理事官则当分为各科、各自承担任务。①

1871 年 12 月 23 日，以岩仓具视为全权代表的使节团从横滨起航驶往欧美诸国，正式拉开了明治政府修改条约的序幕。"岩仓使节团"出访欧美谈判修约可以视为明治政府最初修改条约的尝试。由于是天皇敕命，又得到了政府上下一致的赞同，所以"岩仓使节团"可谓怀着雄心壮志扬帆起航的，估计当时的右翼也会赞同政府的壮举，想必也是群情激昂，对修改条约一事抱有希望。然而，修约之行并不顺利，遭到列强共同抵制，"彼之所欲尽与之，我之所求竟未得分毫。此翻苦心竟成遗憾，唯有饮泣而已"②。最后只得铩羽而归。明治政府第一次修约的行动以失败告终。

在岩仓使节团修约的尝试失败之后，政府并没有放弃修约的计划，不过这次失败的经历让政府认识到修改条约不能一蹴而就，欧美列强不可能轻易应允，修约一事应"从长计议"。其后，明治政府开始了更加务实的、有步

---

① 芝原拓自、池田正博、猪饲隆明：『对外観（日本近代思想大系 12）』、東京：岩波書店、1988、8 頁、20 頁。
② 日本史籍協会編『木戸孝允日記』、東京：東京大学出版社、1967。

骤的、分阶段的修约谈判。

寺岛宗则就任外务卿期间，就修约一事与欧美诸国进行交涉，谈判的重点放在收回关税自主权上。1878 年 2 月，外务卿寺岛分别向驻英、俄、德、奥等国公使发出了重点恢复关税自主权的照会。但日本收回关税自主权的意愿遭到了英国的反对。英国政府认为日本收回关税自主权"在两国利益上甚为遗憾，非我政府所希望……会对两国工业造成难以预料的危害"①，"衷心希望永远保存现行条约"。由于英国的不合作，最终没有成功。

1879 年 9 月，井上馨出任外务卿又重开修改条约一事，这次重点放在收回部分治外法权上。1880 年 7 月，日本政府将拟定好的收回部分治外法权的修约方案送交各国驻日公使。但是各国政府并不积极，尤其英国更是反对，英国以"修改条约草案关乎今后英国人在日本应服从的法权之规定，兹事体大，在没有详细考察日本法律、司法制度等相关法律的情况下，难以协议"②。由于英国的抵制，井上馨不得不妥协，与英美采取共同协商的方案。1887 年 9 月，井上馨辞去外务卿一职，条约改正案也随之以失败告终。

二 破坏修约的行动

虽然政府一直重视修改条约一事，但是由于历届外务卿都没有能够达成目的，民间对于政府的能力产生了怀疑，对政府修改条约的政策也表示不满，井上馨最后妥协于列强以"共同预备会议"的方式进行修约谈判更是遭到了有识之士的反对。头山满、来岛恒喜等玄洋社社员把修约失败归咎于政府的"懦弱无能"。在右翼看来，修改条约一事并非简单的外事活动，是关涉国家权益、国家威信的头等大事。如内田所言，"国威不能发扬，则国权必不能伸张。国权若不能伸张，那增进国民福利便无法推进……条约不改正，则工商业难以发展，日本在世界上也无法立足，只能沦为比中国还低的劣等国家"③。

当时，玄洋社社员非常反对井上提出的条约改正案，认为它损害国家利益。头山、近藤等人便全力策划终止修约案运动。东京方面，从小笠原岛归

---

① 外務省編『日本外交年表竝主要文書上』、東京：原書房、2007、71 頁。

② 山本茂：『条約改正史』、大空社、1997、227 頁。外務省編『日本外交年表竝主要文書上』、東京：原書房、2007、90 頁。

③ 内田良平：『日本の亜細亜』、黒龍会出版部、1931、230 頁。

来的以来岛恒喜为首的，包括前田下学、江藤新作等在内的玄洋社社员积极响应头山的号召为修约案而奔走呼号。来岛在给的野半介的一封信中强烈表达了对政府修改条约的不满。来岛说：

> 西乡已逝而国家却任重道远。如今政府内小人横行，竟做些卖国营私的勾当。板垣、大隈等人又气量狭小、能力有限，实在不足以担负国之重任。天下有识之士皆认为"今之政府诸公只注重眼前的利益，却没有定国安邦的百年筹谋。如此下去，我日本必沦为亡国之悲惨境地"。我等绝不能坐以待毙。①

当时，不只是右翼反对井上修约案，地方上的一些士族也极力反对，纷纷要求井上下台。青森县志士齐藤新一郎代表东北 220 名志士上京质询井上。而拜访山县有朋、向元老院提交建白要求废止井上修约案的人也是络绎不绝。② 后来反对井上修约案的声势越来越大，竟发展成为全国性的运动。新潟、茨城、千叶、宫城、栃木、岩手、群马、神奈川、岛根、山口、高知、熊本、鹿儿岛、宫崎、大分、长崎 16 个县的总代表向宫内省上书极力反对修约案，要求惩办井上的卖国行为。面对如此强大的反对浪潮，井上不得不引咎辞职，内阁也不得不做出调整，任命山县兼任外相，黑田清隆负责农商务，土方久元担任宫内大臣，以此来安抚民众。为防止不平氏族聚众闹事以激起民变，政府又强令他们离京，同时下达了"保安令"，严密监控他们的一举一动。全国的政治形势因为井上修约案一事变得紧张起来。

政府"保安令"下达之后，来岛恒喜、江藤新作等玄洋社社员非常愤慨，认为政府此举是"限制忧国志士的自由"，"寒了天下志士的心"。考虑到在京久待不是上策，来岛等人于同年 2 月返回福冈。不久伊藤内阁倒台，黑田清隆出任总理一职，大隈继任外相，新的内阁建立。本已下台的井上馨又再次复出，担任农商务大臣。得知井上复出的消息，来岛激愤异常，"因修改条约而引咎辞职的井上，不到一年的光景就再次入阁，真是厚颜无耻，

---

① 玄洋社社史編纂会：『玄洋社社史』、東京：玄洋社社史編纂会、1917、269～270 頁。
② 玄洋社社史編纂会：『玄洋社社史』、東京：玄洋社社史編纂会、1917、271 頁。

完全是在愚弄国民，是可忍孰不可忍啊！"① 这时的来岛可以说已经到了忍无可忍的地步了，以至于放出狠话："井上如果到地方视察，我绝不允许这个小人玷污了福冈的土地！"有意思的是，后来井上出差去大分县，归来的途中本来计划要在福冈市的松岛旅馆住宿，但是在听说了来岛的恐吓之言后，最终还是匆匆离开了福冈。来岛并不只是图一时口舌之快，政府在修改条约案上的懦弱，已经让来岛萌生了刺杀政府要人来废止卖国修约案的打算。来岛曾把他的打算告诉挚友的野。他说：

> 我若刺杀井上，虽然会因此获罪，但是此举定会名扬天下，也能让政府官员好好反省一下，如此一来，我国民之元气必然为之一振。②

不久，来岛果然铤而走险，但对象不是井上而是大隈重信。

1888 年 11 月，黑田清隆组阁，外相大隈重信提出了新的修约方案，其基本内容是：

一、日本编纂刑法、治罪法、民法、商法和诉讼法，在本条约实施后的二年内不能完成时，则废止领事裁判权的日期，延长至颁布上述法典的三年以后。

二、颁布上述法典后的一年半之内，公布英译文本。

三、最高法院任用若干名外国人法官，被告是外国人的民事或刑事案件，由最高法院终审，或作为第一审和终审时，其法官的多数由外国人充任。

四、外国人被禁闭二个月及罚金五十元或只是罚金一百元以上的刑事案件，可向最高法院上诉或作为第一审和终审。诉讼金额在百元以上的民事案件，可同样上诉最高法院。

五、外国人法官除因故免职外，至少任职四年，且应服从日本帝国法院之裁判权。

---

① 玄洋社社史编纂会：『玄洋社社史』、東京：玄洋社社史编纂会、1917、275 頁。
② 玄洋社社史编纂会：『玄洋社社史』、東京：玄洋社社史编纂会、1917、285 頁。

六、外国人法官制度，在本条约实施后的十二年间予以保留。①

有关通商航海条约草案的内容是：

一、开放内地，承认外国人有自由旅行、居住和营业之权利。

二、设置单边的协定关税率，关税改为平均从价的10%。

三、对驶入各港的外国船舶征收一定的吨位税和灯塔税。

四、本条约实施后的五年内，在函馆、东京、横滨、大阪、神户及长崎的外国人居留地内保留领事裁判，五年后，废止领事裁判及附属的一切特权。

五、废止领事裁判的同时，外国人的永久租借权将变更为单纯的土地所有权，其不动产要服从我国的法律。

六、明确有条件的最惠国条款。

七、本条约有效期为十二年，十一年后，可提前一年预告废止。②

大隈的修约案基本上继承了井上的思路，采取列强容易接受的渐进式的策略。从大隈条约改正案的内容来看，其应该比前几届政府更为详细和周密，也更加务实。条约案吸取了以前因急于求成而在修约内容上过于强硬招致列强抵制的失败教训，采取了积极稳健的策略，在条约内容上更加委婉和善。比如一些法案的过渡期适度延长，为的是通过在较长的一段时间内维持列强的既得利益以换取在修约上的让步，还有聘请外国人做法官，赋予一定年限的审判权（通常规定为四年），一定程度上保证了外国人享有的治外法权。客观地说，大隈的修约案是一个政治家从现实出发又不乏远见卓识的政治智慧的体现，虽然修约案中不乏妥协退让之处，但这并不是卖国和懦弱的表现，而是由"彼强我弱"的客观现实所决定的。在修约问题上，日本如果一味地强硬和激进，则换来的只能是列强更加强硬的抵制，如此一来，修改条约的目的将永远没有办法达成。

大隈修改条约案一经公布，社会各界反响很大。首先是媒体展开了讨

① 山本茂：『条約改正史』、大空社、1997、341 页。
② 山本茂：『条約改正史』、大空社、1997、340～341 页。

论，拥护的有之，口诛笔伐的亦不在少数。一个名为"日本"的报纸对大隈修约案刊登特约评论：

> 大隈修约案与前年的修约案（井上条约改正案）相比，不过是期限上的差异而已，仍然是通过联合裁判同欧美法典相结合的思路来达到废除治外法权的目的；从改正条约的精神来看，大隈案与井上案大同小异，不过是形式上的差异而已，立法和裁判都依据外邦的理论、外邦的方法，这个在形式上与我国存在差异，精神上的差异更大。①

媒体上讨论热烈，政府内部的争论同样激烈。自由党的大井宪太郎对大隈修约案不以为然，鼓动"大同共和会"通过决议向元老院提交废止大隈修约案建白书。随后小久保喜七、中岛又五郎作为代表向元老院提交了废止大隈修约案的建白书。声势最大的还属玄洋社、大同俱乐部、大同共和会、保守中正派紫溟会、日本人社五团体同《日本》《东京新报》《绘入自由》《保守新论》《东京朝日》《日本人》等报社联合发动的反对大隈修约案运动。此次联合会从各社共选出25名委员，并通过如下决议：

> 第一，十八日午后一点，在江东中村楼召开全国反对修改条约联谊会。并规定出席人员每个团体不得超过30人，报社不得超过3人，其余人员由各团体介绍推荐。
> 第二，二十七、二十八两天召开联合演讲大会，由各团体派律师出席。②

30日，由头山牵头的五团体主要负责人在"花开楼"召开内部会议，并通过如下决议：

> 第一，由各团体特派游说委员到全国各地演讲，煽动民众反对大隈修约案。

---

① 玄洋社社史編纂会：『玄洋社社史』、東京：玄洋社社史編纂会、1917、307～308頁。
② 玄洋社社史編纂会：『玄洋社社史』、東京：玄洋社社史編纂会、1917、319～320頁。

第二，十月一日，各团体委员在大阪集会召开联合演说大会。

第三，各团体派一名人员担当申请委员，向"改进党"申请开设演讲会。①

玄洋社除了和其他团体联合共同抵制大隈案之外，也率领众社员开展独立的反对修改条约运动。头山作为玄洋社代表带领部分社员上京发动废止修约运动。头山在京期间，拜访松方等政治人物，希望求得他们的支持，阻止修约案实施。箱田、平冈、近藤等人则在地方开展反对修约运动。他们同赞成大隈修约案的九州改进党相互对峙，又纠合众多同志建立"筑前协会"，高调反对修约论。为配合头山等人在京城的活动，"筑前协会"还向政府提交了废止修约案的意见书。意见书痛批了大隈修约案的荒谬，共总结了六条弊端：

第一，有损我国自主权。第二，违反我国宪法精神。第三，僭越了我国的行政权。第四，不能解决治外法权问题。第五，为外国干涉我国内政大开方便之门。第六，丧失了征税权。

同年9月26日，玄洋社在福冈举办了"九州联合反对修改条约大会"；27日、28日又召开了"政谈讲演会"；10月9日，在大阪的洗心亭召开"东北九州反对派联谊会"；10月10日，又在大阪的桃山神社召开"全国反对派有志联谊会"。在玄洋社的带领下，反对大隈修约案的行动在全国如火如荼地开展起来，"玄洋社也一时成为反对修改条约运动的先锋队和大本营"②。

虽然反对修约运动声势浩大，但是大隈并未因此退缩。为了修约案能够顺利实施，大隈责令各大报刊停止发刊，严格限制言论集会，希望通过强力举措压制住反对派的声势。但大隈万万没有想到，反击措施非但没有遏制住全国反对修约运动的发展，更为自己招来了杀身之祸。玄洋社社员来岛恒喜采取了极端的自杀式爆炸袭击了大隈，导致后者身负重伤。

---

① 玄洋社社史編纂会：『玄洋社社史』、東京：玄洋社社史編纂会、1917、320～321頁。
② 玄洋社社史編纂会：『玄洋社社史』、東京：玄洋社社史編纂会、1917、335頁。

　　来岛为何要采用如此极端的方式？来岛恒喜刺杀大隈的动机并非出于私人恩怨，二人并没有什么过节。"原因皆是由大隈提出的修改条约案而起，为了表示反对修约案而采取这样极端行为。"① "井上改正案已经让我等愤慨至极，可是大隈非但没有吸取井上的前车之鉴，反而更不顾舆论的反应、民意的反对以及国家的尊严，所以来岛再也不能沉默下去了，决意要刺杀大隈。"② 其实来岛的想法很简单，想通过刺杀大隈来阻止条约案的实施，"防止国威失坠"，不只是大隈，所有不顾国家尊严而贻害国家利益之辈，"不能听之任之，哪怕牺牲一己之身家性命也要拼死阻止"。

　　明治初期，政府在与朝鲜建交失败一事上，头山、平冈等人就认为这是小国朝鲜对我日本的侮辱，当时就叫嚣要征伐韩国一雪国耻。现在，国辱之耻未雪，政府在修约一事上又对欧美列强卑躬屈膝，甚至不顾国家尊严和利益，这更让他们恼火。内田在后来谈及明治时期政府修改不平等条约的政策时这样评价道：

> 　　平定西南战争，大久保被暗杀之后，日本政界犹如巨木被砍伐后杂木离离的荒山，一派萧索的光景。社会经济也陷入疲敝的境地。然而，政府对外却依然是卑躬屈膝。为了修改条约，竟然放弃治外法权，任由外国人横行；为了建立如同欧美一样的法律制度，除了大量翻译欧美法律典章之外，还让外国人出任法律顾问。这些崇洋媚外的政策完全弃我国民利害关系于不顾……用如此手段就想解决国际问题，未免太天真了。结果也是如此，列强非但没有承诺修改条约，还对我国外交政策大肆非难。修改条约一事自然未果而终。③

　　来岛自杀式刺杀大隈的恐怖主义行径不仅震动朝野，导致"修改条约案"戛然而止，也令玄洋社名声大噪。头山对此评价为："鄂天下者，莫如君之一击。"④ 来岛虽不是右翼的领导人物，但他的行为具有象征意义。即

①　玄洋社社史编纂会：『玄洋社社史』、東京：玄洋社社史編纂会、1917、253 頁。
②　玄洋社社史编纂会：『玄洋社社史』、東京：玄洋社社史編纂会、1917、253 ~ 254 頁。
③　内田良平：『日本の亜細亜』、黒龍会出版部、1931、229 ~ 230 頁。
④　西尾陽太郎『頭山満翁正伝—未定稿』、福岡：葦書房、1981、180 頁。

便时隔百年之久，当今日本右翼团体中最负盛名的"一水会"① 的旨趣依然宣称要"继承来岛之精神"，足见其影响深远。玄洋社为达目的不惜牺牲社员，采用自杀式袭击的极端行为，也使其蒙上了一层恐怖主义的面纱。可以说，玄洋社开了右翼团体恐怖主义之先河，通过暗杀恐吓等逼迫政府就范的恐怖主义手段也为后来右翼所仿效，成为日本右翼团体的重要特征。②

---

① "一水会"网站，http://www.issuikai.jp/issuikai.html。
② 右翼团体暴力行径和恐怖暗杀行动不一而足。臭名昭著的如下：1932 年，井上日召成立的极端右翼组织"血盟团"公开宣扬"一人一杀，一杀多生"的暴力思想，通过近似于"献祭"意味的自杀式暗杀活动，打倒日本政财界的上层人物，制造恐怖气氛。再有，成立于战后 20 世纪 50 年代的日本反共同志会、日本天狗党等暴力右翼团体，更是明目张胆地持枪抢劫、聚众斗殴，可谓无恶不作。日本警察当局对日本右翼的暴力行径评价为："暴力主义是右翼运动的通病。"

第六章
右翼对俄国的扩张国权行动

鉴于俄国对中国、朝鲜也有扩张野心，与日本的利益矛盾不可调和，右翼提出对俄强硬论，主张"日俄之间必有一战"。为此，日本要加强对俄国的警惕性，对俄国施行强硬的外交和军事政策，积极扩充军备，为日俄战争做准备。为了做到知己知彼，以内田为首的黑龙会对俄国及其控制的西伯利亚地区展开谍报活动。从政治、经济、军事、外交等各个方面搜集尽可能详细的情报，尤其是俄国兵力部署和武器装备等军事机密也被其详尽掌握。通过谍报侦察，内田更加确定了俄国觊觎满蒙的野心，坚定了与俄一战的决心。内田及其黑龙会对俄国的国权主义行动，为日本对俄战略的制定起到了重要作用。

第一节　内田良平与"黑龙会"

一　右翼的第二代头目——内田良平

内田良平 1874 年生于九州福冈，父亲为与玄洋社关系密切的内田良五郎，叔父为玄洋社创立者之一的平冈浩太郎。内田早年在乡塾接受启蒙教育，学习汉文典籍和日本古典文学。1892 年，上京进"讲道馆"习练柔道，后入东洋语学校学习俄语。由于叔父平冈的特殊身份，早年的内田结识了玄洋社、浪人团等豪杰之士，不仅为其在右翼中积攒了人脉资源，受这些人影响，也较早确立了"雄飞海外的志向"。叔父平冈对内田的影响很深。内田在《柔道》一书中曾这样回忆道："小时，我体弱多病。寄养到叔父家后，叔父、叔母等亲人给了我无微不至的关怀。尤其叔父为了增强我的体质，教我射箭、剑道和柔道，到 15 岁时，我的身体已经很健壮了。"[1] 据说，平冈

---

[1]　内田良平：『柔道』、黑竜会出版部、1903、166 頁，参见 http：//kindai. ndl. go. jp/info：ndljp/pid/860054。

为了锻炼内田的胆识曾一度让其管理自己经营的煤场；为了开阔他的视野，曾以"连祖国的帝都都一无所知的人，即便以后到了国外，无论怎样，假以时日，终究还是个没见识的农民"为由激励其上京游历，又以"去东京闯荡后就出国看看"之言鼓励内田要有抱负。正是平冈的教诲，激发了内田的"雄心"，才有后来其进京和横穿西伯利亚的壮举。1906 年，56 岁的平冈因心脏病去世。内田为此痛心不已，在其自传《硬石五十五年谱》和《西南记传》两书中，曾这样深情缅怀叔父平冈："叔父有感于西乡南洲（西乡隆盛号南洲）征韩论之共鸣，于 1877 年（西南战争爆发之际）投身西乡军。自那以来，叔父一直以征韩精神指导行动，把一生都献给了大陆经纶事业……"① 可见，平冈的言传身教对内田产生了深远的影响——为其后投身右翼运动奠定了基础。

1894 年，朝鲜爆发"东学党"起义，时年 21 岁的内田非常兴奋，极力主张趁机"雄飞"朝鲜。当年即加入玄洋社组建的"天佑侠"团，以援助东学党之名随团远征朝鲜。

1894 年，中日甲午战争爆发。由于"三国干涉还辽"，战胜国日本的扩张野心被暂时抑制。以内田为首的右翼对此羞愤异常，对俄国更加敌视，开始密切关注俄国。1893 年 8 月，内田秘密来到海参崴，展开对俄情报搜集工作。为了进一步搜集到俄国机密情报，内田又于 1897 年冒险穿越西伯利亚，深入俄国腹地。此次横渡西伯利亚的"壮举"也使内田在日本右翼中名声大震，威望不断提高，头山更将其视为接班人。

1898 年，内田从西伯利亚辗转来到俄国的圣彼得堡，准备在俄国的"心脏"地区搜集情报。为了达成目的，内田拜访了驻军武官广濑武夫。通过广濑的协助，内田获取大量俄国的机密情报，完成了对俄情报搜集工作。与广濑②的结识，不仅使二人成为莫逆之交，也使内田与军部的关系变得更

---

① 内田良平研究会：『国士内田良平その思想と行動』、展転社、2003、66 頁。

② 广濑武夫，日本海军军官，早年毕业于日本海军兵学校。1894 年中日甲午战争爆发之时，入伍日本海军。1897 年赴俄国留学，后出任驻俄武官，也就在此时结识了来俄国搜集情报的内田良平，凭借着自己在俄国的人脉资源协助内田搜集情报。为了维护日本帝国的扩张利益，广濑参加了日俄战争。在第二次旅顺港闭塞作战中，广濑为了救援部下而中弹身亡。死后被追封为"军神"以示表彰。军神广濑也成为日本军人对外侵略扩张的"楷模"。

为密切，这也为后来黑龙会与军部相勾结，成为其对外扩张鹰犬奠定了基础。完成情报搜集后，内田决定迅速回国。在返回日本的途中，内田又搜集了一些西伯利亚地区的情报。1898 年 7 月，"满载而归"的内田回到右翼大本营福冈。不久内田根据掌握的情报出版了《俄国论》① 一书。内田依据第一手情报资料，从政治、经济、军事、社会等方面分析得出俄国对满蒙、朝鲜有扩张意图，与我日本的大陆经纶之策的矛盾不可调和，"日俄冲突，即日俄战争是不可避免的必然命运"②。为此内田极力鼓动日本要对俄强硬，丝毫不能懈怠，为了满蒙、朝鲜的利益要敢于与俄国正面交锋，最终日本必将胜利。由于都是第一手资料，而且其中好多是机密情报，该书引起了日本政界高度重视。可以说，内田对俄的谍报活动，为日本对俄战略提供了重要参考。此次深入俄国腹地搜集情报的经历，也让以内田为首的右翼分子更加认识到情报搜集的重要性，将其确立为今后的重要工作之一。值得注意的是，内田之前包括头山、平冈在内的玄洋社等右翼团体虽然在维护日本国家利益上与内田别无二致，但在与政府关系的处理上，始终以在野的身份与其保持着距离，甚至曾一度以反体制、反政府的面目示人。内田及其黑龙会与前辈们行事风格大不相同，虽然仍保持在野身份，但与政府走得很近，尤其与军部关系更为密切，③ 甚至可以说是政府在民间的重要智囊机构。其后的历史也表明，内田及其领导的黑龙会深度参与了政府、军部对外扩张。他们从游离于体制外的民间团体，逐渐向体制内靠拢，最终与军部沆瀣一气，沦为政府的走狗。

通过对俄国的谍报活动，内田不仅了解了俄国的"国情"，而且对其南下扩张政策警惕万分。为了维护日本在满蒙的利益，也为了更好地展开对俄、满蒙的谍报活动，遏制俄国南下，内田于 1901 年成立黑龙会。黑龙会

---

① 原书名叫"俄国亡国论"。由于书名过分敏感，日本政府担心会在日俄间引起麻烦，所以强行查封，禁止出版。无奈，内田只得将书名改为"俄国论"才顺利出版。所以最后正式出版的不是《俄国亡国论》而是《俄国论》一书。

② 关捷：《影响近代中日关系的若干人物》，社会科学文献出版社，2006，第 17 页。

③ 1902 年，日本海军省、陆军省在讨论由谁来出任日本驻俄武官问题上出现了不同意见。海军省主张派明石元二郎（他与内田良平交往颇深），而陆军省另有人选，两派相持不下。消息传出后，内田良平马上以黑龙会会主（首领）的身份要求任命明石元二郎。并以"如果陆军省不听从我的建议，黑龙会以后就不再与陆军省合作，也不再向陆军省提供情报了"相要挟，结果陆军省权衡一番后，终于妥协。该事件充分显示了内田及其黑龙会在日本军部中拥有不可小觑的地位。

也成为继玄洋社之后近代日本的第二大右翼组织，内田本人也接过头山衣钵，成为日本右翼的第二代头目（见图 6 - 1）。

图 6 - 1　头山满（左）与内田良平（右）合影

资料来源：荒原朴水『増補大右翼史』、東京：大日本一誠会出版局、1974、23 頁。

黑龙会创建后，日本右翼进一步深化国权扩张主义运动。1901 年，在宫崎滔天的引荐下，内田结识了孙中山，开始了所谓援助"中国革命党"的"大亚细亚主义"运动。随后于 1906 年，内田又结识了朝鲜"一进会"首领李容九。为了帮助日本在朝鲜建立亲日派政府进而控制朝鲜，内田利用与李容九的关系以"一进会"顾问的身份为掩护，推动所谓的"日韩合邦运动"。（内田良平生平附表 B）

内田在中国和朝鲜推行的"日支、日朝提携"运动的本质都是右翼推行国权扩张主义运动的具体展开，根本目的并不是帮助中国、朝鲜等亚洲国家摆脱殖民危机走向富国强兵的近代化之路，而是协助日本政府、军部进一步获得在华、在朝权益，最终控制这些国家。（具体内容详见第七、八章）

内田死于 1937 年 7 月，就在日本大举侵华，全面推行法西斯军国主义之际。这不能不说是个巨大的讽刺。内田去世后，葛生修亮继任黑龙会干事，继续领导黑龙会作为军部走狗从事谍报搜集和扩张活动。直到第二次世界大战结束，盟总（GHQ）宣布黑龙会等日本右翼团体为非法组织，下达取缔指令后，黑龙会最终被解散。[①] 内田作为日本右翼的领袖，终其一生都在为天皇效忠，为国家"利益"奔忙，为军国主义扩张甘做马前卒和鼓手。可以说，内田的历史活动是日本右翼军国主义扩张运动历史的缩影，而内田本人则是"最典型"、最臭名昭著的右翼分子。

二　对外扩张的急先锋——黑龙会

黑龙会（英文称 Black Dragon）是由内田于 1901 年亲手创建的。由于"三国干涉还辽"后日本侵占满蒙的战略遭到遏制，内田等右翼认为这是日本"千古未有之奇耻大辱"[②]，提出在对俄国策略问题上"与其倾听各方高见，还不如与大炮商量"[③] 的对俄强硬论调。虽然非常激愤，但是内田也十分清楚，目前日本并没有把握战胜俄国，况且对俄国的国情并不了解。所谓"知己知彼，百战不殆"，内田决定首先对俄国展开情报搜集工作。黑龙会作为情报搜集和领导机关便应运而生。在黑龙会成立之前的 1900 年 11 月，内田计划先纠集一群浪人和右翼分子成立一个"对俄强硬"团体。在征得头山支持后，内田迅速召集原玄洋社社员伊藤正基、葛生玄绰、葛生能久、宫崎来城、平山周以及曾经"天佑侠"的死党铃木天眼、大原义刚等共 20 余人，商议成立事宜。

1901 年 1 月，在内田寓所，内田同葛生能久、吉仓汪圣、中野熊郎、平山周、尾崎行昌等 20 余人着手起草组织的宗旨、章程等。1901 年 2 月 3 日，内田、头山、平冈等众多右翼分子在东京神田锦辉馆举行了黑龙会成立大会。在这次大会上内田被推举出任黑龙会的会长，头山满为顾问（并未入会），佃信夫为座长，并推选出干事 3 名、常务委员 2 名、调查员 5 名和

---

① 黑龙会组织没有最终消亡。战后初期，在美苏两极争霸的时代背景下，美国出于远东的战略利益考量，开始由制裁日本变成扶植日本。于是日本右翼势力再度兴起。1961 年，号称继承内田良平道统的"黑龙会俱乐部"右翼团体正式成立；2008 年 7 月，玄洋社创始人平冈浩太郎的曾孙、历史学家田中健之和头山满之孙头山立国联合福冈市"玄洋社遗族会"、旧黑龙会遗族及其相关人员共同发表了复兴黑龙会的宣言，欲重建黑龙会。

② 满川龟太郎：『三国干涉以後』、伝统と現代社、1977、17 頁。

③ 〔日〕陆奥宗光：《蹇蹇录》（中译本），伊舍石译，商务印书馆，1963，第 189 页。

评议员 30 名[1]。作为玄洋社直系的日本第二大右翼团体黑龙会引起各界广泛关注，甚至包括犬养毅在内的政界人士也纷纷前来捧场，足见其影响力之大。

内田、葛生等在玄洋社之外另立黑龙会的动机正如黑龙会创立旨趣书所言：

> 德、俄、英、法之野心，我等志士早已洞悉。他们乘风破浪、翻山越岭，从千里之外竞相赶来殖民践踏我东洋。然而，朝鲜与中国孱弱难当，需要依靠我日本的支持。现在天下形势何其严峻，岂容我国徒凭自己安好无损而袖手旁观、偷安享乐。然一味慷慨、勇武也是毫无益处。若是有谋略的志士一定是首先要观察天下的形势，洞察其虚实，分辨其强弱，明察其利害，考量其得失，而后采取相应之策略，订立百年之大计……俄国占有乌苏里江、广修铁路，又在辽东一隅修建军港，厉兵秣马意欲南下满洲而大肆殖民扩张。俄国北修铁路，南建军港，若南北相连通，则东三省尽归其所有……另外，若德国占领山东，英国控制广东，法国占领云贵之后，各国列强就会划分势力范围而彼此相互牵制。我等已预见到将来东洋之形势。即已洞悉情势，当迅速占得先机，先发制人。可如今有些蛮庸之辈目光短浅却异常鲁莽。动辄就慷慨激昂，或言要卧薪尝胆，动辄就振臂高呼、鼓噪舌尖誓要扶植孱弱的朝鲜、中国。这都是些高谈阔论之辈，若详细问其朝鲜、中国的地理人情之事时，莫之能辨者比比皆是……
>
> 西伯利亚同满洲、朝鲜自古存有利害关系。若只图空论，则世事等闲……为今之计，当搜集彼之风土、地形、人情。我等不才，虽性愚钝，然多年露宿于黑龙江畔，风餐于长白山下，辽东之野，寸土秋毫皆熟烂于胸。若以此论，自有信心不落人后。兹体察大势所趋，慨叹现状，处心积虑而立黑龙会。其要义向国人展示调查之结果，促其之觉醒……包括风俗、人情、殖产地货在内的所有事物都要广泛搜集。从学理到实地考察都要详加研究，详加说明。若为此经营之事业，诸君皆能倾尽满腔心力而勇猛精进，则百年大计可立，万里雄飞之梦可成。企盼

---

① 西尾陽太郎：『硬石五十年譜』、福岡：葦書房、1977、82 頁。

天下志士辅赞我等之微衷、勠力同心举此大业而尽拳拳之心。此我等幸甚之所望。①

宫崎来城起草的《黑龙会成立旨趣》中也明确写道，"回顾东亚大局和帝国天职，为实行兴隆东亚经纶，挫折西力东渐之势，目前的急务是先与俄国开战，在东亚将其击退，把满洲、蒙古、西伯利亚等地连成一片，建设经营大陆的基础"。黑龙会成立宗旨一言以蔽之：对俄国、满蒙等与日本扩张利益息息相关的地区，展开实证调查和情报搜集，不惜与俄国一战，夺取满蒙之地，为进一步扩张奠定基础。

为能最终达成宗旨，黑龙会又制定如下纲领：

1. 吾人将致力于恢复肇国之宏旨，阐明东方文化之大道，推动东西文明之亲和，以成为亚细亚民族隆兴之领导者。

2. 吾人将致力于一扫偏重于法制主义之形式而束缚人民之自由、欠缺明察时局之常识而阻碍公私各方之效率、湮没宪政体制原本之宗旨等各种社会宿弊，发挥天皇主义之妙谛。

3. 改革现行制度、振兴外交，以图海外之发展；并革新内政，增进国民之福利，确立社会政策，解决劳工问题，以图巩固皇国之基础。

4. 实现军人敕语，振作尚武风气，实现全民皆兵，以期实现国防机构之充实。

5. 从根本上改革模仿欧美的现代教育，奠定植根于国体的国民教育之基础，以提高和发展大和民族的功德良知。②

黑龙会的纲领文辞颇为矫饰，虽处处言及"文化""亲和""自由""改革"，但这不过是表面文章，根本目标还是为了实现日本占领东亚的野心。如纲领中提到"恢复肇国之宏旨""亚细亚民族隆兴之领导者""发挥天皇主义之妙谛""振作尚武风气""全民皆兵""国防机构之充实"等，这些关键词充分暴露了黑龙会的真实意图。"恢复肇国之宏旨"不过是"恢

---

① 内田良平文书研究会：『黑龍会関係资料集』、東京：柏書房、1992、2～3 頁。
② 堀幸雄：『右翼辞典』、東京：岩波書店、1990、227 頁。

宏皇谟，八纮一宇"的另一种表述；"亚细亚民族隆兴之领导者"也不过是强调日本作为东亚盟主的地位。至于这个盟主地位是通过"众望所归"的和平、友好方式获得，还是通过武力强迫、奴役和豪取强夺，此时虽未明言，但后来的史实已给出了答案；"发挥天皇主义之妙之谛"就是发扬尊皇传统，维护天皇独裁制度，这是右翼须臾不离的根本宗旨，也是其一以贯之的总纲领；"振作尚武风气"、"全民皆兵"和"国防机构之充实"之语就涉及公然宣扬扩军备战、对外扩张的军国主义。

黑龙会纲领并非思想主张的简单铺陈，逻辑关系十分严密，实际上为如何实现"恢复肇国之宏旨""亚细亚民族隆兴之领导者""发挥天皇主义之妙谛"等对外扩张战略提供了现实路径，即首先要"巩固皇国基础"。手段是"改革现行制度、振兴外交""革新内政，增进国民之福利"。其次要"实现军人敕语，振作尚武风气"。手段是对国民施行"植根于国体的国民教育""提高和发展大和民族的功德良知"。实际上就是对国民进行军国主义的皇民教育。黑龙会纲领中提到的这些手段虽然在明治时代并没有完全展开，目标也没有完全实现，但作为纲领性的文件，黑龙会始终贯彻。直到大正时代、昭和时代，右翼推行的"革新"运动和法西斯军国主义扩张行动，都可以视为对黑龙会纲领的继承和贯彻。从这个意义上说，黑龙会纲领是日本右翼参与对外扩张行动的总目标、总纲领，影响深远。

不仅纲领反映了黑龙会扩张的思想动机，而且黑龙会这个名字也暴露了其野心。关于黑龙会的会名，内田这样解释："取黑龙会名，借以表达吾等以流经满洲与西伯利亚间的黑龙江为中心的经营大陆的志向。"[1] 其会名丝毫没有掩饰日本右翼觊觎满蒙的野心。有学者据此认为，黑龙会是"战前实践'大亚细亚主义'的最有代表性的日本右翼团体"，"是玄洋社的直系团体，而且是比玄洋社更具有典型意义的右翼团体"[2]。虽然步平没有进一步说明典型意义的右翼团体的含义，但这也不难理解，所谓典型右翼其实就是指积极对外扩张的右翼，不言而喻，黑龙会显然是最具代表性的右翼组织。[3]

---

[1] 西尾陽太郎：『硬石五十年譜』、福岡：葦書房、1977、82 頁。

[2] 步平、王希亮：《日本右翼问题研究》，社会科学文献出版社，2005，第 78～79 页。

[3] 1931 年内田重组黑龙会成立新的右翼组织"大日本生产党"，并出任总裁一职。自此，"作为传统右翼的黑龙会选择了法西斯主义运动的道路"。参见堀幸雄『右翼辞典』、東京：岩波書店、1990、第 228 頁。

第二节 对俄强硬与防范

一 鼓吹"日俄必有一战"

1894 年，中日甲午战争爆发，战争以日本胜利而告终。胜利后的日本获得大量的战争利益，但俄、德、法三国出于私利，于 4 月 23 日向日本政府发出通告要求日本把辽东半岛归还中国，史称"三国干涉还辽"。通告称：

> 今日本国割占辽东，既有危害中国之首都（北京）之虞，也让朝鲜国之独立有名无实，有碍维持远东之和平，故今劝谕贵国确认放弃占领辽东半岛。

无计可施的日本于 5 月 5 日向俄、德、法三国正式宣布放弃辽东半岛。11 月 8 日，日本与中国在北京签订《辽南条约》。日本虽未获得辽东半岛，但获得了 3000 万两白银的赔款，台湾海峡也变成公共航路，为日本侵占台澎地区做了军事上的铺垫。对于"三国干涉还辽"一事，日本右翼极度愤慨，认为这是日本外交耻辱性的失败。此事也让内田对俄国恨之入骨：

> 维新前，俄国一时占领对州，又屡犯我北海道、萨哈林地区，明治 8 年，以交换千岛之名夺我萨哈林。其暴行愈演愈烈，今又威逼我归还辽东半岛，危害我东洋之和平……全民同仇敌忾……连战连捷，打败俄国而一跃成为世界强国。[①]

内田开始意识到俄国对日本威胁很大，尤其在以满蒙为中心的中国东北权益上，二者存在不可调和的矛盾，日俄之间终要发生战争。据此，内田提出"对俄强硬论"，主张"为确保东亚之永久和平，日俄必有一战"。同时内田也乐观地认为：

---

① 内田良平：『日本の亜細亜』、黒龍会出版部、1931、242～243 頁。

　　日本遭三国干涉还辽，在外交上不能不说是个失败，但是日本打败中国，作为战胜国的威名响彻世界。我国的胜利，让列强也不敢轻慢，这将有利于不平等条约的修改，签订对等条约也变得容易。不仅如此，我国工商业也会蓬勃兴盛起来，国运也将从此日益隆盛。①

　　中日甲午战争的胜利不仅让日本在列强面前"底气十足"，还激发了右翼向大陆扩张的雄心。此战之后，右翼一直关注日俄问题，因为俄国虎视的中国满蒙地区是日本"生命线"和"利益线"，是日本"大陆政策"的关键一环，事关日本的核心利益。

　　1898年（明治31年）在"黑龙会"未成立之前，内田就在"东亚同文会"机关杂志《东亚时论》上发表了"俄国亡国论"。由于题目过分敏感，遭政府查禁，内田只好将其改为"俄国论"，才最终刊出。这篇文章是内田独自一人亲赴西伯利亚探险调查后的报告书。文章中，内田通过自己的耳闻目见，以翔实的情报资料为基础，指出俄国政治腐败、营务废弛，根本就是纸老虎，长此以往必亡国。因此日本不用惧怕俄国，应当勇于同它一战，而最终的胜利也必将是日本。

　　内田进一步认为，自中日甲午战争到日俄战争这10年间，日本并没有乘战胜的契机积极推行扩张政策，反而畏缩不前，导致俄、法、德在中国获得大量权益，甚至控制了东亚和太平洋的主导权。尤其俄国近年来不断向东北扩张势力，已经严重威胁到了日本在满蒙的权益，不仅如此，俄国还拉拢朝鲜，明显有觊觎朝鲜之心（见图6-2）。内田对此分析道：

　　俄国违反共同协定，不仅没有从满洲撤走驻军，还千方百计地笼络朝鲜政府，意在压制我日本在朝势力，图谋控制朝鲜。一方面，俄国的东亚政策自专蛮横，根本没把日本放在眼里。另一方面，朝鲜也是背信弃义之辈，想要利用俄国来牵制我日本。②

　　承认俄国在满蒙的势力范围，以换取其承认我日本在朝鲜的权益。

---

① 内田良平：『日本の亜細亜』、黒龍会出版部、1931、236頁。
② 内田良平：『日本の亜細亜』、黒龍会出版部、1931、238～239頁。

这是日本处理对俄关系的底线，也是最大的让步。如果俄国胆敢超越满蒙势力范围，向朝鲜扩张的话，我日本将拼死与之血战到底。①

图 6-2　日清之战背后觊觎朝鲜的俄国

资料来源：鈴木勤編『日本歴史シリーズ 19：日清・日露戦争』、世界文化社、1967、39 頁。

针对俄国对满蒙和朝鲜的野心，内田建议日本政府如今要抛弃保守主义，采取进取主义的方针，利用日英同盟来遏制俄国，进而夺取对中国乃至东亚的主导权。内田的“对俄强硬论”以及“日俄必有一战”论调，对政府产生了重要影响。最终在 1904 年，俄国咄咄逼人的南进政策导致日俄战争爆发。日俄战争爆发后，为了日本能根本占有满蒙，内田发动黑龙会骨干分子深入中国东北、内蒙古等地招募“马贼”从事对俄后方的破坏、颠覆活动。由黑龙会成员、日本军部、日本浪人所领导的马贼在日俄战争中发挥了重要作用，对俄国造成了破坏和威胁。日俄战争结束后，这些由亡命之徒、民族败类所组成的马贼帮与日本右翼、浪人勾结，不仅祸害当地百姓，而且成为日后日军残害中国抗日力量的帮凶走狗。

如内田所预测的那样，日俄战争结束后，日本在这场关于争夺东北权益的帝国主义战争中获得了胜利。1905 年 9 月，日俄双方签署了《朴次茅斯条约》。对于中国东北及内蒙古等地区，作为战败国的俄国不得不承认辽东

---

① 内田良平：『日本の亜細亜』、黒龍会出版部、1931、240 頁。

半岛，即旅顺、大连"租借地"的租让权及其他一切权利，包括公共财产
全部转让给日本，承认将长春至旅顺间的铁路和一切支线及其所属的一切特
权和财产，包括煤矿在内都转给日本，将库页岛南部割让给日本。承认在
"满洲"的一切领土上凡有碍机会均等原则者，均应放弃。对于朝鲜，俄国
承认日本是其保护国，日本有权任意处置。①

从《朴次茅斯条约》的内容来看，俄国很不情愿地将辽东半岛、旅大
租借权及其所有权让给日本，其苦心经营多年的满蒙势力范围，因这一战的
失利而落入日本手里。俄国不得已退出了满蒙争夺战，日本获得了对满蒙的
独占权。对于朝鲜，俄国承认日本是其保护国，可以任意处置，实际上是变
相承认日本对朝鲜的领有。由于中国在中日甲午战争中已经战败，失去了对
朝鲜的实际控制，从这个意义上说，日本已经在事实上独占了朝鲜。

内田对于日俄战争的胜利以及《朴次茅斯条约》的签订兴奋异常：

> 日俄一战，大获全胜的日本已然跨入世界一等强国之列。不仅如
> 此，从来都是被白种人所征服的有色人种让白种人恐惧了……②

日本凭借中日、日俄两场战争，通过《马关条约》《朴次茅斯条约》两
份"霸王"条约实现了梦寐以求的对满蒙和朝鲜的独占，也为进一步向中
国内陆扩张奠定了基础。

二 对西伯利亚的谍报活动

内田与黑龙会对俄国及其西伯利亚地区的谍报活动早在日俄战争之前就
已展开。黑龙会成立的一个直接的原因就是为了协调和统和对满蒙、俄国的
谍报活动。当日本获得日俄战争的胜利后，应该说内田和黑龙会算是圆满完
成了"任务"，但是内田丝毫没有放松情报搜集工作，对俄国更加警惕。

日俄战争结束后，日本政府高层一部分人认为不要杞人忧天担心俄国会
复仇。因为日俄一战，俄国元气大伤必然会放弃对东亚扩张的野心，"决无
再战之意志"，可以高枕无忧了。这些人主张"日俄两国共同遵循《朴次茅

---

① 外务省：『日本外交文書（日露戦争 5）』、巌南堂書店、2005、533～538 頁。
② 内田良平：『日本の亜細亜』、黒龍会出版部、1931、243 頁。

斯条约》之规定，睦邻亲善、和平共处"。

内田却不以为然，对俄国始终保持戒备之心，认为俄国一定不会放弃东北权益，必然会复仇，日俄还会发生战争。他以黑龙会为依托，派出大量间谍刺探俄国军事情报，时刻警惕俄国的举动。黑龙会通过谍报活动精确地掌握了俄国许多机密情报，尤其对于俄国的兵力部署了如指掌：

俄国针对欧洲和应对国内的集团军（含高加索军团）兵力部署。步兵方面是1040个大队、59个师团和1个独立旅团；骑兵方面是636个中队、23个师团和4个独立旅团；野战炮兵是494个中队、60个旅团；技术兵是195个中队、2个旅团；重型火炮部队是5个大队。

驻西伯利亚的军队（包括俄国要塞部队和护乡军团）兵力部署。步兵方面是191个大队、11个师团；骑兵方面是79个中队、2个旅团；野战炮兵是157个中队、11哥旅团；技术兵是69个中队、1个旅团；重型火炮部队是3个大队。

针对中亚方面军兵力部署。步兵方面是44个大队、7个独立旅团；骑兵方面是48个中队；野战炮兵是21个中队；技术兵是10个中队。

除上述兵力部署外，还有常备的37个军团和若干独立部队编制。

内田根据这些军事情报，对俄国的军事意图有了初步的判断：

俄国驻西伯利亚军队现在由原先11个师团增加到22个师团，几乎翻了一倍。除了增兵西伯利亚外，还鼓励人民向西伯利亚移民。俄国用于西伯利亚移民的预算逐年递增，移民的人数也在逐年激增。据统计，1907年移民人数为57.6万人，1908年人数更是达到75.8万人之多。而在此前的几年，平均每年移民人数不过7.6万多人。俄国如此大量移民西伯利亚，意欲何为？

随着搜集的情报越来越多，内田基本弄清楚了俄国的有计划地扩充军备，为发动复仇战争做准备的战略意图：

俄国向西伯利亚大量移民不过是为了培植俄在西伯利亚的势力，有朝一日，西伯利亚局势发生变化，俄国就可以从移民那里获得物资供给，还可以将移民临时充兵以增加兵力。①

针对俄国扩军备战的图谋，内田提醒政府也要大力扩充军备。应该说，内田主张扩充军备与一般右翼乘一时血气而妄言有所不同。他的建议基本都是建立在大量情报和实证调查基础上的。

内田以日、英、美、德、法、俄六国为对象，分别从各国常备军所占人口比例，日常军事开支占总预算的比例，人均支出负担日常军事开支以及军事费用占国民收入的比例四个方面考察了各国的军备情况。表6-1是内田所做的具体的统计数据。

从表6-1可知，各国常备军所占人口比例分别为："日本4.8‰、英国0.64‰、美国2.09‰、德国9.71‰、法国14.93‰、俄国8.49‰。"内田通过数据对比指出："除英美之外，日本的比例最小，且低于9‰的平均值，法国最大，俄国基本上是日本的1倍。"②

表6-1 各国常备军所占人口比例

单位：人，‰

国别	总人口数	常备军人数	比例
日本	51000	240	4.8
英国	396294	256	0.64
美国	101607	212	2.09
德国	64930	626	9.71
法国	39252	586	14.93
俄国	163000	1380	8.49

资料来源：数据引自内田良平『日本之三大急務』、黒龍会本部、1912，表6-2、表6-3、表6-4同。

表6-2、表6-3、表6-4显示出日本军事开支占总预算的比例、人均支出负担日常军事开支以及军事费用占国民收入的比例基本上远小于其他国家，在平均值以下。

---

① 内田良平：『日本之三大急務』、黒龍会本部、1912、40頁。
② 内田良平：『日本之三大急務』、黒龍会本部、1912、48頁。

表6-2　日常军事开支占总预算的比例

单位：%

国别	陆军百分比	海军百分比	陆海军总百分比
日本	17.8	9.4	27.2
英国	19.5	21.6	41.1
美国	17.5	17.3	34.8
德国	28.5	9	37.5
法国	20.9	8	28.9
俄国	19.5	11.4	30.9
平均值	20.6	11.4	32

表6-3　人均支出负担日常军事开支

单位：円

国别	人均支出	人均负担	国别	人均支出	人均负担
日本	8.01	2.17	德国	20.14	7.66
英国	32.16	12.86	法国	39.14	10.18
美国	18.93	6.19	俄国	15.73	4.07

表6-4　军事费用占国民收入的比例

国别	国民总收入 （亿円）	国民人均收入 （円）	军事费用占国民总收入的 比重（‰）
日本	300	600	36
英国	1244	2800	46
美国	2320	3050	20
德国	840	1400	55
法国	850	2160	47
俄国	700	560	73

内田通过对上述资料的统计分析认为：

　　若按照一国的常备军占总人口9‰、占财政支出32%、占国民总收入46‰的均值来衡量的话，六国中，只有日本各项指标低于平均值。日本要想在中国大陆、太平洋与列强争霸，就必须按照每年百分之一比例增加军事开支……扩充陆海军军备，构筑朝鲜、满洲方面的国防根据地，进而掌控支那大陆，同时利用我强大的海军力量掌控太平洋的制海权，如此一来，大陆和海洋的双重国防体系就指日可待。①

翔实的第一手资料让内田对俄国更加充满戒备和敌视：

> 彼俄国如无志于经营东亚则已，若有经营东亚之雄图，其绝不会因战败而屈服，必会"卧薪尝胆"，伺机报仇，重夺东亚霸权。俄经营东亚大陆的历史即已证明，其对东亚野心勃勃，极富进取精神……日俄一战，俄国经营大陆的野心受到重大打击，但是并不会因为战败就放弃东亚，也丝毫不会动摇向东亚扩张的野心。相反，这一败让其更加"卧薪尝胆"地积蓄力量。俄国不仅在军备上没有丝毫懈怠，而且加紧了对西伯利亚和黑龙江沿线的铁路建设，改革西伯利亚军队，进一步扩充针对满蒙方面的军备，军团数扩充到二十个。俄国急修铁路、屯兵满蒙，其军事野心不言自明。②

亚细亚大陆日俄经营对照如图 6-3 所示。

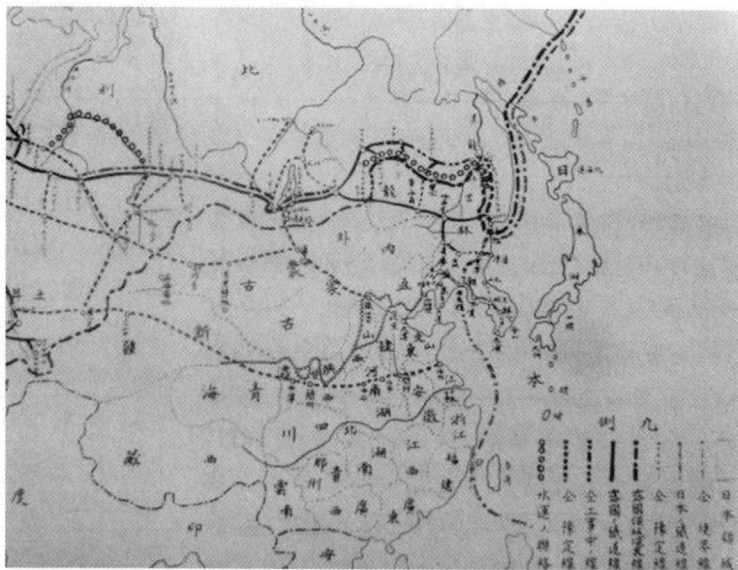

图 6-3 亚细亚大陆日俄经营对照

资料来源：内田良平文书研究会编『内田良平関係文書 第 3 巻』、芙蓉书房、1994、255 页。

---

① 内田良平：『日本之三大急务』、黑龍会本部、1912、48~51 页。
② 内田良平：『日本之三大急务』、黑龍会本部、1912、29~35 页。

　　内田最后得出结论"俄国必有再战之意"，并警告日本政府由于俄国东亚扩张的野心未死，再战之决心犹在，必须时刻警惕。只要俄国"南进"政策不变，日俄在满蒙甚或东亚其他的利益矛盾就不可调和，日俄再开战端也未可知。日本要始终采取强硬立场，大力扩充军备，做好与俄国一战的准备，以应对东亚之变。

第七章
右翼对朝鲜的扩张国权行动

扶植朝鲜亲日派代理人与"天佑侠"远征朝鲜是右翼对朝鲜国权主义运动的主要内容。扶植朝鲜亲日派代理人包括前期扶植金玉均、朴泳孝等亲日派的革命党人，推翻闵妃政权，和后期扶植亲日派政客李容九推行"日韩合邦"两个阶段。扶植亲日派代理人，日本右翼都打着"提携朝鲜"的幌子，如玄洋社组织的"天佑侠"军事组织，打着支援"东学党"的名义，秘密潜入朝鲜进行军事、谍报行动，目的是控制、占领朝鲜，而最终目的则是要以朝鲜为跳板侵略中国。本章对右翼团体"天佑侠"在朝鲜军事活动的历史进行了考察，明确了右翼团体"天佑侠"的性质就是右翼推行对外侵略扩张的军事组织，其在朝鲜的活动也并非出于纯粹的国际人道主义精神的正义之举，而是带有特务性质的军事扩张行为。并在此基础上指出，"天佑侠"在朝鲜的侵略活动是引爆甲午战争的导火索，日本右翼负有不可推卸的历史责任。

第一节　鼓吹"日韩合邦"与扶植亲日派

一　密谋"日韩合邦"

日本对朝鲜的觊觎之心由来已久，明治初期征韩论的甚嚣尘上，甲午战争之后对朝鲜的控制以及日俄战争之后对朝鲜的独占等都清楚地表明了这一点。即便如此，日本依然不满足于只是控制朝鲜，"操纵朝鲜傀儡政府终不如直接统治得心应手"。[①] 于是围绕着如何将朝鲜据为己有，"日韩合邦论"便粉墨登场了。

---

① 吴廷璆主编《日本史》，南开大学出版社，1994，第534页。

　　右翼鼓吹的"日韩合邦论"的思想源于樽井藤吉的"大东合邦论"。1891 年，樽井藤吉在《自由平等经论》杂志上发表了"大东合邦论"的理论。

　　"大东合邦论"的基本主张强调，面对世界列强，日本应与朝鲜"合邦"，并与中国"合纵"，三国以"大东"之名实现以日本为盟主的三国一体化。樽井认为日本自明治维新以后，已成为东亚强国，而中国、朝鲜却日益衰落，并且面临着"亡国灭种"的危险。由于彼此的地理位置相近，为使朝鲜、中国摆脱列强的瓜分，日本有责任将其置于自己的保护之下，在日本的领导下，通过"合邦"来共同抵抗西方列强。"大东合邦论"出笼后，影响很大。日本右翼把"大东合邦论"稍加改造后，提出了"日韩合邦论"，其实质同"大东合邦论"一样，都是变相对朝鲜的占有。

　　右翼力促日韩合邦主要因为朝鲜重要的战略地位对日本对外扩张具有重要意义，这也成为日本政治精英的共识：

　　　　无论就朝鲜国之地理位置还是就政治关系而言，于我邦对亚细亚近邻之权威上直接感触甚大。因此，乘一良机开拓之，将我之威德波及于彼路，乃是我邦"政略"之一要事，政治家不可疏忽。现今，有谓我邦国务多端、仓廪不足，不宜急于着手无实际利益之处者。然而，实际利益与要务往往难以合而为一，要务之处多是根据时宜，不能只从实际利益而着眼者。①

　　　　朝鲜之于我邦虽在经济利益上微乎其微，但在"政略"和"战略"上是要事……皇国之"政略"并非只显于国内治安，更要放眼于亚细亚全局之过去和将来，此乃现今不能不注意之事。②

　　　　盖我国之政略，在于使朝鲜完全与支那脱离关系，成为自主独立之邦国，以免欧洲强国乘事占有朝鲜之忧。该国之位置，足以控制东洋形势，若强国掠之，将对我国不利。故而，我国先行向京城派遣公使，使欧美各国承认其自主独立，并尽力与之缔结条约……然而，支那政府对

---

①　芝原拓自、池田正博、猪饲隆明：『対外観（日本近代思想大系 12）』、東京：岩波書店、1988、45 頁。

②　芝原拓自、池田正博、猪饲隆明：『対外観（日本近代思想大系 12）』、東京：岩波書店、1988、第 45 頁。

外表示朝鲜自主自治，但暗中待之如附庸国，特别是干涉其内政。因此，日支两国之政略，动辄难免冲突。①

内田的想法也与政府的对朝策略不谋而合：

余之所以如此急迫地要促成日韩合邦，是因为支那革命的时机业已成熟，不出数年，必将形成革命勃发之形势。在此之前，如不能实现日韩合邦，那韩国人心之变对支那革命将产生何种影响、革命形势又将如何发展实不可测。不仅如此，满蒙独立之战略也将难以实施。②

关于日韩合邦的主导权问题，内田认为：

合邦的内容应该依据日本天皇的圣意，天皇的圣意是最高的指导，并且韩国方面有关合邦建议书中必须记载天皇的圣意。③

内田认为以天皇圣意为最高指导原则实现日韩合邦的思想与“大东合邦”的构想非常一致。樽井也认为：

朝鲜国王如欲保永世之尊荣，当与日本合同……日朝结成兄弟之谊，彼此并立。合邦之制于两国民众而言，则各尊其君，而王统则以日本国民之拥护为本……如是，为朝鲜国民与国王而言，不得不而为之也。

合邦若以天皇圣意为是，显然这种合邦并非出于对等合作的愿望，而是把朝鲜作为日本的附庸，甚至是藩属国，如此合邦实在是赤裸裸的吞并。

虽然有“大东合邦论”为蓝本，但右翼并非照搬，自有其周密考虑。伊藤博文出任第一任朝鲜统监时，内田也跟随来到朝鲜，那时内田就已

---

① 山県有朋著、大山梓編『山県有朋意見書』、東京：原書房、1966、179 頁、185 頁。
② 内田良平：『日本の亜細亜』、黒龍会出版部、1931、272 頁。
③ 内田良平：『日本の亜細亜』、黒龍会出版部、1931、281 頁。

在酝酿日韩合邦之事，但鉴于当时的形势，推动合邦一事还多少有些顾虑：

> 甲午战争，我日本打着帮助朝鲜摆脱清国控制、实现独立的旗号，并且对外也多次声明别无他意。如果现在高唱日韩合邦论，有失道义，易遭国际非议，统监亦有失职之过。再者，朝鲜国内反对日韩合邦势力必不在少，此时，贸然推行合邦策略，必然不会成功。[1]

内田的顾虑无外乎怕日本占领朝鲜的阴谋大白于天下之时恐会招致国际社会和朝鲜人民的反对。出于以上的考虑，内田采取了"曲线救国"的策略，通过幕后扶植朝鲜亲日派来推动日韩合邦计划：

> 早在中日、日俄战争之际，天皇就诏敕日本的仁人志士应扶植朝鲜的独立。我们（以内田为首的日本右翼）考虑到，在当时的情势，如果急于推行日韩合邦，势必会招致列强的抗议，必将有损我圣德。为此，我们低调行事，由韩国自己行事。但是韩国没有根本解决的能力，为此，我（指内田本人）向韩国建议由韩国提出合邦之策略。如此一来，不仅不会给列强留下口实，而且足可以发扬圣德。

合邦计划逐渐成型后，内田积极与朝鲜革命党人接触，后接受李容九的邀请作为顾问加入了"一进会"组织。为掩盖日韩合邦的阴谋，进一步迷惑朝鲜的亲日派，内田极力美化日韩合邦的重要意义：

> 我日本方面没有谋划推行日韩合邦之意，朝鲜人应该从东洋时局处着眼，充分认识到日韩合邦之举实在是为了朝鲜美好的未来，为了确保东洋之和平。[2]

为了避免招致列强的干涉，内田暗中唆使李容九等"一进会"众人向

---

① 田中健之：『内田良平翁五十年祭追慕録』、日本興亜協会皇極社出版部、1987、49頁。
② 田中健之：『内田良平翁五十年祭追慕録』、日本興亜協会皇極社出版部、1987、50頁。

朝鲜政府主动请愿要求合邦:

> 日本方面没有谋划合邦之意图……朝鲜人民、政府、国王应该同心协力，主动向我日本天皇陛下请愿合邦，以此来昭示合邦是朝鲜举国一致的行动，而非日本对甲午战争所许下承诺的背叛。①

为确保合邦万无一失，内田与黑龙会同人又向日本政府提交了《对韩卑见》，要求政府重视推动日韩合邦:

> 韩国有识之士提出日韩合邦论，我国对此却态度冷淡，我等不免慨叹。若失此机会，就会酿成东亚祸乱的根源，韩国前途将晦暗不明，我国对韩优越权的基础也将遭到破坏，野心勃勃的列强染指朝鲜也未可知。如此也会让忧国之士寒心……恳请诸位大人开诚布公我等之卑见，体谅我等之微衷，为我国之前途，为韩民之幸福，大兴舆论，推动日韩合邦。②

在内田的巧舌如簧下，日本意图吞并朝鲜的野心变成了朝鲜主动投靠日本。如此一来，日本站在了道义的制高点上，朝鲜还要对其感恩戴德。

在日本右翼的构想中，鼓吹日韩合邦论实际是为日中合邦做准备，占领中国才是右翼推行日韩合邦的最终目的——"排除万难达成的日韩合并不仅是东亚联盟的基础，也为下一步将'一进会'百万大众移民满洲计划的实现奠定了基础"③。

从征韩论到日韩合邦可以嗅到右翼对韩认知充满了阴谋论的味道。被称为右翼理论家的大川周明的话最具代表性，他说:

> 征韩论所表现出的日本对朝鲜的关切以及后续力促朝鲜开国的一系列政治交涉，表面上好像日本存有私心，但根本动机是作为东亚保卫者

---

① 田中健之：『内田良平翁五十年祭追慕録』、日本興亜協会皇極社出版部、1987、50 頁。

② 内田良平文書研究会：『内田良平関係文書』（第 3 卷）、芙蓉書房、1994、84~85 頁。

③ 内田良平：『日本の亜細亜』、黑龍会出版部、1931、316 頁。

而要促成朝鲜的觉醒。然而，支那却对我国的战略不以为然，阻挠我日本的努力，极力排斥我国在朝势力而维护其宗主权……支那如此骄横而日本怎能不义愤填膺？结果，支那与我国在朝鲜矛盾激化而相互对峙……本来面对欧美列强对东亚的侵略，可以相互合作，建立共同战线的日支两国却因为清国政治家的愚蠢策略而使之互为敌国。

因甲午之战而败北的支那腐败软弱，对此心知肚明的列强更加毫无顾虑。列强中属俄国的野心最大、最露骨。它不仅意图占领满洲而后南下支那腹地，还要夺取朝鲜直接威胁我日本。日俄战争必然爆发。①

针对日本实施的日韩合邦的阴谋诡计，康有为曾一针见血地指出："其行之以渐，其秉之以机，其间之以谋，其分之以利，其恐之以威，其美之以名；先夺其政权，攘其要害，饵其贵要，斗其党徒，而后宰割之，烹嚼之，终了吞咽之。然犹欺其民曰：'吾保护尔也'。"②

二 扶植"亲日派"建立亲日政权

朝鲜李氏王朝在其统治的末期，由于国内政治腐败、经济凋敝，对外又无力抵挡列强的殖民侵略，特别是"江华岛事件"之后，朝鲜已深陷半殖民地的危机之中。面对无能的李氏王朝，以金玉均、朴泳孝为首的志士开始了救亡图存的运动。他们密谋推翻李氏政权，意欲革新朝鲜政治。金玉均、朴泳孝当时已经认识到要想推翻李氏政权必须寻求国外的支援，由于当时的朝鲜依附清国，清国在政治上又支持李氏政权，所以金玉均、朴泳孝等人便萌生了寻求日本支援的打算。早在"壬午兵变"之前，金玉均曾作为谢罪使来到日本，并会晤了外务卿井上馨。在这次会晤中，金玉均提出想借日本之力完成朝鲜革命，并且以朝鲜的矿山为担保希望获得日方借款，但井上未做答复。"壬午兵变"失败后，朴泳孝、金玉均等人亡命日本。由于得不到日本政府正面的回应和支持，他们只好另辟蹊径，开始和日本右翼接触。

---

① 大川周明（著）、中島岳志（編集）『頭山満と近代日本』、春風社、2007、199～200 页。

② 康有为：《韩国痛史序》，载《康有为全集》第 10 集，中国人民大学出版社，2007，第 188 页。

玄洋社社员久田全、的野恒喜（来岛恒喜）、的野半介等人和其他大学的学生在东京芝辨天的一角成立了一个叫"梁山泊"的类似现在大学诗社的组织。他们常常聚在一起评论时局，尤其对政府签订的《天津条约》非常不满，认为是对朝鲜和清国的软弱外交。"作为东亚火药桶的朝鲜问题，不能再任由政府推行软弱外交，我等应积极介入朝鲜事务。"①一方面，在得知朴泳孝、金玉均等朝鲜革命者流亡日本，躲避在横滨后，来岛、的野便赶赴横滨慰问朴、金等人。另一方面，久田全带着在京玄洋社部分"志士"的志愿书赶回福冈劝说玄洋社高层重视朝鲜问题。其志愿书内容如下：

> 纵观我三千年之历史，未曾遭受过半点外辱，然而，值此世界大革命之动荡时代，我万邦无比之帝国日本若不慎走错一步，那难免会有沦为他国之奴隶之虞。对韩一事，自神功皇后征韩以来，一直是我日本对外之课题。1873 年西乡、江藤等主张征韩论被政府内部否定后，导致政府的分裂；1874 年爆发了"佐贺之乱"，1877 年又爆发了"西南战争"，酿成这些惨事的祸根皆是因朝鲜问题而起。今逢朝鲜内乱而政治不稳，实乃千载难逢之良机，如果我等错失良机，那么征韩论一事只能成为政府内部争权夺利的由头，而被后世所耻笑。我等生逢此时代，当继承江藤、西乡等志士之遗志，奋发有为创一番事业。今闻朴、金等朝鲜革命义士流亡我国，暂避祸于横滨。所谓穷鸟入怀怜其困，应当援助他们，以为他日活动之益友。②

志愿书的主旨就是希望玄洋社领导者们应该抓住此次朝鲜事变的机会，积极介入朝鲜事务，以实现日本的征韩梦想。

久田全带着这份志愿书返回福冈后，向头山详述了朝鲜世情，并转告在京玄洋社"志士"们的"决心"。头山最终采纳了久田建议，决定会见金玉均，以图"相互提携、相互扶翼，结百年之谊，共商东洋前途风云，共创两国

---

① 玄洋社社史編纂会：『玄洋社社史』、東京：玄洋社社史編纂会、1917、244～245 頁。
② 玄洋社社史編纂会：『玄洋社社史』、東京：玄洋社社史編纂会、1917、245 頁。

霸业"①。来岛、的野等人去慰劳朴泳孝、金玉均。一席人等"坦诚相见，互诉豪情衷肠，对于朝鲜半岛的情势，大家达成共识，私立盟约共誓相互提携，小林樟雄说到情动处，更是慷慨悲歌大有相见恨晚之感"②。席间，金玉均曾拜托后藤象次郎帮忙筹措百万元军资，后者爽快应允了。后藤为此事曾找过大财阀三菱，希望出资援助，但没有成功。后来，小林樟雄把后藤策划援助朝鲜革命党的事情告诉了大井宪太郎，大井也萌生了参与朝鲜革命党活动的"豪情"。在大井的鼓动下，儿岛稔、矶山清兵卫、新井章吾等百十人也加入其中。

头山初次见到金玉均，看到他形容枯槁就以千金相赠，此事让金很感动，两人的关系也变得更为密切。后来头山回忆金玉均时称：

> 金曾恳求我无论如何也要帮他筹措一万两。我无法拒绝他的请求。我带着印章去了三浦梧楼那里，希望三浦能帮忙，通过放高利贷借得这一万金。可是三浦很明确地告诉我，借高利贷必须用借款人本人的印章，没有本人的印章是不能借贷的。当时，我的境遇也非常困难，不能为高利贷而抵押自己的印章。后来和三浦协商了一下用矿山做抵押，但是三浦只能贷三千两，虽然我说要借得一万两，那也是没有办法的事情。后来金拿到这笔钱也认为虽然只有三千，但是已经非常不错了……金真是个人物啊！③

1894 年 3 月，金玉均在上海被刺客暗杀。金玉均死后，右翼非常惋惜失去了一个可以利用的棋子。不过，他们很快又物色到了一个新人选——朝鲜"一进会"的李容九。一场由日本右翼主导的，通过扶植亲日派李容九来实现日韩合邦的阴谋剧开始上演了。

甲午战争之后，李容九来日本视察，偶然读到樽井藤吉的"大东合邦论"，"引起了强烈的共鸣"。与樽井至交的内田曾问正在日本视察的李容九"若实现亚细亚之联邦，必先实现日韩合并。日韩一家达成后，亚洲其他诸

---

① 玄洋社社史編纂会：『玄洋社社史』、東京：玄洋社社史編纂会、1917、246 頁。
② 玄洋社社史編纂会：『玄洋社社史』、東京：玄洋社社史編纂会、1917、246 頁。
③ 玄洋社社史編纂会：『玄洋社社史』、東京：玄洋社社史編纂会、1917、249 頁。

国必然会效仿之，如此，亚细亚之联邦必成矣。君以为如何？"李容九答复"所言甚是"。

日俄战争之后，日本实现了对朝鲜的独占，为了进一步将朝鲜据为己有，日本右翼和政府共谋，推行"日韩合邦"策略。

1905 年，伊藤博文出任朝鲜第一任统监。为了更好地推动日韩合邦，伊藤将内田招致麾下并委派其负责合邦。内田加入李容九的"一进会"后，以"一进会"为根基，在李容九的协助下，内田开始了推进合邦的运动。

1909 年 12 月 4 日，朝鲜亲日派政客李容九在日本政府的唆使下，将由内田起草的"合并请愿书"递交给朝鲜傀儡政府，要求日韩合并。为了制造舆论，内田还参与策划组织了诸如"大韩商务组合""国民同志赞成会"等卖国团体来支援"一进会"的请愿活动。

1910 年 8 月 22 日，在寺内正毅统监下，《日韩合并条约》在汉城签署。29 日，朝鲜和日本分别发布公告，合约正式生效。《日韩合并条约》一共 8 条，主要内容如下：

> 1. 韩国皇帝陛下，将整个韩国的一切统治权全部和永久让与日本天皇陛下。日本天皇接受这种让与，并且将韩国完全并入日本帝国。
>
> 2. 日本天皇约定：韩国其他皇族及其后裔，享有"相当的名誉及待遇"，并供给必要的费用。
>
> 3. 日本天皇对有"功勋"的韩国人授予荣爵，并给奖金。日本政府尽可能录用忠于"新制度"的韩国人为日本帝国官吏。①

至此，朝鲜被日本完全吞并。《日韩合并条约》签署后，内田兴奋地称："我等粉身碎骨为之奋斗的日韩合并之夙愿，正在渐渐实现。"②

1911 年，内田去探望卧病在床的李容九。李容九握着内田的手说："我们真是愚蠢！"内田安慰说："我等所作所为他日必将得到昭明，今日的愚者，他日的贤人。"李容九听后大笑说"了解"，不久便去世了。

以后的历史昭明，李容九完全被以内田良平为首的日本右翼欺骗了。

---

① 外务省编『日本外交年表竝主要文书上』、東京：原書房、2007、276 頁。
② 内田良平：『日本の亜細亜』、黒龍会出版部、1931、316 頁。

右翼推动合邦的根本目的是要吞并朝鲜，占领中国，称霸世界，而李容九却天真地认为日本会帮助朝鲜实现真正的独立和近代化。李容九把国家独立之希望完全托付给野心勃勃的日本右翼，实在是引狼入室之举。康有为对于朝鲜亲日派之蠢行和日本之狡猾曾评论道："韩人举国欢呼，靡不颂日人仗义之德；中间权贵党人，受其金钱爵禄，听其离间，供其指挥，资其役使。以自致于亡，前后 13 年，收为版图，夷为皂隶。"[①] 如此看来，李容九直到弥留之际依然没有认清日本右翼的真面目，不能不说是个"愚者"。

第二节　"天佑侠"团远征朝鲜

一　"天佑侠"团的秘密建立

1894 年 3 月，日本政府与右翼团体"玄洋社"暗中培植的朝鲜亲日派政客金玉均在上海被暗杀。金玉均被杀后，日本政府方面制造舆论指责中国和朝鲜为"暴政"政府，应对惨案负责，煽动民众反清、反朝，制造双边危机。右翼方面的玄洋社迎合政府论调，诬蔑中国策划了暗杀事件，"中国是在倒行逆施、助纣为虐，分明有辱日本之嫌，必须对其兴师问罪"[②]，极力鼓动政府"讨伐清、韩暴政政府"。

此时的东亚国际局势正值敏感时期。中日两国围绕在朝鲜的权益暗中角力，关系已急转直下，甚至到了兵戎相见的地步。对于朝鲜半岛的紧张局势，以头山满为首的右翼势力早已"洞若观火"。同日本政府一样，右翼对朝鲜觊觎已久，早在明治初期"征韩论"甚嚣尘上之时，右翼势力（当时称"不平之士"）就极力鼓噪征韩，意欲通过讨伐朝鲜改变武士阶层将被瓦解的不利政治地位[③]。之后，因朝局多变，征韩行动久而未决，右翼势力便蛰伏起来等待"朝鲜有事"而伺机行动。此次金玉均的死刚好为征伐朝鲜

① 康有为：《韩国痛史序》，载《康有为全集》第 10 集，中国人民大学出版社，2007，第 188 页。
② 都築七郎：『頭山満』、東京：新人物往来社、1973、100 頁。
③ 明治维新所推行的"废藩置县""秩禄处分"等措施导致武士阶层的政治权益和经济利益受到剥夺，作为曾经的统治阶级，武士逐渐被排除政治权力的中心，开始走向瓦解和没落。

提供了口实。当然,一位朝鲜政客的死本不足以构成日本政府出兵朝鲜的理由,政府面临"师出无名"的尴尬,但玄洋社作为民间政治势力替政府出面就再合适不过了。

事实上,玄洋社社员的野半介(时任议员)在事件发生后就迫不及待地去拜访外相陆奥宗光,以国耻为由,要求政府与中国开战。陆奥未做答复便将其介绍给参谋长川上操六。川上是个野心家,他答复的野说,"玄洋社人才济济,又经营大陆多年,难道没有一个点火者?如点着火,灭火就是我们的任务"①,暗示玄洋社出面在朝鲜制造事端,为政府出兵干涉制造借口。就在玄洋社与政府谋划如何染指朝鲜之时,朝鲜国内爆发了大规模的农民暴动,史称"东学党起义"。起义引致的朝鲜政局动荡与内乱客观上刺激了日本侵略朝鲜的野心,也加速了玄洋社军事介入的步伐——"如果我等错失良机,那么征韩论一事只能被后世所耻笑为政府内的争权夺利……乘此时机,当继承江藤、西乡等志士之遗志,拉拢朝鲜志士,向朝鲜扩张"②。

朝鲜突发的变局让玄洋社社员内田良平敏锐地认识到:"应尽早与东学党联络,给予其援助以促成朝鲜改革弊政,确立亲日政权。"③ 内田随即着手策划偷渡朝鲜与东学党接头事宜。由于资金问题,计划最终搁浅,内田只好去福冈以求他援。在去福冈的路上,内田巧遇专程从韩国釜山归来招募支援东学党义士的浪人关屋斧太郎和西村仪三郎,玄洋社与釜山浪人合作成为可能。

同其他怀着"经营大陆"野心的浪人一样,关屋和西村早在东学党起义爆发前即已潜伏在釜山。他们的想法同内田不谋而合,都坚信日本将来必会吞并朝鲜、打败中国而执"东洋之牛耳"。为此,这些日本浪人先行潜入朝鲜搜集情报、收买人心,为将来扩张奠定基础。釜山的浪人团由于彼此"志同道合"又颇有江湖习气,曾一度自诩为"釜山梁山泊"。在这伙浪人中,武田范之是主要头目,其虽不是玄洋社社员但是出身福冈,与玄洋社关系密切。

---

① 石瀧豊美:『玄洋社発掘』、西日本新聞社、1981、171~172 頁。
② 玄洋社社史編纂会:『玄洋社社史』、東京:玄洋社社史編纂会、1917、245 頁。
③ 黒竜倶楽部:『国士内田良平傳』、東京:原書房、1967、46 頁。

东学党起义爆发后，釜山浪人团认为："应立即加入东学党，借东学党之力打击朝鲜亲清派政权，促使朝鲜摆脱清朝的控制。"① 于是这批浪人组成"义军"并派大崎正吉速回日本筹措经费。大崎返日后，先是上京拜访了当时还是《二六新报》记者的铃木天眼，想利用其人脉筹措资金。铃木带大崎去找当时正在京城筹划如何介入朝鲜政事的头山满。头山根据大崎有关朝鲜情况的汇报以及之前参谋长川上的"指示"，最终决定由玄洋社筹措钱粮、人马远征朝鲜。一个由玄洋社组织策划的名为"天佑侠"的武装集团粉墨登场了。

"天佑侠"团主要由玄洋社和釜山浪人团组成，共 14 人：田中侍郎、内田良平、大原义刚、铃木天眼、武田范之、大崎正吉、吉仓汪圣、西肋荣助、时泽右一、井上藤三郎、千叶久之助、大久保肇、白水健吉、日下寅吉。

年长的田中侍郎被推举为团长，年轻的内田良平成为骨干分子。这个叫内田良平的青年便是日后接过头山"衣钵"，亲创臭名昭著的"黑龙会"，专门为军部从事谍报和特务活动的右翼领袖。可以说，"天佑侠"的成立拉开了包括内田在内的右翼势力从事侵略扩张运动的序幕。"天佑侠"的成立虽然打着支援东学党的名义，但真实的动机源于如下的野心——"韩国朝野误信清政府为世界无比之大国，而轻慢我日本，难期东亚之安定。为开拓朝鲜国民的眼界，在此际，开日清之战端，当以将清政府势力驱逐出朝为当务之急"②，而后"图日韩之协力，谋东洋之和平"。

二　"天佑侠"团在朝鲜的侵略行动

"天佑侠"团成立后，为了保险起见，玄洋社决定派第一梯队先行潜入朝鲜与釜山浪人团会合，然后视情况再派第二梯队作为后援潜入。按照预定部署，"天佑侠"趁朝鲜局势混乱疏于防范之际迅速地秘密潜入朝鲜并与釜山浪人团会合，随后向东学党发出信号，准备加入叛乱。③

东学党方面在获悉情报后特派联络员前来与之接洽，并进呈书函称：

① 黒竜倶楽部：『国士内田良平傳』、東京：原書房、1967、46 頁。
② 宮崎滔天著、宮崎竜介、小野川秀美編『宮崎滔天全集第 2 巻』、平凡社、1971、403 頁。
③ 読売新聞西部本社編集『大アジア燃ゆるまなざし頭山満と玄洋社』、海鳥社、2001、97 頁。

贵国各位大人，不辞万里辛劳，不畏疾风骤雨、严寒酷暑远来相助，真是劳苦功高。我等之众愚蒙不堪，急盼各位义士驾到，出谋划策、不吝赐教。我等现已扫毕庭除，列队恭迎诸君大驾。①

天佑侠一行随联络员到东学党军营后，也煞有介事地宣读了事先拟好的赴朝支援东学党的宗旨书。主要内容节略如下：

一、我等众士感佩诸公（指东学党众将士）行大道仁义之举，匡扶王家衰微之基，救万民水火之心。日韩自古就有同文同种之所谓，邻谊之情甚笃。今友邦逢难，我等岂可坐视不管？诸公以仁义之礼相待，我等与诸公义士实应为国至诚尽忠。

二、率土之滨莫非李氏之天下，天下之民莫非王之子孙。然今之土地已割于俄国，今之百姓亡于胡地。谁之过？此乃闵族（统制朝鲜的闵妃政权）失政之过。然其罪不止于暴政，更让先帝蒙羞、社稷累伤。天下之士岂能漠视？

三、闵族施恶政源其清国使臣袁世凯之扶植，袁实乃助纣为虐，罪不可恕。然诸公却以袁大人相称，亦敬称其国为宗主上国，我等以为实迂愚之举……诸公当革闵族之政时亦不忘挥刀向袁和清国。唯其如此，才能永除百姓之疾苦。

四、诸公只记明代恩泽朝鲜之功，唯不察清国包藏吞并朝鲜之祸心……袁扶植无道之闵族定会加兵来剿王师。

五、闵族只顾私利，不顾国之安危，把驻扎牙山之清兵视为奇货，引为暴政之援军。闵族与清兵实乃朝鲜之虎狼。公等讨伐闵族之时，亦不忘清剿牙山之清兵。

六、诸公若听我等肺腑之言，必欣然为诸公所驱，敢冒风刀雨箭之危，一路北上攻向京城，万死不辞。纵牙山清兵号万人，我等一击可溃，有何惧哉？②

---

① 黒龍倶楽部：『国士內田良平傳』、東京：原書房、1967、69 頁。
② 黒龍倶楽部：『国士內田良平傳』、東京：原書房、1967、70～73 頁。

　　檄文看似慷慨正义，但文过饰非。"天佑侠"的真正目的就隐藏在这些华丽的文辞背后。檄文大致讲了三层意思。

　　第一层，基本上是寒暄、客套之语。无不是恭维东学党是"大道正义"顺应民意之义举。恭维他人的同时，也不忘夸耀自己的侠义精神。

　　第二层，痛陈闵妃集团的暴政，诬蔑"闵族施恶政之源是袁世凯与清国"，将朝鲜弊政嫁祸到中国头上，极力唆使东学党将矛头对准中国。

　　第三层，暴露真实目的。借痛斥清国助纣为虐反衬日本与朝鲜自古"同文同种""邻谊甚笃"。暗示朝鲜应与中国"断袍绝义"转而与日本相互提携。为了掩饰自己的野心，檄文又颠倒黑白地枉称清国有"包藏吞并朝鲜之祸心"，朝鲜人民应该"清剿牙山之清兵"，将清国势力赶出朝鲜。

　　"天佑侠"要求东学党将矛头指向清朝的诡计，与甲午战争爆发前夕日本政府强令朝鲜"废华约、逐华兵"的最后通牒的战略意图相同，都是企图涤除清朝势力影响而实现独占朝鲜。其实，真正包藏吞并朝鲜祸心的是日本。在历史上，从"白村江之战"到丰臣秀吉举兵侵朝，日本吞并朝鲜的野心可谓久矣，但是长期以来慑于中国的强大，终以失败告终，此后多年对朝鲜未敢轻举妄动。但世殊事异，明治维新后的日本快速实现了富国强兵，而朝鲜、中国日益衰落，因力量对比发生的变化和殖民利益的驱使，日本吞并朝鲜的野心随着东学党起义的爆发而再次复燃。

　　除檄文表达了反清之意外，在见到东学党最高首领全琫准后，"天佑侠"众人又再次强调："我等不远千里来援助贵军，为的是贵国能摆脱清国的控制，为的是日韩两国进一步加强相互提携以对抗白种人的侵略。若我等旨趣与贵军目的一致，不只是天佑侠，日本的其他志士也会来朝援助。"[1]全琫准感佩之余回应称："我军以东学为名，亦是出于同西学对抗之意，我党旨在防止西力东渐。"[2] 由于双方"志趣相投"而言谈甚欢，最后经商议决定以"天佑侠"并入东学党军的方式开展军事合作。这样一支有日本右翼势力介入的农民武装运动在朝鲜乃至整个东亚近代史上都实属罕见，而事后证明，这些"心怀鬼胎"的右翼分子也将东学党运动引向了失败的歧途。

---

　　① 黒龍倶楽部：『国士内田良平傳』、東京：原書房、1967、73～74頁。
　　② 黒龍倶楽部：『国士内田良平傳』、東京：原書房、1967、74頁。

其实，如果对双方的旨趣详加分析便可看出，东学党与"天佑侠"的共识只在于"防止西力东侵""与白种人抗衡"。东学党真正的目的是"打倒闵妃政府，革新弊政，并没有驱逐清国在朝鲜的势力，实现朝鲜摆脱清国控制的意图"①。也就是说，东学党并不打算反清，这与"天佑侠"的目的有根本出入，二者的战略目标从一开始就存在巨大分歧，这也预示了日后二者的分道扬镳和反目成仇。

"天佑侠"和东学党合并后不久，政府军便对其展开围剿。迫于形势，双方商议制定了反围剿的军事部署：

> 中军大营总督：全琫准。军师：田中侍郎、铃木天眼、吉仓汪圣。游击军（兵力70人）韩将：金氏。大将：内田。副将：西肋荣助。东方面军（兵力100人）韩将：斐氏、全氏。大将：时泽右一。副将：井上藤三郎。西方面军（兵力100人）韩将：崔氏、安氏。大将：千叶久之助。副将：大久保肇。南方面军（兵力100人）韩将：李氏、超氏。大将：白水健吉。副将：日下寅吉。北方面军（兵力100人）韩将：朴氏、郑氏。大将：大原义刚。辎重部队（兵力50人）大将：大崎正吉。红十字军（兵力30人）大将：武田范之。②

从将领的任命来看，"天佑侠"得到了东学党军的高度重视和信任，其人员基本都被委以重任，拥有与东学党将领同样的指挥权。随后，东学党军与政府军展开激战，虽然击退了官兵的围剿，但也损失惨重。经双方商议后，全琫准带领残部撤退，"天佑侠"则秘密前往京城蛰伏，"待日后里应外合一举攻下京城"。

就在"天佑侠"潜伏京城的途中，日本与中国相继出兵朝鲜。获悉情报的"天佑侠"立即意识到"我与清国关系已十分紧张……两国兵戎相见只在旦夕间。日清开战之际，就是我天佑侠崛起之时，将清国势力驱逐出朝鲜指日可待"③。为尽快促成日中一战，"天佑侠"又迅速调整了潜伏计划：

---

① 黑龍倶楽部：『国士内田良平傳』、東京：原書房、1967、76 頁。
② 玄洋社社史編纂会：『玄洋社社史』、東京：玄洋社社史編纂会、1917、462～463 頁。
③ 黑龍倶楽部：『国士内田良平傳』、東京：原書房、1967、88 頁。

　　我等无须履行支援东学党之约定。今后之课题应转向配合我军攻势和如何处理朝鲜政务……今朝鲜形势极不明朗，我等应谨言慎行、秘密行事。今京城之地十分凶险，应速速改道撤离。①

　　就在转移途中，"天佑侠"开始为日本政府大肆搜集情报，最后一路辗转安全撤离到朝鲜的安城。

　　1894 年 7 月，日军突袭汉城王宫，挟持高宗和闵妃，扶植以大院君、金弘集为首的亲日派建立傀儡政权。同年 8 月 1 日，天皇下达对清宣战诏书。蛰伏在安城的"天佑侠"获悉宣战诏谕后，"遥拜神京，感激涕零"，决定再次铤而走险进入朝鲜腹地，但这次行动不是为了援助东学党而是赤裸裸地为军部从事谍报活动。

　　全琫准得知日本政府出兵朝鲜，并扶植亲日派政权后，充分认清了"天佑侠"及其日本政府的丑恶嘴脸，毅然决定带领东学党余部兴师北上推翻"亲日傀儡政府"，将矛头直指日本侵略者，誓要将其驱逐出朝鲜。但遗憾的是，在内外反动势力联合绞杀下，东学党军很快被击溃，全琫准也因叛徒出卖而被捕杀。东学党起义被镇压了，但打着援助东学党幌子的"天佑侠"安然无恙，在成功完成为政府出兵朝鲜"煽风点火"的使命后，一部分人带着大量机密情报回国复命，另一部分人则协助政府对朝鲜进行殖民统治。

　　作为早期右翼团体的"天佑侠"，虽然在组织结构上很不完善，存在时间也很短暂，回国后即告解散重归玄洋社，但其远征朝鲜的军事行动是日本右翼势力真正意义上的对外行使武力扩张的始端，而且鼓舞和推动了其后的右翼团体参与日本法西斯军国主义的侵略扩张行动。就此而论，"天佑侠"可谓开侵犯他国领土主权恶劣行径之先河，流毒深远。

　　虽然"天佑侠"在组织上源于玄洋社，但其行动方式和行为目的则与之后的黑龙会十分相近，都是热衷谍报活动和带有强烈的侵略扩张色彩的极端右翼团体，而且黑龙会的创立者内田良平还是"天佑侠"的主要成员。由此可以认为，天佑侠的行为方式和行动选择对黑龙会产生了重要影响，二者在系谱传承上显示出强烈的承继关系。正如有学者指出的那样：

---

① 黑龍倶楽部：『国士内田良平傳』、東京：原書房、1967、88 頁。

　　源于玄洋社，比玄洋社更有名的黑龙会是一个更倾向帝国主义、侵略主义的右翼团体……黑龙会设立的契机是中日甲午战争后三国干涉还辽的"愤慨"。黑龙会由内田良平创立，头山满为顾问，但是头山满并没入会。黑龙会虽然源于玄洋社，但"天佑侠是黑龙会的前身"。[1]

　　上述史实明证，日本右翼势力和浪人集团骨子里充满侵占朝鲜的野心。"天佑侠"的军事行动表面上是援助朝鲜的农民起义运动，似有进步的历史意义，但其行动本身并非出于纯粹的国际人道主义精神的正义之举，"头山满所代表的日本浪人的行动，仍然处在为日本建立傀儡政权的范围"[2]。由于阶级的局限性以及当时所处历史条件的制约，东学党义士并没有认清"天佑侠"借其之力挑拨中朝关系，进而促成日本出兵和侵占朝鲜的图谋，相反出于天真的侠义之心和对其盲目的信任而被其利用，结果不仅招致自身的失败，也为国家走向被日本殖民统治的更深重的国难埋下了祸根。其引狼入室之举可谓教训深刻。

　　上述史实同样明证，日本右翼作为在野的政治势力远征朝鲜的野蛮行径加快了日本政府走上军国主义扩张道路的步伐——"天佑侠远征朝鲜两个月后，日中两国就进入了战争状态，日本也拉开了向大陆军事扩张的序幕"[3]。一系列事件间的因果关系表明，"'天佑侠'在朝鲜的活动实际上扮演了引爆'甲午战争'点火者的角色"[4]。在这个意义上，作为服膺日本政府推行侵略扩张国策的工具，日本右翼对东亚兵燹之祸实应负有不可推卸的历史责任。

---

① 木下半治：『日本右翼の研究』、東京：現代評論社、1977、57 頁。
② 読売新聞西部本社編集『大アジア燃ゆるまなざし 頭山満と玄洋社』、海鳥社、2001、130 頁。
③ 都築七郎：『頭山満』、新人物往来社、1973、100 頁。
④ 玄洋社社史編纂会：『玄洋社社史』、東京：玄洋社社史編纂会、1917、431 頁。

第八章
右翼对中国的扩张国权行动

随着欧美列强对中国的殖民侵略不断加剧，日本为了从中攫取更多利益，也加紧了对中国的殖民扩张。以内田良平为首、黑龙会为据点的日本右翼团体以"亚细亚主义""日中提携"等口号为幌子，积极配合日本政府的扩张政策。其提出的"中国保全论"，表面上为了保全中国，防止列强瓜分，但实际上是为了实现对中国的独占。为达目标，日本右翼在行动上加紧对中国的谍报活动，尽一切手段搜集政治、经济、军事、外交等情报，为日本对华扩张提供参考，同时借援助孙中山、黄兴等革命党之机，企图分化、拉拢民主革命志士，意欲建立亲日派政府，以换取更多权益，图谋控制整个中国。日本右翼对中国的国权主义行动具有一定的欺骗性和虚伪性，扮演侵华急先锋的角色，其所作所为在事实上加速了日本侵略中国的步伐。

第一节 "中国保全论"与内田良平的对清策略

一 "中国保全论"的出笼

随着欧美列强掀起瓜分中国的狂潮，日本国内"进步党""东亚同文会"等具有亚细亚主义倾向的团体及个人开始呼吁要"保全中国"，防止被列强蚕食殆尽，提倡"日中提携"来共同抵御"西力东渐"。日本右翼团体也趁机聚拢到亚细亚主义的旗帜下，鼓吹"中国保全论"。右翼所倡导的"中国保全论"并非出于正义、人道的精神真心帮助中国摆脱殖民危机。其真实目的有三。

第一，欧美列强瓜分中国，严重侵犯了日本的在华利益，但日本势单力孤，此时根本没有能力同欧美列强抗衡，所以提出日中提携，希望借中国的力量来共同遏制列强。关于日中提携，内田认为：

即便抛开政治层面的原因，单从人道主义考虑，作为三千年前东亚文明发源地的先进国，作为彪炳史册的中华民族，倘若此时卑躬屈膝于欧美列强的殖民统治之下，沦落到与犹太人同样悲惨命运境地的话，我日本感叹于彼之民族的悲运，亦必要保全支那。

况支那是我帝国唯一最佳的贸易市场。我帝国国运之昌隆与支那贸易发展息息相关，由此，我国不得不做保全支那、反对瓜分之举。①

内田的言论表明，保全中国并非出于两国由来已久的友好关系，而是为了借保全中国来维护"我帝国唯一最佳的贸易市场"，维护"我帝国国运之昌隆"。其实，保全中国还有更深一层的目的，就是为日本扩充军备、将来与列强争夺中国赢得时间，为日本独占中国做铺垫。在《日本之三大急务》一书中，内田将"保全"中国列为急务之一：

> 俄国若果真占有上述地区，在战略上，就等于控制了支那的中原地区；一旦英国控制物产富庶、水系丰沛的扬子江流域，那等于控制了上海、南京支那最大的市场，也就等于控制了支那的经济命脉，若其再占有广东、江西、河南、四川一部的话，那更加如虎添翼，势不可挡；德国一旦占有从山东到河南、江苏之间的广大地区，则南进北上之势成矣；法国若再占得云南、贵州、广西及四川一部，那么支那四百余洲所剩者几何？我日本今虽占有满洲一部，然从蒙古、伊犁、新疆到山西、陕西等直隶诸省若被俄占有，那么中原局势亦被俄控制。在南方，福建、岭南虽是我帝国之势力范围，但扬子江流域若被英国独占，我帝国在华的通商贸易竞争中将处于不利局面，而上述种种都是我日本国民所不能接受的。今列强瓜分之势已对我帝国构成威胁，我国必须扩充军备，扩大在华势力范围以占得优势地位。②

从东亚前途与我日本大计处考量，支那保全论绝非流于空谈。唯今之计，只有扩充军备方能维持东亚均势，抑制列强瓜分支那；只有实行

---

① 内田良平：『日本之三大急務』、黒龍会本部、1912、96～97頁。
② 内田良平：『日本之三大急務』、黒龍会本部、1912、95～96頁。

强硬的外交政策，才能遏制列国的野心，确保东亚的和平。①

第二，担心列强肆无忌惮地瓜分会唤醒中国的民族主义力量，将中国的反抗精神激发出来。如果这头"沉睡的雄狮"醒了，那么中国的局势就会变得复杂，革命浪潮很可能会损害到日本在华利益。对此，内田认为：

> 列强肆无忌惮地掀起瓜分中国狂潮的同时，中国人民反抗的情绪也在高涨。尤其是义和团运动对列强的冲击，使其认识到了，本国虽然强盛，但毕竟远离中国，如今处在将寡兵少的情势下，靠武力根本无法控制中国，瓜分中国的策略亦不可取……列强原以为，中日甲午战争中，日本之所以能获得胜利，是因为中国实力太弱。可是，此次义和团运动所展现出的中国军民的抗争力量着实让列强改变了看法，中国蕴藏着巨大力量，出兵中国非上策。②

从内田上述言论看，所谓"保全"二字似乎有劝诫日本政府对华应慎重用兵，不要像欧美列强一味采取强硬态度，因为"中国蕴藏着巨大力量"。言外之意，日本政府应该采取怀柔政策，有计划、有步骤地稳步扩张，最好能够通过扶植代理人的方式来控制中国。

第三，"中国保全论"源于右翼所谓的崇高的"使命观"，即"维护东亚永久之和平乃是我帝国皇策与高尚的天职。为推进东亚和平，必须完成改造中国之大业，遂成祖宗建国之大任"③。右翼这种"使命观"实际上就是前文所述的民族优越感的体现，是凌驾于中国之上的非对等的观念，如主仆关系那样，视中国为奴仆，充满了鄙夷之情。

> 支那犹如一头沉睡的狮子，国政沉疴难医，面对列强的瓜分，却无力抵抗。如今，支那的版图上到处都是列强划分的势力范围，实质上，

---

① 内田良平：『日本之三大急務』、黑龍会本部、1912、97 頁。
② 内田良平：『日本の亜細亜』、黑龍会出版部、1931、237～238 頁。
③ 内田良平：『日本之三大急務』、黑龍会本部、1912、102 頁。

支那已经不再是独立之国了。支那虽如此，但是确保东洋永久和平的崇高使命乃是我帝国的国是。之所以与中国一战（中日甲午战争——编者注），无不是出于维护东亚和平的缘故，援助朝鲜的同时也惩罚一下清国的傲慢无知，试图通过此战让支那猛醒觉悟，以促成清国的革新，借以抵抗西力东渐。这也是我等志士最切实的初衷。①

盖我帝国确保东洋和平之使命，首先以确保亚细亚诸国的独立为第一要务，然后推进其文明，增强其实力。这不仅是出于我日本自身防卫之必要，实际上也是为了增进东亚全民族的幸福，为世界文明做出贡献的必由之路……然东亚最为重要的还是支那。如今支那本土犹如众狼争夺的一块肥肉，为救邻邦之安危，我日本必须奋起。②

日俄战争中俄国的失败意味着瓜分支那政策的失败，支那保全主义的胜利。俄国战败，失去了旅顺、大连——辽东半岛最关键的根据地，使得东亚局势重回均势……英国经营西藏，我日本占领满洲、合并朝鲜，美国控制巴拿马运河，并向太平洋扩张势力，如此以日英同盟为中心的包括美国在内的代表积极势力的诸国开始掌握东亚、太平洋的主导权。③

内田认为俄国战败放弃旅顺、大连租借地就是"保全中国"的义举，其实这不过是日俄两国通过战争这种极端形式来重新划分势力范围的殖民行动而已，毫无正义可言。实际上日本的行为更加深了中国"半殖民地半封建"的危机：

诸国必会趁乱掀起新一轮的瓜分狂潮。如此一来，俄国将把跨越北满洲、伊犁、新疆、蒙古数十万万里的地区悉数划入其版图，与此同时，也会占有直隶、山西、陕西、甘肃亦即河北一带地区；德国则会以山东为根据地，占有苏州一部、河南一部地区；法国则据云南吞并贵州、广西一带。四川是中国最为富饶的地区，可谓沃野千里、物产丰

---

① 黑龍会：『東亜先覚志士記伝』、東京：原書房、1966、605～606頁。
② 黑龍会：『東亜先覚志士記伝』、東京：原書房、1966、606～607頁。
③ 内田良平：『日本之三大急務』、黑龍会本部、1912、78頁。

富，尤其是矿产储量更是极其丰厚，此地又与云南、印度交接。法国扩张势力的结果必然会同拥有缅甸及扬子江势力范围的英国产生冲突。英法冲突的结果很可能是相互妥协使四川一分为二。英国在占领西藏的基础上，会进一步占有江苏、安徽、芜湖等南方诸省亦即岭北一带，连带广东一部，另外河南、湖北、江浙亦即河南一带地区也会尽归其有。当然，美国也不会甘于人后，以菲律宾为根据地占有岭南一部，并介入扬子江势力划分的争夺中。①

同"对俄强硬论"一样，"中国保全论"无不是日本想要与列强争夺中国乃至东亚权益所打出的一个幌子而已。正如原敬所言"如果保全中国就是要将列强在华攫取的利权都悉数交还给中国，恢复到列强瓜分中国以前的状态的话，那么日本是绝对不会答应的，可见，'保全论'完全是一种毫无诚意的虚伪论调"。② 表面上，其目的是反对瓜分中国，而实际目的是想对中国乃至东亚的殖民利益布局进行重新洗牌、利益再分配。这与美国所谓的"门罗主义"与"利益均沾"策略乃一丘之貉，最终目的还是扩大本国在华利益。"所谓的中国'保全论'，虽然以将俄国从东北驱逐出去为目的，但并没有包含否定日本侵略中国的含义……"③

右翼一面说日本扩军备战是为了维持东亚的均势，保全中国不被瓜分，却又言必称日本帝国在华利益云云。右翼的"中国保全论"总是黏着日本在华扩张的战略。由此看来，中国保全论就是一个彻头彻尾的殖民扩张主义论。联系到后来日军大举侵华的历史来看，毋宁说"中国保全论"是日本想要独占中国而在其力量尚不足以与诸列强抗衡的背景下提出的权宜之计而已。

二 内田良平的对清策略

内田认为："清国问题是'世界祸乱的火药桶'，清国地广人稠，其治乱兴衰对世界影响极大，因此对于清国问题须臾不可懈怠。"引起清国祸乱

---

① 内田良平：『日本之三大急务』、黒龍会本部、1912、93~94 頁。
② 増田毅：「原敬の中国観」、『神戸法学雑誌』第 18 巻第 3~4 号，1969、421 頁。
③ 藤村道生：「日本の対アジア観の変遷」、『上智史学』22 巻、1977、30 頁。

的原因，内田归纳为十条：

一、清国官员缺乏公共精神，只顾争权夺利，却不顾国家安危，政治内耗严重，最终导致国家疲敝。

二、满汉两族关系紧张，民族矛盾势如水火。满族夺得政权却始终无法实现民族融合，这是清国在政治上的一大隐患。

三、清国的政治家多有功名之志，却鲜有以国家安危为己任之士。是故，庙堂者只知一味巩固自我权力，却无暇他顾。如此，国家岂有中兴之理？这是清国在政治上的又一大隐患。

四、清国朋党之争由来已久且愈演愈烈。政治上失意者越多，反政府派的攻击就越猛烈，政局似有分崩离析之虞。

五、伴随新学的勃兴，民权论也随之兴起，主张极端自由主义，企图变革政体的行动对清政府的冲击很大。

六、由于自由思想的泛滥，革命主义者乘此机运，开展革新运动，以至于要推翻清政权。

七、清国遍地是秘密结社，且党徒众多、势力庞大。这些秘密结社时刻有犯上作乱的危险。

八、教民与非教民相互倾轧由来已久而愈演愈烈，而政府却无力管理和协调，结果导致教会和传教士飞扬跋扈，非教民的处境更加恶化，矛盾更加尖锐。

九、自然灾害连年不断，破产失业者不计其数，流寇、难民遍地，经济凋敝，民不聊生。

十、从学生到乡绅持排外思想，主张收回利权、坚决抵制洋货。[①]

除此之外，内田又着重分析了清国的财政和经济问题。内田认为："清国乃是世界少有的富国，但是，实际考察方知，其资本匮乏、货币流通乏力。究其原因，中国历朝历代推行的'重农抑商'之策抑制了工商业的发展。数千年的农耕生活、生产方式使中国处在小国寡民的状态，与

---

① 　内田良平文書研究会：『内田良平関係文書』（第3巻）、芙蓉書房、1994、58～59頁。

外国隔绝，自然无法积累资本。"① 内田又详细考察了清国的国库收支情况，其结论是："清国虽是世界大国……但财政紊乱，国库亏空，导致苛捐杂税繁重，长此以往，清国必会大崩溃，发生大革命。"②

对于清政府推行的意在救亡图存的宪政改革，内田也颇为鄙夷：

> 清国意欲实行宪政，其动机，对内在于防止革命之祸乱，对外则为了实现独立……然今之清国政权尚未统一，可行宪政乎？财政尚未统一，可行宪政乎？兵权未统一，可行宪政乎？交通机关未统一，可行宪政乎？此数者未统一，贸然推行宪政，犹如横刀向婴孩，不吝于自杀。而我日本是在断然实行废藩置县、强化中央集权、巩固政府执政之基上方颁布宪法，开设议会。唯其如此，才有今日之成就。然清国政府中央集权尚未巩固却急于推行宪政，其结果国家统一恐尚难有所期待，国民福利尚难有所增加，我对此也是深表怀疑。③

内田最后总结道：

> 清国时弊甚多……由来就是政治腐败、纲纪废弛、财政穷乏、经济混乱之国。而统治者更是行"愚民之策""粉饰太平之举"来维持社稷，多数的国民亦生活在专制政治之下，绝无参政之权力。因此，支那实乃缺乏政治思想、国家观念，甚至于对国家处在何境地、财政状况如何都毫不自觉。
>
> 盖旧时，支那的治乱兴衰不过一国之乱也，然今日却不同，清国的治乱非国内之乱而关系到整个东亚全局，关系到我日本帝国之利害，不能不忧虑。④

---

① 内田良平文书研究会：『内田良平関係文書』（第3卷）、芙蓉書房、1994、58～59頁。
② 内田良平文书研究会：『内田良平関係文書』（第3卷）、芙蓉書房、1994、62頁。
③ 内田良平文书研究会：『内田良平関係文書』（第3卷）、芙蓉書房、1994、67～68頁。
④ 内田良平文书研究会：『内田良平関係文書』（第3卷）、芙蓉書房、1994、74～75頁。

客观而言，内田所陈述的某些情况的确是清朝当时所面临的问题。但清朝的宪政改革也并非如其所言的一无是处。内田如此一番贬损中国之言论处处透显着对中国的鄙夷。从历史的视角审视，内田对中国的认识实在是日本帝国的"傲慢与偏见"，而这种鄙夷中国、崇拜自我的观念也为日本对华扩张的行动提供了某种合理性的说辞。正如内田所言："东亚能否长久和平，如何解决清国问题是关键，而解决清国问题自然落在了以维护东亚和平为己任的帝国日本之肩上。"①

1911 年，武昌起义爆发，中国民主革命的风暴开始席卷中华大地。武昌起义在震动全国的同时，也震惊了世界。日本政府在震惊之余更是密切关注中国革命的走势。日本右翼也敏锐地察觉到了武昌起义对于中国乃至国际政治局势的深刻影响，基于维护日本在华利益的根本目的，内田对此次革命用大量的时间和精力加以研究。内田认为：

> 革命风云席卷支那四百余州，然革命形势如何发展实难确定。对此，我帝国方针、政策及其处置措施如有一点失误，那么国家的安危、东亚的消长也将变得扑朔迷离，其任务之重，涉及面与影响之大，实不容我国有何闪失。
>
> 值此东亚危机之秋，我国政府不可轻视怠慢，鄙人与黑龙会同人当平日详加调查、研究以谋划经纶之策。②

内田领导的黑龙会应对中国之变局而谋划的经纶之策从内田上奏政府的建言中可见一斑：

> 武昌起义实乃祸机方启，支那各省必将乘此机运纷纷宣告独立。北京政府亦将因此而动摇，四百余州则混乱如麻……诸列强必会乘此祸机而图谋不轨。俄国会伺机控制满洲、蒙古、伊犁等地，以此威胁北京的大后方；德国则以山东为根据地进而攫取中原利益；法国则会控制云南至两广之地；英国则将长江一带划分为势力范围；美国则会从菲律宾步

---

① 内田良平文书研究会：『内田良平関係文書』（第 3 卷）、芙蓉书房、1994、76 页。
② 内田良平文书研究会：『内田良平関係文書』（第 3 卷）、芙蓉书房、1994、106 页。

步向支那东南部扩张。

若俄国干涉支那革命，其结果，俄国必会以清国的保护者自居，进而攫取更多利益打破东亚的均势；若列强协同干涉，其结果必然是合伙瓜分支那，果真如此，岂不是我东邦百年之大患乎？我国应趁列强野心还未膨胀之时消除合伙瓜分支那的危险。[①]

武昌起义爆发后，内田立即拜访山县有朋、桂太郎，向其建议"以此次武昌起义乃制清朝于死命的一大转机，与此之时，使支那本土革命成功，同时防止革命波及满蒙，使满蒙得日本之领导而获独立，方为日本应取之策"[②]。内田给日本政府开出的药方是主张支援革命党，"维护东邦永远和平的道路在于革命党建立新政府，并维持国家的安宁"[③]。正是基于以上不可告人的目的，内田加入了支援革命党的阵营。从内田对中国民主革命的认知以及对日本与列强在华利益得失的分析，可以清楚地看到内田不是真心援助中国革命，而是要准备"借机解决满蒙问题"[④]，只因这一时期对中国革命尚抱有一丝希望所以未完全表露出来：

革命是支那的国民性之一，支那的天下即革命之天下。支那之所以能雄踞亚细亚大陆、拥有如古罗马帝国那样广袤的领土、拥有四千年悠久的历史、拥有四亿民众而屹立于世界，不为别的，皆在于其国民拥有革命之精神。若支那无此革命精神，支那也会同古罗马、印度、波斯一样陷入亡国的命运，幸而支那国民有革命之精神，即便朝廷治平天下久矣，然一朝腐朽至极，其国民中杰出者就会发起革命、更新国运而实现中兴，避免灭亡的悲剧下场。

今之清王朝已老朽，如奄奄一息的巨人，已无复兴之希望。而革命党要让沉睡中的支那觉醒，救亡图存开创支那新命运。我帝国应扶持革命党。建立精神统一的新共和国是天道、人道使然，是东邦百年之大计，亦是我日本帝国对东邦、对世界一大责任、一

---

① 内田良平文书研究会：『内田良平関係文書』（第 3 卷）、芙蓉書房、1994、107～110 頁。

② 黒竜俱楽部：『国士内田良平伝』、東京：原書房、1967、506 頁。

③ 内田良平文书研究会：『内田良平関係文書』（第 3 卷）、芙蓉書房、1994、111 頁。

④ 黒竜俱楽部：『国士内田良平伝』、東京：原書房、1967、508 頁。

大天职。我日本应高举此至重至高的天职与责任为达其伟业而全权
准备……①

内田如此自负地认为拯救中国、拯救东邦是日本的天职与伟业，其原因
除了前文指出的右翼思想中根深蒂固的神国观与种族优秀认识，还有现实的
地缘政治考量。内田认为：

> 我日本与欧美列强相比，在经济、物质、文明要素上无疑是后进
> 国，但在亚细亚地缘政治上，无论是在历史还是地理上都有着先天的优
> 势。就此点而言，较之欧美诸国，我日本可谓先进国。另外，就强大的
> 陆军和精锐的海军而言，出动陆军向大陆扩张，出动海军驶向太平洋，
> 无论在时间和准备上，世界诸国没有能超过我日本的。可见，我日本在
> 东邦是无出其右的优越者，居于盟主的地位，对于东邦问题也是唯一有
> 发言权的国家。因此，左右支那问题的解决自然是我日本当仁不让的大
> 任务。②

正因为内田始终认为日本是东亚当之无愧的盟主，所以十分重
视政府的对中国的政策。在政府消极对待中国革命党一事上，内田就诟
病不断：

> 我日本对支那、对列强的外交政策，无论是战时还是平日，每每总
> 是错失良机，常常以失利收场。究其原因，是我国没有一个根本性的政
> 策。外交上暧昧不定，对清国的准备工作时常懈怠……一味信赖清政府
> 而反感革命党，众口一声保全清政府而对革命事业不抱期望。当局者机
> 械地看待发展变化中的形势而毫无应对之策。致使外交上与列强相比，
> 总是棋差一招，常常处于被动地位。
>
> 当局者承认旧势力而不察新势力、新形势，墨守成规而错失改造支
> 那大业的主动权……清政府意欲推行和平改革，与革命党达成妥协。他

---

① 内田良平文書研究会：『内田良平関係文書』（第 3 卷）、芙蓉書房、1994、112 頁。
② 内田良平文書研究会：『内田良平関係文書』（第 3 卷）、芙蓉書房、1994、112 頁。

的满汉合体论如同我国幕末的公武合体论，无法解决根本问题……我政府却不能明察支那动乱的真相，过分看重袁的势力，盲目确信清政府是最后的赢家，这实在是大误算……如今情势急转直下，对时局不可再抱有迂腐之见……我等劝谏政府莫要对袁世凯之辈心存幻想，应改变态度、保持距离，从东邦大局着眼，着手准备应对和解决支那根本问题的方策，并坚决贯彻施行之。①

如果说之前内田支援革命党的动机尚有一丝正义可言的话，那么现在却完全暴露了其真实目的——获取日本在支那问题上的主动权，维护日本在华利益，进而巩固东洋盟主地位。种种言行表明日本右翼支援革命党是彻头彻尾的一种策略性的、投机性的行为。内田在后来的回忆中也毫不讳言：

> 吾人不惜性命援助孙（文）革命之原因，在于其与日本利益相一致。孙以大义名分、灭满兴汉为革命旗帜，目的在于驱逐满人，建设汉人之中国。（吾人）因此帮助汉人，使满人求助于俄，而后日支提携以破俄，收满洲、西伯利亚为我所有，奠定大陆经营之基础。②

内田对清策略的成型，除来自内在的扩张冲动和国家扩张战略驱使之外，列强间对殖民地的激烈争夺而导致的矛盾日益难以调和，对日本构成了外在的巨大压力。如内田所言：

> 如果日本对清策略全然失败，我国必会被驱逐出列强竞争的中心舞台，更会失去在东亚盟主的地位和权益。岂止是失去东亚盟主权力，连满洲、南中国等我日本既得势力范围都将不复存在，如此必会倒退回日俄战前的状况。如是观之，今日我日本在东亚所处的局势，犹如赌场上处于孤注一掷的境地，一举一动都将关乎我国运

---

① 内田良平文书研究会：『内田良平関係文書』（第 3 卷）、芙蓉書房、1994、112～113 頁。
② 西尾陽太郎：『硬石五十年譜』、福岡：葦書房、1977、77 頁。

休戚，不可不慎！①

对日本右翼本就保有戒心的中国革命党人在革命的实践中，逐渐认清日本右翼的真面目。后来，孙中山不顾内田等右翼的阻挠，从国家大局、民族利益出发实现了"南北议和"。"南北议和"在事实上粉碎了右翼"以华治华""分而治之"的策略，也严重触动了日本在华的根本利益。作为应对，内田立刻撕下虚伪的面具，一方面毅然脱离中国革命转而同川岛浪速等浪人密谋分裂满蒙，另一方面紧急向日本政府提交瓜分中国的策略。在"国防协约私案"中内田野心勃勃地提出：

第一　在支那发生内乱或者与外国宣战的时候，日本派兵援助，担负防卫领土、维持秩序之责任。

第二　支那承认日本在南满洲和内蒙古的优越权，并委托日本行使统治权，从而确立国防之基础。

第三　日本占领胶州湾之后，继承以前德国拥有的铁道矿山及其他一切权利。另外，在恢复和平之后，青岛归还支那并对外开放，使之成为世界的贸易市场。

第四　支那承诺，鉴于日支海防的必要性，把福建沿岸的重要港口租借给日本，使之成为日本海军的根据地。同时，该省境内的铁道铺设权和矿山开采权也给予日本。

第五　支那的陆军改革和军队训练委任日本负责。

第六　为了确保武器的统一，支那在采用日本武器的同时，在某一枢要之地建立武器制造厂。

第七　为了逐步复兴海军，支那把海军建设和训练等事务委托给日本。

第八　支那把财政整顿、税制改革等委托给日本。日本选拔合适的财政专家担任支那政府的最高顾问。

第九　支那招聘日本的教育家担任教育顾问。在支那各地设立日语学校，以期启发人文。

---

① 内田良平文書研究会：『内田良平関係文書』（第3卷）、芙蓉書房、1994、114頁。

第十 支那与外国缔结借款条约，租借割让土地或者与外国宣战、讲和的时候，要事先与日本协商，以取得日本同意。①

除了搞分裂阴谋外，内田还在言论上对中国大肆攻击和诬蔑。在《支那观》一书中内田丑化中国称：

"三年清知府，十万雪花银"如实地描绘了这个社会的状态。彼等以贿赂及第，再以受贿而营私产，嫉贤妒能、排斥异己，除了谋求权势福利之外，不求国家之存亡、国民之休憩。废除科举制不过是改变了读书的形式。金钱万能主义是支那国民性的痼疾，政治家冠冕堂皇但言清行浊……故辛亥革命临时共和政府成立之际，也是极尽党争排挤之丑态，最终导致南北倾轧、暗杀、格斗、混乱、亡命，内招土匪连绵，外致外藩抗命与列强逼压。这些皆因彼等恬不知耻，源于国民性的恶根。

农工商，只追逐个人利益生活。彼等是彻底的个人本位主义者，只要个人生命财产与安全有保障，则拥戴君主也行，不拥戴君主也可，对于其国土归属何国是不会刨根问底的。数千年来，国王姓刘、姓李、姓赵，抑或姓奇渥温、姓朱、姓爱新觉罗，皆与彼等无关，有朝一日改姓英、俄、法、德或日、美，彼等亦不会过问。彼等祖先留下的歌谣是：凿井而饮、耕田而食，帝力与我何干？这确实表达了彼等的性格。彼等唯望少纳税、少受些徭役之苦罢了。②

正如日本学者野村浩一所指出的那样："对中国的这种认识方法，并不只限于内田一个人，毋宁说在日俄战争后几乎所有的中国认识中，多多少少都带有这种特征，这是一股时代潮流。"③

---

① 日本亚洲历史资料中心网页，《对支问题解决意见》，1914 年 10 月 29 日。
② 内田良平：『支那観』、黑龍会出版部、1913、13～16 頁、31～32 頁。
③ 〔日〕野村浩一：《近代日本的中国认识：走向亚洲的航踪》，张学锋译，中央编译出版社，1999，第 57 页。

第二节　右翼对华的图谋

一　右翼对华的谍报活动

日本右翼十分钟情谍报活动，也非常重视情报搜集，毫不夸张地说，谍报活动是其对外活动的重要内容，贯穿整部右翼的历史。查理德·肯迪在其著作《日谍秘史》中指出："日本民族是世界上对情报搜集最为热衷的民族，日本民族对于情报的概念，比别的民族和国家都要更广泛，更有想象力，他们为了本民族的利益获取情报的欲望比世界上所有其他国家都更为强烈，并认为为国家搜集情报是一种至高无上的荣耀，是一种对国家的责任和无限忠诚的表现。"①

早在 1878 年，日军参谋本部成立之时，任"管西局"局长的桂太郎就提议山县有朋进一步加强谍报工作，他认为："现今弄清清国、朝鲜沿岸地志和地图，供有事之日参考，应为当务之急。因此需要派遣若干有能力的将校赴清国。"②

在日本复杂的谍报网中，"汉口乐善堂"是甲午战争前后日本最大的谍报机构（成立于 1886 年），其创办人荒尾精（1859～1896 年）则是当时谍报活动的重要头目。设在上海英租界内的"日清贸易所"是另一个重要间谍机关，以培养"中日贸易人才"为幌子进行谍报活动。这些间谍机构成立的主要目的是为日本政府搜集关于中国的政治、经济、军事、风土世情等各种情报。它们与右翼组织关系十分密切，除人员上相互往来外，情报上也"互通有无"。右翼充当政府对外扩张的鹰犬，一个重要的工作就是通过间谍活动为军部提供军事行动的情报资源。以玄洋社、黑龙会为首的右翼团体与大批浪人相勾结，常常乔装打扮成商人、学者、教师、旅行者、侨民、医生、僧人等三教九流之徒深入宫廷官府、军事重地、商贸街区以及乡间田野等地搜集情报，然后将情报汇总、编辑上呈。

---

① 参见〔英〕理查德·肯迪《日谍秘史》，姜文灏、赵之援译，世界知识出版社，1984。
② 広瀬順晧：『参謀本部歴史草案（第 1 巻）』、ゆまに書房、2001、142 頁。

　　玄洋社是最早的右翼团体，从建立之初就开始秘密从事间谍活动。1884年在上海昆山路建起的"东洋学馆"，就是其在中国培养日谍的重要据点。其实，在此之前，玄洋社趁朝鲜"东学党起义"之机曾组织"天佑侠"团以援助东学党之名潜入朝鲜从事情报搜集工作。日本谍报头目、黑龙会创始人内田良平当时就是"天佑侠"一员，早期在朝鲜的谍报经历，为其日后在西伯利亚及满蒙的谍报活动提供了重要的经验。

　　1866 年春，头山在福冈会见了谍报头子荒尾精。两人就当时的东亚形势深入交换了意见。会见后，头山这样评价荒尾精："听说天下每五百年出一大英雄，而荒尾氏即此等人物。"① 同年 4 月，头山在赴长崎途中再遇荒尾精，二人又谈论了有关东亚的问题。"翁对荒尾氏庄重沉雄的风度，关于东亚问题沉着雄辩的论述以及对东洋问题所持有的伟大抱负，佩服有加。"② 两人从此成了至交。后来荒尾精开设"日清贸易研究所"从事谍报活动时，遇到资金困难常常向头山求助，头山则不遗余力地四处为其筹措资金。右翼支援荒尾精的谍报活动，除了可以获得情报资源之外，更主要的是两者在东亚问题上存有共识：

　　　　欧亚两个大陆东西文化存在差异，黄白两色人种本不相同。西力东渐以来，二者竞争激烈。朝鲜贫弱，清国老朽，实在令我国悲痛忧虑。若使我国纲纪张、威信有加而宇内万邦瞻仰我皇祖皇宗懿德，我日本当先救其贫弱，扶起老朽而三国鼎立、辅车相依，进而挽回东亚的衰运，壮我声威，抵制西欧的虎狼之侵。这实在是我国百年之大计，须臾不可懈怠之急务。③

　　1901 年黑龙会成立，随后日本右翼开始了有组织、有规模的更加专业、系统的谍报活动。其中，针对中国的谍报活动为重中之重，内田认为：

　　　　革命风云席卷支那四百余州，革命形势如何发展尚不确定，若我帝

---

①　大川周明著、中島岳志編集『頭山満と近代日本』、春風社、2007、118 頁。
②　大川周明著、中島岳志編集『頭山満と近代日本』、春風社、2007、122 頁。
③　大川周明著、中島岳志編集『頭山満と近代日本』、春風社、2007、123～124 頁。

国的方针政策有一点失误，那么国家的安危、东亚的形势也将变得扑朔迷离。其任务之重，影响之大，不容有任何过失。值此东亚危机之秋，孰不可轻视怠慢，我与本会（黑龙会）同人定当详加研究调查东亚情势，谋划经纶之策。

黑龙会谍报活动的主要目标区域为中国东北及俄国西伯利亚地区。在1901年3月黑龙会出版的《会报》初刊中，内田特地执笔撰写了"调查满洲之必要"的文章。文章称：

满洲对我日本帝国之地位如何，我国人应对其内情详加调查……这是我国当前之大急务……国人多是知己却不知彼。清国的满洲情况如何……黑龙江的航道、松花江的航运、珲春一带的地势、宁古塔附近的地理情况等试问国人中有几人能对答如流？更不用说气候、风俗、文物、贸易、特产等详细情况，无论是官方还是民间更是鲜有人知晓……无论战与不战，其判断的依据一定是先要通过调查、探险等手段获取对方情报而权衡利弊……先要尽全力调查满洲乃至西伯利亚，掌握天下之形势、时务之缓急、生存之必需、交通之关系。总之事无巨细，任何情报都要尽可能地收集。

满洲在将来对我日本意义重大。第一，满洲土地肥沃，物产丰富，畜牧业发达可以弥补我国粮食的不足；第二，京釜铁路全线开通后，其线路可以向北延伸至辽东，由此东北与俄国的交通将连成一片；第三，贸易或传道上，可以开导满洲扶翼我皇国，向其本土民众宣扬我仁义与皇威，通过亲善、教化将其慢慢改造成我国民的第二故乡，甚至大有必要对其族谱进行史学、人类学的研究，或者从气象学、地质学、生物学等相关领域进行必要的调查研究。①

内田主张对满洲的调查是全方位的，除了地理、水文、物产等一般的情报调查之外，甚至连人类学、生物学和文化上的奴化教育都考虑在内，为了夺得满洲可谓无所不用其极。内田关于中国的认识如同本尼迪

---

① 内田良平文书研究会：『黒龍会関係資料集1』、東京：柏書房、1992、3～6頁。

克特的《菊与刀》对日本国民性的认识那样深入、细致。上述一段段触目惊心的话语，不仅暴露了以内田为首的日本右翼觊觎我中华的野心，还让我们更加警醒：日本为了战胜我们，千方百计地通过各种手段设法了解我们，相反我们对它却一无所知。如戴季陶《日本论》一书中所言，"'中国'这个题目，日本人也不晓得放在解剖台上，解剖了几千百次，装在试验管里化验了几千百次"①。情报调查这个细节印证了日本侵略中国是早有预谋的。

内田之所以重视对满蒙的调查，是因为一方面与当时日本觊觎满蒙以及日俄矛盾加剧的局势有关，另一方面当时日本国内有关满蒙及西伯利亚的地图只有1882年由参谋本部刊行的一种地图。该版地图数据陈旧，包括新开发的哈尔滨在内的多地并未被收录，无法满足军事需要。对此，黑龙会计划"制作一份正确的地图，以开启我国民对北方的正确认知"②。为此，黑龙会展开了大量的谍报活动，收集了相当丰富的情报资源，经过精心的筹备，黑龙会在会刊《黑龙》期刊上刊发了出版《最新满洲图》的广告（见图8-1），希求各方鼎力相助。在日本各界的援助下，附带解说的《最新满洲图》终于刊发出来。这份地图绘制之精密前所未有，"连满洲铁路沿线新开发的小路、村庄都毫无遗漏地记下来，包括对满洲铁路的预定路线、沿线的物资，随之而出现的开发地、行政设施等都做了记载还附有解说"③。如此精确、详细，即便作为军事地图的参考也不为过。为了解俄国对中国的经营状况以及唤起国内对俄国的舆论，黑龙会又绘制了有关东西伯利亚、满洲及朝鲜的大地图——《俄国东方经营图志》。这份地图得以绘制完成，用内田的话说："得益于其滞留俄国期间所搜集的大量机密地图。"④

当然，如此耗费财力、物力的谍报工程单靠黑龙会难以完成，日本政府幕后提供了巨大的帮助。内田曾就计划绘制地图一事找过外相小村寿太郎。后者给予大力支持并将其引荐给政务局长山座圆次郎。山座答复内田："外务省最多可支持三百份地图的资金，若不够，不足的部分可以与陆军处商

①　戴季陶：《日本论》，上海民智书局，1923，2005，第8页。
②　西尾阳太郎：『硬石五十年谱』、福冈：葦书房、1977、83页。
③　王希亮：《近代西伯利亚和远东地区日本谍报活动述评》，《西伯利亚研究》2003年第2期。
④　西尾阳太郎：『硬石五十年谱』、福冈：葦书房、1977、83页。

议，交涉的事情由我来引荐。"最后，内田从外务省和陆军处共筹得 800 份地图的资金。

图 8-1 《最新满洲图》出版广告

内田筹集谍报经费的过程表明，以内田为首的右翼势力在政府中人脉甚广且关系极为密切，同时也反映出政府为急于获得有军事价值的情报，不惜重金支援黑龙会的谍报活动。在整个谍报活动中，作为担负日本对外扩张重要职能的外务省和军部无疑在其中扮演了重要角色。

随着日清关系的日趋恶化，日本右翼加紧搜集有关清国各种情报，尤其关注与北洋舰队密切关联的军事情报，以为中日战争做好情报工作。多年的对华谍报工作为日本政府积累了大量翔实、重要的情况，且不说对中国的地理风物、水文气候等作战环境十分熟悉，甚至连清军的建制、各级军事将领、兵力部署等军事机密也了如指掌。有学者通过实证研究指出，到中日甲午战争爆发，日本通过间谍活动已经搜集了十分可观的情报资料，并依此相继绘制出《清国二十万分之一图》《支那地志》《满洲地志》《蒙古地志》等。毫不夸张地说，这些军事地图在日本对外军国主义侵略扩张中发挥了重要作用。①

① 参见许今生《盗测中国——近代日本在华秘密测量史概述》，《抗日战争研究》2012 年第 1 期。

从事谍报活动的右翼分子大多是在野的浪人并非专业测量人员，所以测绘时存在一定的随意性，部分地图的绘制难免粗糙，但这丝毫不影响地图的价值。因为日本右翼的非官方背景以及掌控大量浪人（见表8-1），使其比日本官方情报机关更容易深入中国社会的底层，能够搜集到官方渠道难以获取的情报。

表8-1　日本大陆浪人身份及人数构成

单位：人，%

阶层（身份）	人数	占总人数的百分比
政府官员、贵族、国会议员等	167	16.7
现役军人（不包括已退役或与军队有关系者）	149	14.9
博士、教授、汉学家、诗人、画家等学者	33	3.3
新闻、出版界人士	92	9.2
经济界人士（包括"满族"、对外拓殖会社工作人员等）	66	6.6
僧侣、回教徒、天佑教徒等	22	2.2
军事侦探、随军翻译以及"特别行动班"成员	152	15.2
玄洋社、黑龙会、东亚同文会成员及其他浪人团体成员或浪人界主要对外活动参加者	317	31.7

资料来源：根据《东亚先觉志士记传》下卷索引绘制。

右翼所从事的谍报活动既有官方的指示也是一种自常行为，其动机显然并非出于对中华风物的兴趣，而是有目的、有计划地服务于政府对外扩张战略。其谍报活动为军部顺利地进行军事扩张起了推波助澜的作用，从这一个意义上说，右翼与浪人实际上成为日本早期谍报活动的重要力量，是日本官方谍报活动的重要补充，为日本侵略扩张发挥了不可替代的重要作用。

二　右翼支援中国民主革命的动机

以头山满、内田良平为首，以玄洋社、黑龙会为中心的右翼团体除了充当政府对外扩张鹰犬，进行谍报活动之外，高举"日中协力"的"亚细亚主义"旗帜援助中国革命党也构成其对外活动的重要内容。1898年，完成对西伯利亚谍报工作的内田返回日本，通过宫崎滔天的引荐与孙中山相会。这次相会二人约定"支那革命举事倘先于日俄战争，仆即中止对俄计划以援助君。革命时机到来之前，可各从事其所志之事"①。虽然只是一个口头协定并未谈及更深入的问题，但是凭借内田敏锐的政治嗅觉，想必已经预见到通过结交中国革命党人可以谋取到更多利益，至少可以保证借助中国革命力量来对抗俄国，借以维护满蒙利益。1900 年，孙文再次来日，见孙文之前，内田事先与犬养毅达成共识，他们一致认为：

> 孙中山经长年奔走呼号，已成为中国革命党事实上的领袖。孙虽志向远大，但是先天不足，尤其缺乏资金，事实上已经把日本当成了他们的避难所和根据地，在不少方面都有求于我……我们要大力支持孙在日本的活动，做孙中山的可靠朋友。但前提是必须把孙的革命活动控制在符合大日本帝国的利益范围内，通过孙争取包括中国领土在内的各项权利，以实现东亚经纶宏图。②

内田由此确立援助孙中山及其中国革命党的四个原则：一是在人力、物力上大力支持；二是在情感上拉近彼此关系，做孙"可靠的朋友"，提高信任度；三是所有支援活动的前提是要符合大日本帝国利益；四是争取包括中国领土在内的各项权益。这四条原则归纳起来，前两条是援助的手段，第三条是援助的底线，最后一条则是援助的目的。应该说，这四个原则基本上可以视为日本右翼援助革命党的指导思想。内田始终以这四条原则为最高宗旨，包括后来协助孙、黄筹建"同盟会"，加入"同盟会"支援民主革命运动等始终未有脱离。内田及黑龙会常常以对中国民主革命有所贡献而居功自傲，对中国民主革命多加干涉。殊不知其用心叵测，目的是借机拉拢革命党人，谋划建立亲日派的政府，以换取包括满蒙在内的更多在华利益，甚至奢望"和平"控制中国。对于这些右翼的所作所为，我们必须给予无情的揭露和彻底批判。

随着民主革命的深入发展，尤其在"南北议和"损害大日本帝国在华利益时，以内田为首的日本右翼便撕下伪善的面具，搬弄是非，挑唆同盟会成员搞分裂，阻挠南北议和。气急败坏的内田更是著书立说诬蔑革命党人、

---

① 西尾阳太郎：『硬石五十年譜』、福冈：葦書房、1977、52 頁。
② 王俊彦：《日本侵华系列纪实：浪人与孙中山》，中国华侨出版社，1994，第 4~6 頁。

诬蔑中国人，认为中国革命党人难以依靠，"支那人与日本人心理状态迥然相异"①，"是个彻底利己主义之民族"，"不堪救治"②，并彻底与革命党人决裂，鼓吹侵略中国，回到军国主义侵略扩张的道路上。诸如内田这种心怀鬼胎又阴险狡诈的"日本友人"可以说充斥在整个中国民主革命队伍中。"右翼大陆浪人混迹于中国资产阶级革命队伍中，最初他们还在一定程度上支持了中国的资产阶级革命，但他们对中国资产阶级革命派的所谓'援助'，是别有用心的，是日本帝国主义进行政治分化和收买的手段之一，其目的是要利用中国革命来攫取利权，他们把对中国革命的'支援'看作一种政治性的'冒险投资'，指望着将来革命党人掌握政权时能够一本万利。他们属于中国革命的'假朋友'中的一类。"③

虽然内田与黑龙会的丑恶嘴脸昭然若揭，但对于头山满和玄洋社的亚细亚主义的活动，我们还需辩证审视。玄洋社早期援助包括中国在内的亚洲其他国家流亡到日本的革命志士，最初都是以提供政治庇护和资金作为援助的手段。一方面因为从事革命活动需要资金，而国内肃杀严酷的政治环境逼迫他们只能向日本"友人"筹款。另一方面对玄洋社来说，资金援助投资成本低，回报收益高，不仅对身处窘困的革命义士起到"雪中送炭"的效果，而且"慷慨解囊"的"侠义"精神也会让革命党人感激不尽，甚至将其视为知己。

虽说慷慨解囊，但援助并非无偿，需要进行一定利益交换。比如前文所说的朴、金二人就曾打算用矿山做抵押来换取日本的贷款。当时打着支援革命党旗号的日本浪人比比皆是，大部分同日本右翼一样带有目的性，甚至是怀着险恶用心，希望通过援助这些革命党，为日本获取更多利益。

当然，不能一概而论，对于其中的个别人和事需要辩证审视。比如宫崎滔天、梅屋庄吉等人虽与右翼头目、右翼团体关系密切，但在援助中国民主革命问题上，确实出于真心实意——"其真诚、朴实的亚洲团结、民族平等互助的思想弥足珍贵，其影响所致造就了宫崎滔天、梅屋庄吉、尾崎秀实

①　黑龍会：『東亜先覚志士記伝』、東京：原書房、1966、319頁。
②　黑竜倶楽部：『国士内田良平傳』、東京：原書房、1967、538頁。
③　严平：《辛亥革命时期的日本大陆浪人》，《高校教育管理》1993年第3期，第88页。

等一批同情并无私支持亚洲弱小民族独立、反对日本对外扩张的仁人志士，他们那种熠熠发光的思想和实践行动，令世人敬重"①。还有玄洋社，虽然不能否认其对待中国民主革命不乏投机性的一面，但也不能排除其对革命志士出于真情实感的一面，尤其就私人交情而言，也不能否定个别右翼分子与革命党人所结下的友情。

比如头山满与孙中山的交情，就很难简单地评价为是出于纯粹功利主义的交往。1925 年，就在孙中山重病在身即将离世的前夕，他让妻子宋庆龄给头山满夫妇寄去了一张二人的合影照片，宋庆龄还代笔写了赠言。② 1929年，国民政府在南京中山陵为已故的中山先生举办"英灵奉安"祭祀活动，已年逾古稀的头山不顾身体抱恙远涉重洋前来凭吊。弥留之际的中山先生念念不忘头山夫妇，并赠照片以为留念，足见其私交之深。同样，1929 年前后，中日关系已经走到兵戎相见的地步，日本政府侵华在即，就在这样一个紧张的政治气氛中，如果两人的交情是出于纯粹功利目的的话，那么头山完全没有必要悼唁已失去利用价值的中山先生。从上述两件事情看，显然将二人的关系定位为互相利用，把头山支援革命党看成纯粹的功利之举颇为不妥，也有欠公允。

笔者对于玄洋社支援亚洲革命党的历史活动，主张客观、辩证地去分析和评价。要针对具体人、具体行动做个案分析，不能以偏概全，但也不能因为个人友善的举动就影响到对整体的评价。整体而言，日本右翼（包括日本浪人）支援亚洲革命党的行动无外乎是出于功利之目的，以服务于日本对外扩张战略为己任，以维护国家、天皇根本利益为宗旨，这早已被历史盖棺定论。就个人而言，也普遍处于在真情实意与功利主义两难的情感纠葛之中。正如杨栋梁、王美平在《日本"早期亚洲主义"思潮辨析》一文中指出的那样，"'早期亚洲主义'的思想箩筐中存在朴素、策略和征服三种类

---

① 杨栋梁、王美平：《日本"早期亚洲主义"思潮辨析——兼与盛邦和、戚其章先生商榷》，《日本学刊》2009 年第 3 期，第 127 页。

② 这张赠予头山夫妇的合影照收录在藤本尚则『頭山満翁写真伝』、福冈：葦书房、1988。该书还收录大量有关头山满与革命党之间的照片和书信，都是非常珍贵的历史资料。本书在此引述这段历史片段的本意并不在于试图为头山满等右翼分子开脱，以证明他们的公正无私，实际上，笔者一再强调了他们行为中不乏功利主义的目的性。笔者用意在于试图提示这样的历史片段值得关注，一些珍贵的、不为人知的历史细节中含有让历史更加真实客观，至少是更加丰满的可能性。

型，朴素型和策略型思潮形似而质不同，策略型与征服型思潮目标相似而手段不同。而在近代极其复杂的国际关系、中日两国实力对比变化及其相互外交政策的影响下，早期亚洲主义的各种思潮又处在不断摸索和变动的'流动状态'。朴素型亚洲主义弥足珍贵，但策略型亚洲主义和征服型亚洲主义是主导近代日本对外行动选择的主要思想源"①。

无论政治如何演变，国际关系如何发展，"没有永远的朋友只有永远的利益"永远都是诠释现实主义和解释政治行为体行为的至理名言。然而，就早期右翼而言，在支援中国民主革命凸显其现实主义的同时，也不乏革命的理想主义情怀。尤其像头山满这样曾经的草莽之士与政客还是有很大的不同的，其骨子里的英雄情怀、革命浪漫主义还有豪杰做派某种程度上都会成为他们接纳、援助革命党人的心理基础，更何况头山等玄洋社社员早年都参加过反政府的革命运动，对于政治专断腐败深恶痛绝，对于国家、民族前途命运也时刻关心，这也成为同情和理解革命党人所作所为的思想基础。有了这样的心理基础、情感基础、思想基础，双方很自然地就会产生共鸣，向革命党人伸出援助之手也是理所当然的事情，在这样的革命活动中结下私人友谊也在情理之中。

在日本右翼看来，身处弱肉强食与列强纷争的殖民时代，个人既无法左右时代，也无法超脱于世外，只能顺应时事而有所作为。玄洋社与黑龙会作为右翼的大本营从它诞生的那天起，就注定其命运与国家命运联系在一起，右翼的行动选择必然以天皇和国家利益为终极旨归。就日本近代发展的大历史而言，1880年以后日本实现了富国强兵的既定政策，正处在意欲向海外扩张的过渡期。虽然此时并未加兵朝鲜，侵占满蒙，但涌动于内心的领土扩张欲望与列强殖民的利益诱使使对外扩张已然成为日本下一步实施的战略。用日本自己的话说，向海外扩张是"日本的使命""历史的潮流"也是"世界大势所趋"。作为与政府过往甚密的日本右翼必然受此使命感召而积极充当马前卒和鼓手。正因如此，我们常常会看到右翼分子（包括一些标榜亚细亚主义的人物）在对待革命党甚至对华观上时常处于一种摇摆不定的状态。时而要求中日提携，时而又极力主张侵略扩张，从心理层面看，与这种

---

① 杨栋梁、王美平：《日本"早期亚洲主义"思潮辨析——兼与盛邦和、戚其章先生商榷》，《日本学刊》2009年第3期，第117页。

矛盾的情感纠葛不无关系。应该说，包括浪人在内的日本右翼，对中国的动机颇为复杂。"在同情和支持辛亥革命的浪人中，既存在宫崎滔天那样抛开国家观念无私援助中国革命的国际主义者，也更多地存在怀着扩大在华权益或将中国拉入日本主导的反欧美列强阵营动机的国权主义者。因此，宫崎滔天对中国革命的支持表里如一且善始善终，而内田良平和北一辉所代表的机会主义者，在看到中国革命遭遇挫折、革命派掌握国家实权的希望渺茫时退出，也就不足为奇了。"①

---

① 杨栋梁、王美平：《辛亥革命时期日本大陆浪人的对华认知与行动》，《历史教学》2012 年第 3 期，第 3 页。

终　章

一

　　纵观世界诸国，恐怕没有哪个国家的右翼会像日本右翼那样"特立独行"。日本著名学者丸山真男对此曾评价道：右翼"对国家的忠诚超过一切；强调平等与国际联合；憎恶宗教，抵制反战和平运动，赞美'武德'，歌颂国家使命感；宣扬国民的传统和文化，抵制外来文化的恶劣影响；强调义务高于一般性权利，强调秩序高于自由；以社会性的结合为基本的联系纽带，重视乡土与家族的联系；以权威主义建立人类关系；确立正统的国民宗教或道德；对知识分子和自由职业者抱有成见、警惕和猜疑，因为他们的破坏性思想容易普及"。①

　　明治初期"征韩论"的兴废，导致了政府的分裂，由此引起不平士族走上武装叛乱和自由民权运动两条不同的反政府之路。这一政治背景也为日本早期右翼运动的展开预设了发展的进路。作为玄洋社的前身，"矫志社""开垦社""向阳社"等右翼组织在运动中得以建立，也在事实上完成了早期右翼系谱的建构。其后，随着"明治维新"的完成与"大陆政策"的展开，在国际、国内政治形势的双重压力下，作为对现实的回应，日本右翼创建了玄洋社与黑龙会，把主要精力转向国权主义扩张运动，"继承西乡的征韩论，高举大亚细亚主义旗帜，为促成中日、日俄两国之战端，日韩之合并而暗中活跃着"②，最终蜕变为服膺政府对外扩张的鹰犬。

　　经过"三阶段"发展，右翼的思想体系开始成型，其主要成分及其相互关系的结构是，日本传统文化中的糟粕思想和复古国学的尊皇理论为右

---

① 丸山真男：『戦前における日本右翼運動史』、『丸山真男集』九卷、東京：岩波書店、1995、151頁。

② 警備警察研究会：『右翼運動』、東京：立花書房、1954、13頁。

翼勃兴提供了原初性的思想因子，由此衍生的"神国观""天皇观""使命观"构成了其思想的核心，并成为其行动选择的旨归与对外扩张的精神动力。

通过对右翼起源、思想构造、组织系谱、行动选择等问题的考察，对明治时期日本右翼性质与特点试做如下归纳。

第一，思想上尊崇天皇的权威主义。日本右翼盲目崇拜、绝对效忠天皇，极力推崇天皇的独裁专制。第一个右翼团体"玄洋社"建立时，其宪则开宗明义"敬戴皇室"。臭名昭著的"黑龙会"成立伊始，其宗旨也是"奉天皇主义，兼六合掩八纮，恢宏皇谟以扬国体精华"。其后，以二者为"母体"建立的右翼团体大都沿袭了尊皇传统。可以说，日本右翼团体是绝对皇权主义的忠实拥护者，其思想构造中的天皇观即其思想的核心。如果有人或团体对天皇不敬或反对天皇制及天皇独裁，右翼就会以"清君侧""天诛"的名义群起攻之，"义勇奉公，扶翼皇室"，甚至不惜牺牲生命。明治初期，右翼支援江藤新平、西乡隆盛等不平士族的反政府武装叛乱，一个重要原因就是要打倒藩阀政治，还政于天皇。

第二，组织上的封建性。明治时期的右翼团体组织基本沿袭了封建武士集团、浪人团和帮会的组织原则，组织严密，纪律严明，行踪诡秘又绝对忠诚于组织。右翼组织的内部权力结构是一种"金字塔"模式，居于顶端的通常是组织内最有权威和实力的人物，如玄洋社的头山满、黑龙会的内田良平，其他社员则层级有序地效忠、听命于领袖，从而形成了一种自上而下的垂直隶属关系。右翼设计如此严密的组织结构，一方面源于数百年的武家社会的传统，其很容易得到武士、浪人的认同；另一方面也是为了保证行之有效地控制组织成员，贯彻"敬戴皇室"的宗旨。

自不待言，右翼组织上的封建性与日本的社会风土密切相关，"父家长制"即一例。通常"父家长制"模式本身只适用于靠血缘关系维系的家族或亲族，但以家业的继承为首要目的的日本模拟"父家长制"已经超出了一般意义上的血缘家族概念的范围，并且将"家"的概念和管理模式扩大到族群或团体组织。右翼组织的这种"父家长制"模式，既是日本式家族制度的扩大版，也是"家国同构"的天皇制的缩小版。

第三，行为上的极端暴力性。日本右翼的发展史充斥着武装叛乱、暴力暗杀、军事政变等恐怖主义行径。明治初期，右翼出于对政府的不满，发动武装叛乱，导致国家动荡不安；玄洋社为了迫使议会通过扩军备战案，以暴力手段干涉选举，酿成流血事件，出于对大隈重信提出的修改条约案的不满，用炸弹暗杀大隈并导致其重伤；右翼与军部的青年将校联手，发动"五一五""二二六"军事政变，加速了日本法西斯军国主义化的进程。可以说日本右翼是靠暴力起家，靠暴力维系其生存和发展的。右翼热衷暴力的行事风格，往往是以"维护国体"、"拥护天皇"、扫除弊政的"大义名分"为掩护进行的，既让其名声大噪又导致其臭名远播。

第四，政治上的反体制性。右翼的反体制性主要体现为明治初期的反政府武装叛乱和自由民权运动。前者是右翼依循传统的暴力革命模式，借助于不平士族的力量，通过武装斗争达到反体制的目的，后者则是右翼披着西方自由、民主的虚伪面纱，通过非暴力不合作的模式达到反体制的目的。无论哪种模式，右翼都只是针对政府中的某些要人或藩阀政治本身，不仅没有涉及天皇制，而且以反体制的名义进一步巩固了天皇制。

第五，历史观上的反近代性。日本右翼在思想观念上表现了对封建时代的留恋和对近代的拒斥。一面推崇"万世一系"的天皇独裁制度，固守封建武士的道德观念、原则和文化传统，另一面漠视西方的自由民主理念，排斥议会民主制度，敌视政党政治，反对"欧化"，拒绝西方的资本主义制度。行动上表现为发动武装叛乱反明治政府，要求"还政于天皇"；反对"内治优先"的国策，干涉选举，打击民权派等。

右翼的封建性决定了其对于新制度的敌视，尤其是认为西方议会民主制和政党政治对天皇制构成了威胁。不过，在效仿西方、走工业化道路的问题上，右翼却采取了相反的态度，支持政府推行工业化，尤其是发展与国防军事相关的产业，因为工业化可以壮大日本的军事实力，增进天皇的福祉，巩固天皇制度，为日本扩军备战、侵略扩张奠定物质基础。也就是说，右翼赞成工业化只是认同近代化在器物层面的功效，但并不认同其在非器物层面的价值。

二

关于明治时期日本右翼所鼓吹的国粹主义和"使命观"等不能简单地一概否定之，尚有讨论余地。为了实现富国强兵和国家的近代化，"明治政府推行全盘欧化政策，迎来了所谓的'鹿鸣馆时代'①。但是，在欧风美雨冲击的反作用下，日本的民族主义情绪也在高涨，兴起了一股反对欧化主义的思潮，这也成为国粹主义思想形成的基础……"② 可以说，"明治维新之后的民族主义是在反对欧化主义的基础上展开的"③。在欧化主义与国粹主义博弈交锋的时代背景下，以头山满和内田良平④为代表的早期右翼以国粹主义的民族文化本位立场登上历史的舞台。

国粹主义思想主要包含两个层面的含义。一是指坚决反对欧化主义，主张民族自豪感，主张应该发挥日本国民固有的特质，推崇日本文化的独特优越性，认为日本最为优秀，它是大和民族得以存在和傲立于世界的根本，这也是国粹主义最初的含义。但其后随着日本对外扩张主义战略的确立，国粹主义则畸变为主张"种族优秀""神国日本""天皇万世一系""亚洲盟主、世界中心"等极端民族主义思想。这构成了国粹主义的第二个意涵。

日本右翼通常都以民族主义和国粹主义面目来抵制欧化主义、维护日本固有的传统。这在一定程度上表明了早期的日本右翼是带有鲜明的民族主义色彩的文化保护者，其反对欧化的国粹主义行为在某种意义上也是个体在文化上的反抗。在今天看来，显然带有强烈的文化保护主义色彩，从多元文化冲击下如何维护、守持民族传统文化而不全盘照搬的视角来看，又有其积极甚至超越时代的意义。从这个意义上毋宁说，右翼抱持的国粹主义思想是近代东西方文明相互冲突下，东方拒斥西方来维系自身独立在意识形态领域的反映。

但需指出，右翼提出国粹主义并非如一些思想家出于高度的理论自觉，只不过是个体极端盲目崇拜传统在理念世界中的一种投射。日本发展近代化

---

① 鹿鸣馆是明治政府于1883年建立的，主要作为接待外国贵宾、使节的社交场所。建立目的，一是向欧美国家标榜日本是"文明之国"，二是取悦西方，有利于促成日本与诸列强签署的不平等条约的修改。1883～1890年，也被称为"鹿鸣馆时代"，日本政府在此期间展开了大量政治外交活动。鹿鸣馆也被认为是明治时期日本政府极端推行全盘欧化政策的象征，现在东京千代田区内幸町NBF日比谷大楼即为鹿鸣馆旧址。

② 警备警察研究会：『右翼運動』、東京：立花書房、1954、12頁。

③ 上山春平：『日本のナショナリズム』、東京：至誠堂、1965、76頁。

④ 头山满是日本早期右翼的代表人物，亲创近代真正意义上的第一个右翼团体"玄洋社"，对后世右翼势力具有深远影响，被尊奉为"右翼的帝王"。内田良平是继头山满之后最具影响力的右翼头目，狂热的军国主义分子，极力鼓吹占领朝鲜，侵略中国，并为之创立了臭名昭著的右翼团体"黑龙会"。

强国的理念已决定了国粹主义的功用不会甘于做文化上的保护主义而只能成为文化上的侵略主义。随着日本实现了富国强兵，成为亚洲乃至世界强国的梦想之后，在扩张主义的国策之下，国粹主义自然蜕变为宣扬种族优越、"黄种人对抗白种人"、"东方文明与西方文明之决战"等极端民族主义思想，成为日本进行对外扩张的精神动力之一。因此对右翼的国粹思想评价不能过高，对其所鼓吹的极端化的国粹主义必须坚决予以批判。

如汤因比在《历史研究》一书中指出的那样："国家精神是装在部落主义旧瓶中的民主新酒的发酵酵母。现代西方民主观念已把基督教四海之内皆兄弟的思想应用到了实际政治生活中。但这种新型的民主观念，在西方世界的政治实践中，表现为不是兼爱和人道，而是部落意识和穷兵黩武……在19 世纪即将结束的几年里，大约是在 1875 年间，西方世界的工业革命和同步出现的国家主义共同造就了'列强'。每个列强都自诩为宇宙的中心。每个列强都热切期望取代整个人类社会。不仅在政治经济领域，甚至在精神文化方面也一概唯我独尊。"① 王逸舟在分析民族主义时也指出：民族主义分为"部族民族主义"、"种族民族主义"、"宗教民族主义"和"文化民族主义"。种族民族主义是"一种古老的、有狭隘的地方特征"；种族主义是"一种居高临下，唯我独尊的内涵，它主要指的是那种以种族神话为依据，强调本民族无论在精神上或血统上或实际上均高于其他民族的现代意识形态以及受这种意识形态支配的种族歧视甚至种族灭绝行为"。文化民族主义的"突出特征是建立在同质的民族单一的文化，民族与国家的外延的完全重合之上的立场"。②

由此可见，明治时期日本右翼所倡导的"国粹主义"本质上是国家主义价值观的表现，二者的主旨体现的都是"日本帝国"的国家利益高于一切。③

右翼的使命观通常宣称："盖天与地原为一物，其间并无间隔，故高天原者，万国所同戴之高天原；天照大神者，因为治天之神，宇宙间无与伦比，只要天地长存，则四海万国无不蒙其德光所照，无论何国，亦不能一日

---

① 〔英〕阿诺德·汤因比：《历史研究》，刘北成、郭小凌译，上海人民出版社，2005，第 8 页。

② 王逸舟：《当代国际政治析论》，上海人民出版社，1995，第 101～110 页。

③ 参见赵军《辛亥革命前后的内田良平》，《近代史研究》1988 年第 3 期。

片时不得大神庇荫而可自存者。"①

内田良平在《露西亚亡国论》一书中亦称：

> 吾人既然负有救济支那四百州、四亿万人之天职，吾人于人道上亦须对露西亚一亿三千万人执开导之劳……凭我日本三千年历史特色的智、仁、勇之人道改造二十世纪之世界，使之成为完满圆美之世界，更打破人种上狭隘之黄白界限。弥兵气于日月光辉之下，吾先王建国之精神于事实上即已征服世界，统一天下也。②

虽然该言论不无狂妄自大之嫌，也暗含着某种征服与扩张的逻辑，但是一定程度上也反映出日本民族的使命感。如果日本能将这种深藏于民族文化中的使命感赋予一种道义支撑与正义的责任，那么面对西方列强对亚洲的殖民侵略，日本在完成自身的独立和富国强兵之后，就应当在正义性的使命观的指引下，与亚洲诸国相互扶助来共同抵御外辱。就如大川周明的"慷慨陈词"一样：

> 近代日本的先觉者不满足单单实现日本国内的政治革新，还要实现邻国的改革。他们确信，如果不能共建复兴的亚细亚，那么明治维新的理想就不彻底，作为维新精神的继承者，应以燃烧的激情把邻邦视如本国一样来考量。③

> 在西洋列强对东亚侵略、资本主义文明向东亚输出之前，日本凭借贤明与勇敢使自己成为近代国家。同时，我日本帝国也不得不面临这样一个事实，如果不帮助东亚其他民族实现完全的觉醒、革新的话，终究也无法保障我日本自身的存立。因此，毫无疑问，日本必须肩负起东亚保卫者、亚细亚复兴者的重任。④

但问题在于，现实中的日本并未在使命观的感召下与东亚诸民族同呼吸

---

① 朱谦之：《日本哲学史》，人民出版社，2002，第108页。
② 参见内田良平『ロシア亡国論』、大東塾出版部、1977、154～155頁。
③ 大川周明著、中島岳志編集『頭山満と近代日本』、春風社、2007、19頁。
④ 大川周明著、中島岳志編集『頭山満と近代日本』、春風社、2007、190～194頁。

共命运。正如孙文对日本的质问那样:"日本到底要做东方王道的干城,还是做西方霸道的鹰犬?"显然,日本是要"谢绝亚细亚东方的恶友"。换句话说,日本在这个问题上并没有一个孙文所谓的道德和信念,完全是根据国际形势的变化,或者依循现实主义和功利主义的原则来处理对外关系。当国权扩张主义兴盛起来时,右翼所鼓吹的"使命观"就变成了掩盖其对外扩张野心和欺骗亚洲人民的幌子。这也再次证明,维护日本的殖民利益、维护天皇的独裁统治才是日本右翼使命观的核心。

其实,就战后右翼而言,"使命观"依然发挥着效用。其中维护"日本精神"的纯洁性、保存"国粹主义"在战后右翼的话语表达中仍占据重要位置。无论是作为街头宣讲的标语、学生案头的历史教科书,还是作为右翼政客的政治宣言,抑或是政府推行的文化政策,使命观都是蛊惑大众、歪曲历史、拉拢选民、凝聚民心以及巩固政权的最廉价、最普适、最有效的"洗脑"工具之一。反对欧化主义、维护日本独立则被其用来作为否定战后国际秩序,废除和平宪法,实现独立的政治大国、军事大国的价值诉求之一。有一个更为妥帖的词可以代表右翼使命观的本意,那就是民族主义。

就其内涵而言,国粹主义构成了民族主义或者民粹主义的重要内容,甚至是民族主义在理论和精神上的主要来源,也是民族主义者高度自信的主要依据。当然,民族主义在不同时期、不同国家有着不同的含义,吕耀东认为,"目前,日本国内'排外的民族主义'占据主流地位。这样的极端民族主义思潮集中表现在否认甚至美化殖民及军国主义侵略历史的焦点上"。

历史经验明示,民族主义不加理性地约束,任其发展、膨胀就会变成极端民族主义。极端民族主义的危害在于极容易诱发种族主义式的排外和清洗运动,造成族群、国家或种族间的矛盾,影响国内和国际社会的稳定,其极端的后果就是引发冲突和战争。如曾经的法西斯纳粹德国悍然挑起第二次世界大战和大肆屠杀犹太人的历史,还有帝国主义时期的日本极力奉行的大和民族统御世界、"执东洋牛耳"、"黄种人对抗白种人"等军国主义侵略扩张思想都是极端民族主义膨胀的结果。历史何其相似。当今日本政治一个显著的特点就是右倾化及其民族主义特质。主要表现为纵容极端民族主义势力抬头、以否认甚至美化殖民及军国主义侵略历史提振"爱国心"、以解禁集体自卫权及修宪谋求"正常国家化"、以领土主权纠纷及价值观外交遏制中国等。当然,现在的日本不可能回到帝国时代,不可能制度化地建立军国主义体制，实施对外侵略扩张，但是和平、民主主义掩盖下裹挟着民族主义（极端民族主义）和军国主义的军事大国化战略会导致日本极富军事攻击性。在钓鱼岛与中国进行军事对抗，在南海问题上携美对华军事遏制，都已充分暴露出日本正在企图通过武力解决争端和以武力相威胁的方式攫取不正当利益。

长期以来，民族主义构成了日本保守主义政治的重要内核，极端的民族主义则成为日本右倾化政治的重要思想基础。而保守与右倾合流后的右倾保守化政治进一步压制了日本社会合理的民族主义，强化了极端民族主义的政治诉求，由此造成了当今日本政治天然地带有高度褊狭性和风险性。极端民族主义思潮的泛滥也使右翼思潮沉渣泛起，助推右翼势力猖獗。

总之，无论日本右翼组织和思想如何变化，以天皇为旨归，以神国观、天皇观（国体观）、使命观为"三元构造"的核心价值观从未改变，其发展轨迹亦呈现以天皇为原点，在国粹主义、国权主义的道路上近似圆周运动，而右翼思想自身的特点也在这一运动轨迹中被清晰地呈现出来。

发轫于幕末与明治历史更迭节点上的日本右翼，由最初武装叛乱反政府，继而投机自由民权运动，最后转向国权主义，蜕变为服膺政府对外扩张战略的鹰犬。其间所呈现的不仅是其个体演变之轨迹，还暗含着日本整个国家在实现近代化过程中由正当到侵略的非正义转向。

参考文献

中文参考文献

[1] 吴廷璆主编《日本史》，南开大学出版社，1994。

[2] 王金林：《日本天皇制及其精神结构》，天津人民出版社，2001。

[3] 杨栋梁主编《近代以来日本的中国观》，江苏人民出版社，2012。

[4] 杨栋梁主编《日本现代化历程研究丛书》，世界知识出版社，2010。

[5] 蒋立峰、汤重南主编《日本军国主义论》，河北人民出版社，2005。

[6] 步平、王希亮：《日本右翼问题研究》，社会科学文献出版社，2005。

[7] 孙立祥：《战后日本右翼势力研究》，中国社会科学出版社，2005。

[8] 孙立祥：《日本右翼势力与"台独"》，人民出版社，2012。

[9] 何理主编《日本右翼的历史发展演变及影响》，湖南人民出版社，2009。

[10] 米庆余：《日本近现代外交史》，世界知识出版社，2010。

[11] 米庆余：《近代日本"大陆政策"的起源及其形成期的特征》，载《日本史论文集》，辽宁人民出版社，1985。

[12] 杨栋梁、王美平：《日本"早期亚细亚主义"思潮辨析——兼与盛邦和、戚其章先生商榷》，《日本学刊》2009年第3期。

[13] 杨栋梁：《中日两国古代关系的性质与特征》，《史学月刊》2011年第10期。

[14] 武心波：《日本"脱亚入欧"的历史情结对中日双边关系的潜在制约作用》，《国际观察》1999年第1期。

[15] 张进山：《日本右翼的演变及特征》，《中国社会科学院院报》2005年第8期。

[16] 许今生：《盗测中国——近代日本在华秘密测量史概述》，《抗日战争研究》2012年第1期。

[17] 张历历：《百年中日关系》，世界知识出版社，2006。

［18］王向远：《日本右翼历史观批判研究》，宁夏人民出版社，2007。

［19］王向远：《日本右翼言论批判——皇国史观与免罪情结的病理剖析》，昆仑出版社，2005。

［20］王屏：《近代日本的亚细亚主义》，商务印书馆，2004。

［21］崔新京、李坚、张志坤：《日本法西斯思想探源》，社会科学文献出版社，2006。

［22］梅桑榆：《日本浪人祸华录》，中共党史出版社，2005。

［23］孙歌：《竹内好的悖论》，北京大学出版社，2005。

［24］赵金钰：《日本浪人与辛亥革命》，四川人民出版社，1988。

［25］王振坤、张颖：《日特祸华史》（第一卷），群众出版社，1987。

［26］〔日〕野村浩一：《近代日本的中国认识：走向亚洲的航踪》，张学锋译，中央编译出版社，1999。

［27］〔日〕安川寿之辅：《福泽谕吉的亚洲观》，孙卫东、徐伟桥、丘海永译，香港社会科学出版社有限公司，2004。

［28］〔美〕塞缪尔·亨廷顿：《文明的冲突与世界秩序的重建》，周琪、刘绯、张立平、王圆译，新华出版社，2002。

［29］〔英〕约翰·斯特罗克编《结构主义以来》，渠东、李康、李猛译，辽宁教育出版社，1998。

［30］〔日〕安万侣：《古事记》，周作人译，中国对外翻译出版公司，2001。

［31］〔日〕安万侣：《古事记》，邹有恒、吕元明译，人民文学出版社，1979。

［32］〔日〕信夫清三郎：《日本政治史》第2卷，周启乾译，上海译文出版社，1988。

［33］《近代日本思想史》研究会：《近代日本思想史》（第二卷），李民、贾纯等译，商务印书馆，1992。

［34］〔英〕阿诺德·汤因比：《历史研究》，刘北成、郭小凌译，上海人民出版社，2005。

［35］〔英〕柏克：《法国革命论》，何兆武、许振洲、彭刚译，商务印书馆，2009。

［36］（西汉）司马迁撰《史记》，（南朝宋）裴骃集解，中华书局，1982。

［37］〔日〕陆奥宗光：《蹇蹇录》（中译本），伊舍石译，商务印书馆，1963。

［38］《康有为全集》第 10 集，中国人民大学出版社，2007。

［39］〔日〕松本三之介：《国权与民权的变奏——日本明治精神结构》，李冬君译，东方出版社，2005。

［40］武寅：《天皇制的起源及结构特征》，《历史研究》2012 年第 3 期。

［41］〔日〕坂本太郎：《日本史概说》，汪向荣等译，商务印书馆，1992。

［42］朱谦之：《日本哲学史》，人民出版社，2002。

［43］王俊彦：《日本侵华系列纪实：浪人与孙中山》，中国华侨出版社，1994。

［44］薄培林：《中村敬宇における中国》，载北京日本学中心编《日本学论丛 X》，世界知识出版社，1999。

［45］高增杰：《中村敬宇与近代初期的中日文化交流——近代中日文化交流的两项新资料》，《中日关系史研究》1996 年第 1 期。

［46］王逸舟：《当代国际政治析论》，上海人民出版社，1995。

［47］〔日〕井上清：《日本军国主义》第二册，姜晚成译，商务印书馆，1985。

［48］〔美〕罗伯特·吉尔平：《国际关系政治经济学》，杨宇光等译，经济科学出版社，1989。

［49］〔美〕亚历山大·温特：《国际政治的社会理论》，秦亚青译，上海人民出版社，2000。

［50］文国彦、兰娟：《战后日本右翼运动（1945～1990）》，时事出版社，1991。

［51］米庆余：《近代日本的东亚战略和政策》，人民出版社，2007。

［52］沈予：《日本大陆政策史》，社会科学文献出版社，2005。

［53］戴季陶：《日本论》，上海民智书局，1928。

［54］史桂芳：《近代日本人的中国观与中日关系》，社会科学文献出版社，2009。

［55］姜义华：《日本右翼的侵华权谋与孙中山对日观的变迁——孙中山与内田良平关系述评》，《近代史研究》1988 年第 2 期。

［56］李大钊：《大亚细亚主义与新亚细亚主义》，《国民》杂志第 1 卷第 2 号。

［57］王希亮：《略论日本右翼运动的发端及早期活动》，《南京大屠杀史研

究》2012 年第 2 卷。

[58] 王希亮:《近代西伯利亚和远东地区日本谍报活动述评》,《西伯利亚研究》2003 年第 2 期。

[59] 张墨琦:《论甲午战争期间日本民间右翼势力崛起及影响》,黑龙江社会科学院硕士学位论文,2008。

[60] 王晓秋:《近代中国与日本——互动与影响》,昆仑出版社,2005。

[61] 俞辛焞:《孙中山与日本关系研究》,人民出版社,1996。

[62] 戚其章:《论荒尾精》,《贵州社会科学》1986 年第 12 期。

[63] 刘岳兵:《日本近现代思想史》,世界知识出版社,2010。

[64] 刘岳兵:《中日近现代思想与儒学》,生活·读书·新知三联书店,2007。

[65] 〔日〕丸山真男:《日本政治思想史研究》,王中江译,生活·读书·新知三联书店,2000。

[66] 〔日〕宫崎滔天:《三十三年之梦》,林启彦译,花城出版社,1981。

[67] 吴限:《论近代日本右翼的勃兴》,《新视野》2012 年第 3 期。

[68] 吴限、谢明:《试论近代日本右翼的"三阶段"发展路径》,《理论与现代化》2012 年第 3 期。

[69] 〔日〕井上清、铃大正四:《日本近代史》,杨辉译,商务印书馆,1972。

[70] 王如绘:《近代中日关系与朝鲜问题》,人民出版社,1999。

[71] 万峰:《日本近代史》,中国社会科学出版社,1978。

[72] 〔日〕《近代日本思想史》研究会:《近代日本思想史》,马采译,商务印书馆,1965。

[73] 戚其章:《近代日本的兴亚主义思潮与兴亚会》,《抗日战争研究》2008 年第 2 期。

[74] 盛邦和:《日本亚洲主义与右翼思潮源流——兼对戚其章先生的回应》,《历史研究》2005 年第 3 期。

[75] 戚其章:《甲午日谍秘史》,天津古籍出版社,2004。

[76] 刘文立:《法国革命前后的左右翼》,中山大学出版社,2010。

[77] 张莉:《西欧民主制度的幽灵——右翼民粹主义政党研究》,中央编译出版社,2011。

[78] 〔英〕理查德·肯迪:《日谍秘史》,姜文灏、赵之援译,世界知识出版社,1984。

日文参考文献

［1］木村時夫：「玄洋社の成立とその意義」、『社会科学討究』第二十五号、早稲田大学アジア太平洋研究センター、1963。

［2］西尾陽太郎：「玄洋社の大陸政策」、『歴史教育』第十八巻四号、歴史教育研究会、1969。

［3］西尾陽太郎：「九州における近代の思想状況」、『九州文化論集』第四巻、平凡社、1971。

［4］上村希美雄：「頭山満・初期玄洋社とアジア」、『伝統と現代』一月号、伝統と現代社、1974。

［5］犬丸昭弘：「玄洋社形成過程に関する一考察——対外膨脹的国家主義の源流」、『近代熊本』十九号、熊本近代史研究会、1976。

［6］原田正勝：「『玄洋社社史』解説」、明治文献、1965。

［7］頭山満：『頭山満直話集』、書肆心水、2007。

［8］新藤東洋男：「自由民権運動と玄洋社」、『歴史地理教育』一一八号、歴史教育者協議会、1965。

［9］堤啓次郎：「向陽社の成立」、『九州史学』第九十四号、九州史学研究会、1988。

［10］大山正治：「右翼運動の原点と『玄洋社』」、『治安ファーラム』第九巻八号、東京：立花書房、2003。

［11］泉賢司：「玄洋社と頭山満」、『国士館大学武徳紀要』第二一号、国士館大学武道徳育研究所、2005。

［12］鈴木邦男：「玄洋社と日本のアジア主義」、『表現者』第三号、イプシロン出版、2005。

［13］永本義弘：「『玄洋社国権論』への一考察——政治資金源の獲得と明治大陸政策の先兵として」、『九州栄養福祉大学研究紀要』第一号、九州栄養福祉大学、2004。

［14］蔡洙道：「黒龍会の成立——玄洋社と大陸浪人の活動を中心に」、『法学新報』第一九巻一・二号、中央大学法学会、2002。

［15］岡崎正道：「日本の左翼と右翼の源流」、『言語と文化・文学の諸相』（2008年3月刊）、岩手大学人文社会科学部、2008。

［16］玄洋社社史編纂会：『玄洋社社史』、東京：玄洋社社史編纂会、1917。

［17］猪野健治：『日本の右翼』、東京：ちくま文庫、2007。

［18］片山杜秀：『近代日本の右翼思想』、東京：講談社、2007。

［19］堀幸雄：『最新右翼辞典』、東京：柏書房、2006。

［20］栗原正和（その他）（別冊宝島1366号）『日本の右翼と左翼－テロ、クーデター、暴力革命、内ゲバ…その“思想”と“行動”のすべて』、東京：宝島社、2006。

［21］犬塚彰：『右翼の林檎：“禁じられた”思想の系譜を飲み下すために』、東京：社会評論社、1999。

［22］天道是：『右翼運動100年の軌跡：その抬頭・挫折・混迷』、東京：立花書房、1992年。

［23］吉田俊男：『天下之怪傑頭山満』、成功雑誌社、1912。

［24］岡保三郎、的野半介：『来島恒喜』、重遠社、1913。

［25］頭山統一：『筑前玄洋社』、福岡：葦書房、1988。

［26］都築七郎：『頭山満』、東京：新人物往来社、1973。

［27］頭山満翁正伝編纂委員会：『頭山満翁正伝』、福岡：葦書房、1980。

［28］藤本尚則：『巨人頭山満翁』、頭山満傳頒布会、1931。

［29］社会評論社編集部：『右翼テロ！』、東京：社会評論社、1990。

［30］吉岡吉典：『日本の侵略と膨張』、東京：新日本出版社、1998。

［31］滝村隆一：『北一輝──日本の国家社会主義』、東京：勁草書房、1973。

［32］井上清：『日本帝国主義の形成』、東京：岩波書店、1968。

［33］北一輝、長谷川雄一：『国体論及び純正社会主義』、東京：ミネルヴァ書房、2007。

［34］吉田裕：『日本人の戦争観』、東京：岩波書店、2000。

［35］藤井松一：『近代天皇制の成立と展開』、東京：弥生書林、1981。

［36］岩井忠熊：『天皇制と日本文化論』、京都：文理閣、1987。

［37］石田圭介：『近代知識人の天皇論』、日本教文社、1986。

［38］守屋典郎：『天皇制研究』、東京：青木書店、1979。

［39］圭室諦成：『西郷隆盛』、東京：岩波書店、1960。

［40］上山春平：『日本の思想』、サイマル出版会、1971。

［41］鈴木正：『日本知識人のアジア認識』、東京：北樹出版、2003。

［42］古川万太郎：『近代日本の大陸政策』、東京：東京書籍株式会社、1991。

［43］長尾龍一：『日本国家思想史研究』、東京：創文社、1981。

［44］生松敬三：『近代日本への思想史的反省』、中央大学出版部、1970。

［45］丸山真男：『日本政治思想史研究』、東京：東京大学出版会、1952。

［46］趙軍：『大アジア主義と中国』、東京：亜紀書房、1997。

［47］李彩華、鈴木正：『アジアと日本』、東京：農山漁村文化協会、2007。

［48］青木保、佐伯啓思：『アジア的価値』、東京：ティピーエス・ブリタニカ会社、1998。

［49］上泉徳弥：『大日本主義』、東京：広文堂、1918。

［50］坪内隆彦：『岡倉天心の思想探訪』、東京：勁草書房、1998。

［51］陳徳仁、安井三吉：『孫文・講演「大アジア主義」資料集』、京都：法律文化社、1989。

［52］吉野誠：『明治維新と征韓論』、東京：明石書店、2002。

［53］韓桂玉：『「征韓論」の系譜』、東京：三一書房、1996。

［54］勝部真長：『日本思想の構造』、東京：至文堂、1968。

［55］久野昭：『近代日本と反近代』、東京：以文社、1972。

［56］小路田泰直：『日本史の思想－アジア主義と日本主義の相克』、東京：柏書房、1997。

［57］松本三之介：『明治思想史』、東京：新曜社、1996。

［58］北岡勲：『日本保守主義』、東京：御茶の水書房、1992。

［59］庄田周平：『昭和右翼史』、東京：リッチマインド出版事業部、1991。

［60］松本健一：『思想としての右翼』、東京：第三文明社、1976。

［61］松本健一：『右翼・ナショナリズム伝説』、東京：河出書房新社、1995。

［62］荒原朴水：『増補大右翼史』、東京：大日本一誠会出版局、1974。

［63］津久井龍雄：『異端の右翼：国家社会主義とその人脈』、東京：新人

物往来社、1975。

[64] 社会問題資料研究会：『右翼思想犯罪事件の総合的研究：血盟団事件より二・二六事件まで』、京都：東洋文化社、1975。

[65] 公安調査庁：『戦前における右翼団体の状況．上巻』、東京：公安調査庁、1964。

[66] 公安調査庁：『戦前における右翼団体の状況．中巻』、東京：公安調査庁、1964。

[67] 公安調査庁：『戦前における右翼団体の状況．下巻』、東京：公安調査庁、1964。

[68] 公安調査庁：『戦前における右翼団体の状況．下巻その2』、東京：公安調査庁、1964。

[69] 信夫清三郎：『日本政治史』，第四巻、東京：南窓社、1982。

[70] 稲田雅洋：『自由民権運動の系譜』、東京：吉川弘文館、2009。

[71] 木下半治：『日本右翼の研究』、東京：現代評論社、1977。

[72] 丸山真男：『丸山真男集』、東京：岩波書店、1995。

[73] 大野達三：『昭和維新と右翼テロ』、東京：新日本出版、1981。

[74] 石原莞尔：『世界最終戦論』、東京：新正堂、1942。

[75] 竹内好：『現代日本思想大系9アジア主義』、東京：筑摩書房、1963。

[76] 池部雅英：『フランスの右翼』、白水社、1975。

[77] 黒龍会：『東亜先覚志士記傳』、東京：原書房、1966。

[78] 伊藤之雄、川田稔：『二・世紀日本の天皇と君主制』、吉川弘文館、2004。

[79] 田中真人：『高畠素之』、東京：現代評論社、1978。

[80] 阿満利麿：『国家主義を超える』、東京：講談社、1994。

[81] 井田輝敏：『近代日本の思想構造』、東京：木鐸社、1976。

[82] 滝沢誠：『近代日本右派社会思想研究』、論創社、1980。

[83] 上山春平：『日本のナショナリズム』、東京：至誠堂、1965。

[84] 奈古浦太郎：『日本の右翼』、三一書房、1960。

[85] 池田諭：『日本の右翼』、大和書房，1985。

[86] 内田良平：『日本の亜細亜』、黒龍会出版部、1931。

[87] 内田良平：『日本之三大急務』、黒龍会本部、1912。

［88］内田良平文書研究会：『黒龍会関係資料集』、東京：柏書房、1992。

［89］津久井龍雄：『右翼』、昭和書房、1951。

［90］鈴木邦男：『右翼は言論の敵か』、東京：筑摩書房、2009。

［91］浅羽通明：『右翼と左翼』、幻冬舎、2007。

［92］警備警察研究会：『右翼運動』、東京：立花書房、1954。

［93］日刊労働通信社：『右翼運動要覧』、日刊労働通信社、1963。

［94］岡見齋：『戦前社会思想事典』、大空社、1992。

［95］堀幸雄：『戦前の国家主義運動史』、三嶺書房、1997。

［96］佐高信・鈴木邦男：『左翼・右翼がわかる!』、金曜日、2010。

［97］読売新聞西部本社編集『大アジア燃ゆるまなざし 頭山満と玄洋社』、海鳥社、2001。

［98］葦津珍彦：『大アジア主義と頭山満』、日本教文社、1983。

［99］井川聡、小林寛：『人ありて―頭山満と玄洋社』、海鳥社、2003。

［100］藤本尚則編集『頭山精神』、福岡：葦書房、1993。

［101］長谷川義記：『頭山満評伝』、東京：原書房、1973。

［102］平井駒次郎：『玄洋社物語』、東京：武侠世界社、1914。

［103］平井駒次郎：『玄洋社物語続編』、東京：武侠世界社、1914。

［104］石瀧豊美：『玄洋社発掘』、西日本新聞社、1981。

［105］石瀧豊美：『玄洋社・封印された実像』、海鳥社、2010。

［106］黒龍倶楽部：『国士内田良平傳』、東京：原書房、1967。

［107］外務省編『日本外交年表竝主要文書上』、東京：原書房、2007。

［108］芝原拓自、池田正博、猪飼隆明：『対外観（日本近代思想大系12）』、東京：岩波書店、1988。

［109］伊藤之雄：『日清戦争以後の中国、朝鮮認識と外交主張』、『名古屋大学文学部研究論集』、第116号、1993。

［110］山県有朋著、大山梓編『山県有朋意見書』、東京：原書房、1966。

［111］林房雄：『大東亜戦争肯定論』、東京：夏目書房、2001。

［112］ディビット.E.カブラン著、松井道男訳：『ヤクザ―ニッポン的犯罪地下帝国と右翼－』、第三書館、1991。

［113］ヒューセシル著、栄田卓弘訳：『保守主義とは何か』、早稲田大学出版部、1979年。

［114］『近代日本思想史講座』、東京：筑摩書房、1958。

［115］安藤英男：『評伝西郷隆盛』、白川書院、1976。

［116］内田良平研究会：『国士内田良平その思想と行動』、展転社、2003。

［117］田中健之：『内田良平翁五十年祭追慕録』、日本興亜協会皇極社出版部、1987。

［118］西尾陽太郎：『硬石五十年譜』、福岡：葦書房、1977。

［119］滝沢誠：『評伝内田良平』、大和書房、1976。

［120］本居宣長：『日本の名著21』、中央公論社、1986。

［121］平野健一郎：『日本文化の変容』、東京：講談社、1973。

［122］岩倉公旧跡保存会：『岩倉公実記』下巻、岩倉公旧跡保存会、1947。

［123］岡本幸治：『近代日本のアジア観』、東京：ミネルヴァ書房、1992。

［124］東亜同文会：『対支回顧録』、東京：原書房、1968。

［125］大江乃志郎：『世界史としての日露戦争』、立風書房、2001。

［126］松本健一：『竹内好「日本のアジア主義」精読』、東京：岩波書店、2000。

［127］大谷正：『近代日本の対外宣伝』、研文出版、1994。

［128］安岡昭男：『近代日本の形成と展開』、厳南堂書店、1998。

［129］北岡伸一：『日本陸軍と大陸政策』、東京大学出版会、1978。

［130］中山治一：『日露戦争以後：東アジアをめぐる帝国主義の国際関係』、創元社、1957。

［131］内藤湖南：『支那論』、創元社、1914。

［132］内藤湖南：『新支那論』、博文堂、1924。

［133］近代日本研究会：『日本外交の危機認識』、校倉書房、1985。

［134］松沢哲成：『アジア主義とファシズム』、れんが書房、1979。

［135］鈴木邦男：『新右翼：民族派の歴史と現在』、彩流社、2005。

［136］高木正幸：『右翼：活動と団体』、土曜美術社、1996。

［137］雨宮処凛：『右翼と左翼はどうちがう?』、東京：河出書房新社、2007。

［138］右翼問題研究会：『右翼の潮流』、東京：立花書房、2006。

［139］高橋亀吉：『左翼運動の理論的崩壊：右翼運動の理論的根拠』、白

揚社、1927。

［140］清水多吉：『日本の右翼思想と天皇制』、法学セミナー増刊総合特集シリーズ、1989。

［141］衛藤豊久（ほか）：『行動右翼入門』、二十一世紀書院、1986。

［142］河原宏：『近代日本のアジア認識』、東京：第三文明社、1976。

［143］田中彰：『近代日本の内と外』、吉川弘文館、1999。

［144］坂野潤治：『明治・思想の実像』、東京：創文社、1977。

［145］有賀菜長雄：『支那正観』、外交時報出版社、1918。

［146］平野義太郎：『大亜細亜主義の歴史的基礎』、河出書房、1945。

［147］荒尾精：『対清意見』、博文館、1894。

［148］中平亮：『大亜細亜主義』、日本評論社、1932。

［149］松永材：『日本主義の哲学』、尚文堂、1928。

［150］国史大辞典編集委員会編『国史大辞典』、吉川弘文館、1979。

［151］猪野健治：『右翼・行動の論理』、東京：ちくま文庫、2006。

［152］大川周明著、中島岳志編集『頭山満と近代日本』、春風社、2007。

［153］堀幸雄：『右翼辞典』、東京：岩波書店、1990。

［154］山田済斎：『西郷南洲遺訓』、岩波文庫、1991。

［155］日本史籍協会編『木戸孝允日記』、東京：東京大学出版社、1967。

附　表

附表 A　玄洋社相关历史事件

时间	玄洋社方面	日本方面	亚细亚方面
1855 年	头山满在福冈诞生	—	—
1868 年	—	明治维新	—
1871 年	头山满入兴志塾学习	—	—
1876 年	头山满因参与"荻之乱"受连坐入狱	前原一诚发动"荻之乱"	—
1877 年	头山满获释;返回福冈设立"开垦社"	"西南战争""福冈之变"爆发	—
1878 年	头山满赴土佐拜见板垣退助	大久保利通被暗杀	—
1879 年	创立"筑前共爱公众会";开设"向阳社",转向自由民权运动	—	—
1880 年	共爱会向元老院请愿开设国会;头山满初次进京	政府制定集会条例	—
1881 年	玄洋社成立,箱田六辅出任社长	天皇诏敕开设国会	—
1882 年	—	政府修改集会条例;"福岛事件"	朝鲜"壬午兵变"
1883 年		鹿鸣馆竣工	
1884 年	—	"群马事件""加波山事件""秩父事件";民权运动遭镇压走向低潮	平冈浩太郎在上海设东洋学馆;朝鲜"甲申政变";金玉均流亡日本
1885 年	头山满在神户与金玉均相会;计划在朝鲜釜山设语言学校、"善邻馆";头山满与峰尾氏结婚	伊藤博文就任第一任内阁总理大臣;"大阪事件"	—

时间	玄洋社方面	日本方面	亚细亚方面
1886 年	玄洋社社员来岛恒喜与金玉均结识	长崎事件	—
1887 年	头山满出席大阪民权大会;玄洋社机关报《福陵新报》创刊	政府出台"保安条例";自由民权活动家被驱逐出东京	—
1888 年	玄洋社元老箱田六辅去世	—	—
1889 年	来岛恒喜暴击外相大隈重信	《大日本帝国宪法》颁布	—
1890 年	—	第一次众议院选举	—
1891 年	—	第一届帝国议会召开;中江兆民辞去议员	—
1892 年	玄洋社暴力干涉选举	议会总选举开始	—
1894 年	平冈浩太郎当选众议院议员;"天佑侠"团成立	—	金玉均在上海被暗杀;中日甲午战争爆发
1895 年	—	孙文初来日本	三国干涉还辽
1897 年	头山满与孙文相会	宫崎滔天与孙文相识	—
1898 年		隈坂内阁成立	—
1899 年	《福陵新报》更名《九州日报》	—	义和团运动
1901 年	内田良平成立"黑龙会"	中江兆民的《一年有半》出版;12 月,兆民去世	—
1902 年	—	宫崎滔天的《三十三年之梦》出版	日英同盟订立
1903 年	头山满与内田良平等成立"对俄同志会"	—	—
1904 年			日俄战争爆发
1905 年	—	日比谷暴动	日本海军全歼俄国太平洋舰队;《朴次茅斯条约》签订
1906 年	头山满移居灵南坂;玄洋社元老平冈浩太郎去世	—	—

时间	玄洋社方面	日本方面	亚细亚方面
1909 年	—	伊藤博文在哈尔滨遇刺	—
1910 年	—	因"大逆事件",幸德秋水被捕	日韩合并
1911 年	头山满随犬养毅来中国	—	辛亥革命爆发
1912 年	—	明治天皇去世	中华民国临时政府成立;孙文出任临时大总统;孙文会见犬养毅和头山满
1912 年 2~3 月	—	—	孙文辞去大总统;袁世凯就任大总统
1913 年	—	孙文来日,并访问了玄洋社等地	第二次反袁革命失败,孙文再度流亡日本
1914 年	与玄洋社关系密切的外交官山座円次郎去世	—	—
1915 年	—	—	印度独立运动革命家拉什·鲍斯流亡日本,并与头山满相会
1917 年	—	—	俄国十月革命爆发
1918 年	—	米骚动	—
1919 年	—	—	中国"五四"运动;朝鲜"三一"反日运动
1920 年	玄洋社社员中野正刚当选众议院议员	—	—
1921 年	—	原敬首相被暗杀	—
1922 年	宫崎滔天去世	《五国海军条约》签订	《五国海军条约》签订
1923 年	头山满移居常磐松	关东大地震	
1924 年	—	孙文最后一次来日;在神户,孙文与头山满会谈,并发表大亚细亚主义的演讲	—
1925 年	玄洋社元老近藤喜平太去世	政府颁布"普通选举法"和"治安维持法"	孙文去世
1926 年	—	大正天皇去世	—

时间	玄洋社方面	日本方面	亚细亚方面
1927 年	蒋介石来日拜访头山满	日本第一次出兵山东	—
1928 年	—	外务省设立"特别高等警察",实施恐怖政策	皇姑屯事件;张作霖被炸死
1929 年	头山满出席孙文的"英灵奉安祭"	—	世界经济危机
1930 年	—	滨口雄幸首相被暗杀	—
1931 年	—	—	九一八事变
1932 年	—	"五一五"事变;犬养毅首相被暗杀	伪满洲国建立
1933 年	玄洋社社员广田弘毅就任外相	日本退出国联	—
1934 年	—	日本打破"华盛顿会议"对裁军的限制,全面扩军备战	—
1935 年	—	美浓部达吉"天皇机关说"	—
1936 年	广田弘毅出任首相	"二二六"事件	—
1937 年	广田弘毅担任外相	广田弘毅内阁总辞职	"七七事变"爆发,日本全面侵华
1938 年	广田弘毅辞去外相	"国家总动员法"颁布	—
1939 年	—	—	"诺门坎"事件
1940 年	—	—	德日意订立"三国同盟"
1941 年	—	东条英机内阁成立	太平洋战争爆发
1943 年	中野正刚自杀	—	—
1944 年	近藤一马就任玄洋社第十代社长;头山满去世	东条英机内阁总辞职	—
1945 年	—	天皇发布投降诏书;日本战败;联合国军最高司令麦克阿瑟来日	第二次世界大战结束
1946 年	GHQ 下令解散玄洋社等右翼团体	—	远东国际军事法庭开庭
1948 年	—	—	—

附表 B　内田良平生平（1868～1912年）

时　间	事件及影响
1874 年 2 月	作为内田良五郎的三男生于福冈
1876 年 12 月	见证了因"秋月之乱"而被处刑的今村百八郎
1892 年	入"讲道官"学习柔道，后入东洋语学校学习俄语
1894 年 5 月	参加"天佑侠"组织，以支援朝鲜"东学党"为名远征朝鲜
1895 年 4 月	"三国干涉还辽"。计划从烟台渡船到旅顺刺探俄情报，因戒备森严未果
1895 年 8 月	第一次赴海参崴刺探情报
1896 年 5 月	在海参崴当地开设柔道馆，以柔道馆为掩护从事谍报活动
1897 年 8 月	从海参崴进入西伯利亚搜集情报
1898 年 3 月	抵达圣彼得堡，结识武官广濑武夫。通过广濑广泛搜集俄国情报
1898 年 3 月 16 日	从圣彼得堡折返西伯利亚
1898 年 6 月	携带大量机密情报返回海参崴
1898 年 7 月	返回福冈，后上京参加天真馆新道场落成仪式
1898 年初秋	在东京通过宫崎寅藏的引荐与孙中山相识，承诺援助中国革命；筹备成立东亚同文会
1899 年 8 月	再度到海参崴去搜集情报
1900 年	到新加坡帮助孙中山组织"惠州起义"
1901 年 1 月	召集玄洋社骨干商议成立"黑龙会"
1901 年 3 月	创建"黑龙会"并出任主干，聘头山满为顾问，创办会刊《黑龙》
1901 年 9 月	专著《俄国亡国论》一书因书名问题遭禁
1901 年 11 月	改书名为《俄国论》后顺利发行，影响广泛
1901 年 12 月	在神田中学内设立黑龙语言学校，主授俄语和中文
1902 年	成立"日俄协会"，任理事长。主张对俄强硬
1903 年 2 月	成立"对俄同志会"，主张对俄不惜一战
1904 年 2 月	日俄战争爆发。因资金问题黑龙语学校、飞龙商行及印刷厂关闭，《黑龙》杂志停刊
1904 年 3 月	满韩新地图发行；《堪察加及萨哈林》一书刊行，引起日本政府对北太平洋渔业资源的重视
1905 年 7 月	参加中国同盟会成立筹备会

时　间	事件及影响
1905 年 8 月 20 日	"中国同盟会"在东京成立
1905 年 9 月	《朴次茅斯条约》签订,日本获得对朝鲜的独占和对满蒙的实际控制
1905 年 12 月	接受韩国统监伊藤博文韩国国情调查的任务
1906 年 4 月	赴韩国调查平壤、义州、安东等地情况后向伊藤提交《满韩关务鄙见》报告书
1906 年 10 月	与李容九商议日韩合邦计划并加入"一进会"担任该会顾问;与前"一进会"顾问宋秉畯商议废立韩皇议案。之后返回福冈参加叔父平冈浩太郎的追悼会
1907 年	创立朝鲜通信社;撰写对韩策略《善后要纲》一文;同年黑龙会会刊《黑龙》复刊
1908 年	黑龙会创办的汉文杂志《东亚月报》刊行;黑龙会"中央亚细亚大地图"发行
1909 年 12 月	执笔《汉城私研》对韩策略一文;发行《清国动乱之机》一文
1910 年 8 月	黑龙会发行"中央亚细亚统图";"日韩合邦"诏书公布
1911 年 2 月	日美签订新的通商条约
1911 年 10 月	辛亥革命爆发后组建"友邻会"以示声援
1911 年 11 月	《支那改造论》发行;"支那革命调停案"意见书发表。计划建立以废帝宣统为中心的满蒙国家
1912 年 1 月	担任南京革命政府外交顾问
1912 年 2 月	南北议和后,挑唆分化同盟会革命同志,逐渐退出中国民主革命运动,转向对华扩张主义
1912 年 5 月	亲日派"一进会"首领李容九病逝
1912 年 7 月	明治天皇驾崩,大正天皇承祚,改元"大正"
1912 年 11 月	专著《日本的三大急务》发行。鼓吹扩军备战、革新外交、整备财务
1913 年 6 月	《对支断案》发表
1913 年 7 月	黑龙会主倡成立"对支研究会",并向总理大臣山本权兵卫提交解决满蒙问题的意见书;组建满洲问题对策机关"对支联合会"
1913 年 10 月	《支那观》一书出版
1914 年 1 月	《立国卑见》《时弊私议》发行,倡导经营大陆是当前急务
1914 年 4 月	向政府高层提交《关于朝鲜统治制度意见书》,主张改组总督府,实现鲜人参政,朝鲜自治制度
1914 年 10 月	派黑龙会会员秋山长次郎赴青岛搜集情报
1914 年 12 月	向政府高层提交《对支问题解决意见书》;成立"国民外交同盟会"
1915 年 4 月	派黑龙会会员高田三六赴南洋诸岛搜集情报
1915 年 6 月	与川岛浪速达成援助内蒙古独立运动的协定

时　间	事件及影响
1915 年 9 月	向政府高层提交《对支政策意见》
1915 年 10 月	向大隈重信提交《关于支那帝政问题的意见书》
1916 年 5 月	携打倒袁世凯内阁秘策来到朝鲜游说总督寺内正毅,后辗转来到奉天、大连游说
1916 年 6 月	袁世凯去世
1916 年 11 月	发行《支那解决论》,同期被禁
1917 年 7 月	派黑龙会会员佐藤甫赴新疆、伊犁搜集情报;已停刊的黑龙会会刊《黑龙》更名为《亚细亚时论》再刊
1917 年 11 月	俄国十月革命爆发;以保护侨民为由,力谏政府出兵西伯利亚
1918 年 4 月	举办"东亚自卫期成大会",以演说方式制造舆论要求政府出兵西伯利亚
1918 年 8 月	协助镇压"米骚动"运动
1918 年 12 月	向政府提交弹劾出征西伯利亚的军队中的腐败案,并要求严肃军纪
1919 年 2 月	成立"废除人种差别期成同盟"
1919 年夏	发表《米谷需给区划制定论》
1920 年 1 月	在《亚细亚时论》上发表《鲜人独立运动的根底》一文
1920 年 1 月	执笔《大和农民团趣意书》,主张农业立国和日本农民之道
1920 年 7 月	赴朝鲜调查,回国后向政府提交《朝鲜时局私见》、《关于朝鲜统治问题》和《日韩合并前后事情》报告,提议政府调整对韩施政策略
1921 年 1 月	向政府提交警告美国对日压迫政策的意见书
1921 年 2 月	组建意在改善对韩政策的"同光会",并出任干事长
1921 年 9 月	派同光会会员小幡虎太郎赴朝鲜协助镇压朝鲜独立运动;父亲内田良五郎去世;编撰《日韩合并末始》一书
1921 年 12 月	《日英同盟》条约废弃
1922 年 2 月	山县有朋去世;海军军备限制条约签订
1922 年 11 月	派黑龙会会员驹井喜次郎赴北京探听俄国代表就回复日俄邦交的诚意
1923 年 9 月	关东大地震;黑龙会全力赈灾,并向政府提交《关于震灾善后处置建言书》和《关于帝都迁都建言书》
1923 年 11 月	开设"自有食堂"救济灾民,推动赈灾工作
1924 年 1 月	参加皇太子大婚和相关保安行动;在报告、每日、朝日三家报社刊登《促政党及内阁诸公之猛醒》广告
1924 年 6 月	召开"对美问题国民大会",反对美国制定的排日移民法
1924 年 11 月	孙文来日与头山满商谈"废除治外法权"一案

续表 B3

时　间	事件及影响
1924 年 12 月	黑龙会关西本部在大阪成立
1925 年 1 月	为抵制加藤内阁普通选举法,成立"纯正普选期成同盟会"
1925 年 4 月	因有教唆他人暗杀加藤首相的嫌疑而被捕。5 月底被保释出狱
1925 年 6 月	《国难来》出版
1925 年 11 月	《武道极意》(一卷)出版
1926 年	大正天皇驾崩,今上天皇承祚,改元昭和
1927 年 3 月	发表《海军军备限制问题意见书》(日英文对照)
1927 年秋	会见下野的蒋介石,并告知蒋欲恢复日支邦交要贯彻"剿共"方针
1928 年 3 月	发表《可怖的议会中心主义》意见书,批判民政党的纲领
1928 年 4 月	建立"养正义塾"并开始招收学员;与头山满等千余名同志结成"内治外交振作同盟",借此推动"根绝反国体思想、促进支那统一、解决满蒙问题"的国民运动
1928 年 9 月	向田中义一首相递交劝其辞职的意见书;张学良"东北易帜"加入国民党
1928 年 11 月	《圣训谨解》出版
1929 年 2 月	黑龙会掀起打倒田中义一内阁运动;与头山等倡议成立"不战条约御批准奏请反对同盟"
1929 年 6 月	成立"信州国民党",并担任顾问
1929 年 8 月	组建"海军军缩国民同志会",主张"对补给舰的限制比率应当均等化"
1929 年 11 月	以信州国民党为基础,组建日本国民党,并担任顾问
1930 年 1 月	"伦敦海军军缩会议"召开;黑龙会发行《全满蒙铁道统一意见书》
1930 年 2 月	为庆祝黑龙会成立三十周年,着手编纂纪念文册《东亚先觉志士记传》
1930 年 4 月	日本政府签订军缩协定。同志会为此掀起反对签订协定运动
1930 年 6 月	召开"大日本生产党"创建准备会
1930 年 11 月	"海军军缩国民同志会"解散,反伦敦协定运动以失败告终
1930 年 11~12 月	黑龙会发行《日韩合邦秘史》
1931 年 4 月	《国体本义》付梓
1931 年 6 月	"大日本生产党"正式成立,并出任总裁一职
1931 年 8~9 月	率领大日本生产党干部到东北、关东、九州等地游说,宣讲"满蒙问题和国民的觉悟";大日本生产党支部设立
1931 年 9 月 18 日	"九一八事变"爆发;大日本生产党发表支援关东军的声明,并决定召开国民大会
1931 年 11 月	大日本生产党第一次党代会召开

续表 B4

时 间	事件及影响
1931 年 12 月	发表《满洲的独立和世界红十字会的活动》论文,主张红十字会应为日支两国的提携做出贡献
1932 年 1 月	"急进爱国党"(津久井龙雄、尾形荣造等)与大日本生产党合并
1932 年 2 ~ 5 月	井上准之助、团琢磨、犬养毅相继被暗杀;"五一五事件"爆发
1932 年 6 月	大日本生产党发表"非常时对策"意见书
1932 年 10 月	执笔《对满洲问题日本国民之决心》一文;该文英文版《满洲问题举国一致各派联合会》被派发给国联的各国委员和知名政治家
1932 年 12 月	《日本的亚细亚》一书出版
1933 年 3 月	《日本新经济》(上卷)由大日本生产党出版发行
1933 年 7 月	大日本生产党内众多青年党员因参与"神兵连事件"而被检举,多人被逮捕
1933 年 9 月	作为大日本生产党非常时期的总方针,执笔《国是及国策私案》
1933 年 10 月	作为大日本生产党内的训诫,执笔《天罚论》并分发给党员
1933 年秋	《东亚先觉志士记传》(上卷)出版
1934 年 2 月	派关西本部委员长吉田益三作为党代表参加"全亚细亚民族大会准备会"
1934 年 7 月	创立"昭和神圣会",并被推举为副统监
1934 年 8 月	《树立对外国是国策之必要及皇道统一世界之私见》出版
1934 年 11 月	发表《关于增税意见书》;参加日韩合邦纪念堂落成仪式;歌集《杜鹃录》由大日本生产党出版发行
1935 年 2 月	发表《朝鲜施政改革之急务》
1935 年 4 月	发表《美浓部学说之批判论策》
1935 年 10 月	因"神兵连事件"被捕的党员获释出狱,悉数回归党部
1935 年 12 月	"昭和神圣会"停止活动
1936 年 2 月	《天理教和大本教》一书出版;"二二六事变"爆发
1936 年 6 月	大日本生产党向政府提交《关于选举法改正的意见书》;《东亚先觉志士记传》(下卷)出版
1937 年 4 月	内田向大日本生产党下达发起"对苏断绝国交"运动;改革大日本生产党组织机构;计划建立以"皇谟翼赞、国家复兴"为宗旨的"一心会"
1937 年 7 月 7 日	"七七事变"爆发,日本大举侵华
1937 年 7 月 12 日	大日本生产党发表针对"七七事变"的声明,支持日军侵华
1937 年 7 月 26 日	内田良平病逝

附表 C　内田良平主要论文、著作

时　间	论文或著作	备　注
1899 年 1 月	《与清策》	《东亚时论》
1899 年 2 月	《俄国内部之大缺陷》	《东亚时论》
1901 年 3 月	《日俄实力清算及和战之利弊》	黑龙会会报第二辑
1901 年 9 月	《俄国亡国论》	黑龙会发行（被禁）
1901 年 11 月	《俄国论》	黑龙会发行
1904 年春	《堪察加及萨哈林》	黑龙会发行
1904 年	《和局私案》	黑龙会发行
1906 年 4 月	《满韩关务鄙见》	视察报告书
1907 年 3 月	《善后要纲》（对韩论策）	提交统监伊藤博文的报告
1908 年 2 月	《日清时务辩》	黑龙会发行
1909 年 1 月	《汉城私研》	给山县有朋、桂太郎的报告
1909 年 4 月	《清国动乱之机》	发表的论文
1911 年 11 月	《支那改造论》（意见书）	发表的论文
1911 年 11 月	《支那革命调停案》	发表的论文
1913 年 6 月	《对支断案》（意见书）	发表的论文
1913 年 10 月	《支那观》	黑龙会发行
1914 年 1 月	《立国卑见》	黑龙会发行
1914 年 2 月	《时弊私议》	黑龙会发行
1914 年 4 月	《关于朝鲜统治制度意见书》	报告
1914 年 12 月	《对支问题解决意见书》	提交政府的报告
1915 年 9 月	《对支政策意见》	提交政府的报告
1915 年 10 月	《支那帝政问题意见书》	提交政府的报告
1916 年 11 月	《支那解决论》	发表的论文
1919 年夏	《米榖需给区划制定论》	报告

时　间	论文或著作	备　注
1920 年 1 月	《鲜人独立运动的根底》	《亚细亚时论》
1920 年 2 月	《大和农民团趣意书》	发表的论文
1920 年 8 月	《朝鲜时局私见》(报告书)	提交政府的报告
1920 年 8 月	《日韩合并前后事件》	提交政府的报告
1920 年秋	《关于朝鲜统治问题》	黑龙会发行
1921 年 9 月	《日韩合并始末》	编著
1923 年 9 月	《关于帝都迁都建言书》	提交政府的报告
1924 年 1 月	《促政党及内阁诸公之猛醒》	报告、每日、朝日三家报社的广告
1925 年 6 月	《国难来》	黑龙会发行
1925 年 11 月	《武道极意》	黑龙会发行
1927 年 3 月	《海军军备限制问题意见书》	发表的论文
1928 年 3 月	《可怖的议会中心主义》	小册子
1928 年 11 月	《圣训谨解》	黑龙会发行
1929 年 1 月	《就国家三大问题之告天下同忧之士书》	意见书
1931 年 4 月	《国体本义》	黑龙会发行
1931 年 12 月	《满蒙的独立和世界红十字会的活动》	先进社发行
1932 年 10 月	《对满洲问题日本国民之决心》	满洲问题举国一致各派联合会发表
1932 年 12 月	《日本的亚细亚》	黑龙会发行
1933 年 3 月	《日本新经济》(上卷)	大日本生产党发行
1933 年秋	《天罚论》	小册子,大日本生产党发行
1934 年 8 月	《树立对外国是国策之必要及皇道统一世界之私见》	黑龙会发行
1934 年 11 月	《杜鹃录》	大日本生产党发行
1935 年 2 月	《朝鲜施政改革之急务》	小册子,黑龙会发行
1935 年 4 月	《美浓部学说之批判论策》	共三篇,黑龙会发行
1936 年 2 月	《天理教和大本教》	黑龙会发行

附表 D　日本右翼亚细亚主义活动大事记

时　　间	事　　　　件
1884 年（明治 17 年）	金玉均、朴泳孝等开化派在汉城发动军事政变，史称"甲申政变"。政变失败后，金、朴等人流亡日本
1885 年（明治 18 年）	头山满在神户会见了金玉均
1894 年（明治 27 年）	金玉均在上海被暗杀
1895 年（明治 28 年）	孙文初到日本。在日本停留 2 周后，去往夏威夷
1897 年（明治 30 年）	孙文在横滨结识了宫崎滔天。之后又相继认识了头山满等日本志士
1905 年（明治 38 年）	孙文与黄兴等人在东京成立了"中国革命同盟会"
1910 年（明治 43 年）	在日本的策划下，实现日韩合并
1911 年（明治 44 年）	辛亥革命爆发
1912 年（明治 45 年）	中华民国临时政府在南京成立，孙文出任临时大总统并接见了头山满。同年 2 月，孙文辞去大总统一职。3 月，袁世凯就任大总统
1913 年（大正 2 年）	孙文来日本，并且参观访问了玄洋社。之后，回国领导反袁世凯的"二次革命"。革命失败后，孙文再次流亡日本
1914 年（大正 3 年）	孙文在东京成立"中华革命党"
1915 年（大正 4 年）	印度独立运动革命家拉什·鲍斯流亡日本。流亡期间结识孙文，后在孙文的引荐下结识了头山满。同年 10 月，孙文与宋庆龄在东京友人梅屋庄吉的家中举行了结婚仪式
1924 年（大正 13 年）	诺贝尔文学奖得主印度大诗人泰戈尔访问日本。在日期间，拜访了头山满。同年，孙文经神户返回北京的途中与头山满举行了短暂的会谈，并发表了大亚细亚主义的演说
1925 年（大正 14 年）	3 月 12 日，孙文在北京病逝
1927 年（昭和 2 年）	蒋介石访问日本，请求援助国民政府
1929 年（昭和 4 年）	为彰显孙文民主革命精神，在南京建造中山陵。同年 6 月，应蒋介石邀请，头山满访问中国，停留期间到中山陵吊唁孙文
1937 年（昭和 12 年）	1937 年，卢沟桥事变，中日战争爆发

附表 E　内田与平冈两家的简要家谱

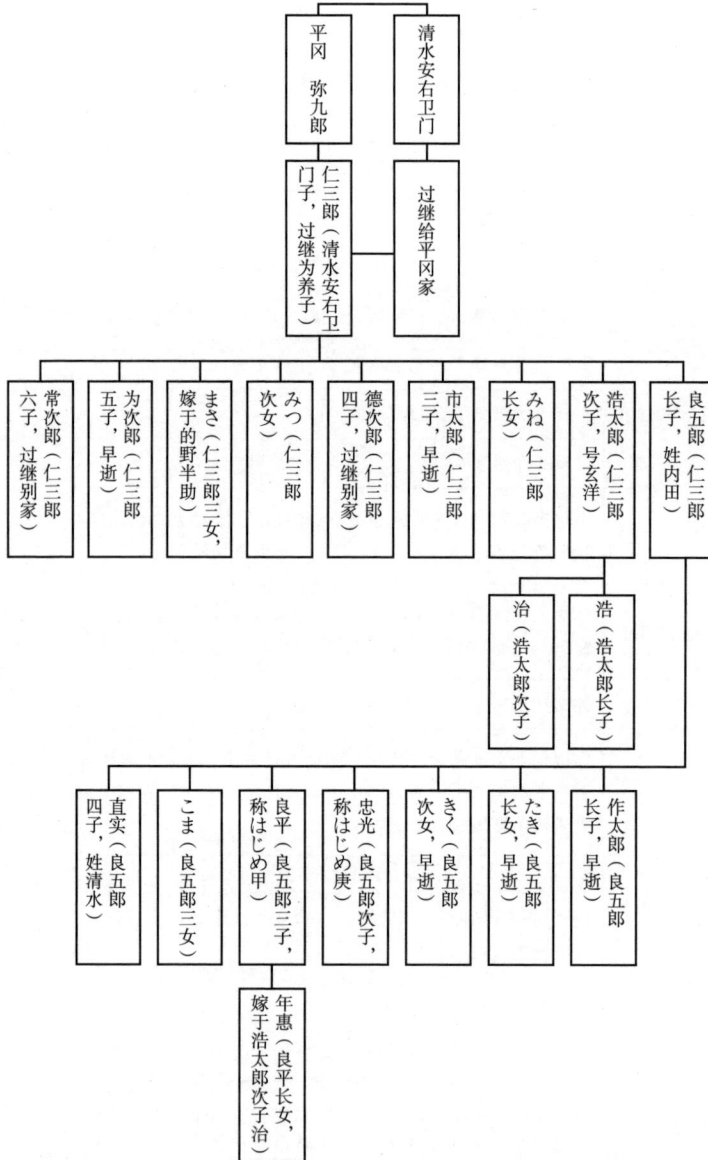

平冈　弥九郎 —— 清水安右卫门

仁三郎（清水安右卫门子，过继为养子） —— 过继给平冈家

良五郎（仁三郎长子，姓内田）

浩太郎（仁三郎次子，号玄洋）

みね（仁三郎长女）

市太郎（仁三郎三子，早逝）

德次郎（仁三郎四子，过继别家）

みつ（仁三郎次女）

まさ（仁三郎三女，嫁于的野半助）

为次郎（仁三郎五子，早逝）

常次郎（仁三郎六子，过继别家）

浩（浩太郎长子）

治（浩太郎次子）

作太郎（良五郎长子，早逝）

たき（良五郎长女，早逝）

きく（良五郎次女，早逝）

忠光（良五郎次子，称はじめ庚）

良平（良五郎三子，称はじめ甲）

こま（良五郎三女）

直实（良五郎四子，姓清水）

年惠（良平长女，嫁于浩太郎次子治）

附表 F　主要右翼团体系谱

黒龍会 明治34年1月 内田良平

玄洋社 明治14年2月 头山満

头山満 明治14年2月

浪人会 明治41年2月 头山満

护国圣社 大正14年 井上日召

犹存社 大正8年 大川周明

大川周明

行地社 大正14年 大川周明

建国会 大正15年 赤尾敏

急进爱国党 昭和5年 津久井龙雄

爱国社 昭和3年8月 岩田爱之助

ひろもぎ塾 昭和16年5月 井上日召

井上日召 昭和16年5月

永井了吉

敬天塾 昭和7年

金鸡学院 昭和2年 安冈正笃

日本社会主义研究所

大日本生产党 昭和6年6月 内田良平

影山正治

大东塾 昭和14年4月 影山正治

天行会 昭和7年 头山秀三

直心道场 大森曹玄

大和党

师友会

大日本皇道会

皇道日报社

大日本一心会 昭和17年6月 吉田益三

大和公社 影山正治

影山正治 昭和24年3月

爱国青年有志委员会 昭和27年9月

大森曹玄

救国国民总联合 昭和29年5月

亚洲民族民试会 昭和31年11月

赤尾敏 昭和26年10月 大日本爱国党

后乐会 昭和21年8月 福田素显

赤化防止团 昭和27年5月 河上利治

不二歌道会 昭和24年3月 影山正治

丰田一夫

大日本护国团 昭和38年1月

日本同盟 昭和38年1月 佐乡屋嘉昭

井上日召 护国团 昭和29年4月

国民总联合 昭和31年2月 中村武彦

户松庆议 昭和33年7月 国民社会党

安冈正笃 全国师友协会 昭和29年7月

赤尾敏 昭和26年10月 大日本爱国党

防共新闻社 昭和23年11月 福田素显

河上利治 昭和29年6月 大日本生产党

大东塾 昭和29年4月 影山正治

日本青年联盟 昭和35年4月

福田素显

资料来源：根据栗原正和（その他）（别册宝岛 1366 号）『日本の右翼と左翼—テロ、ク
ーデター、暴力革命、内ゲバ …その“思想”と“行動”のすべて 』绘制。

图书在版编目（CIP）数据

日本明治时期的右翼研究／吴限著. －－北京：社
会科学文献出版社，2018.4
ISBN 978 - 7 - 5201 - 2033 - 3

Ⅰ.①日…　Ⅱ.①吴…　Ⅲ.①政治制度 - 研究 - 日本
- 明治时代　Ⅳ.①D731.39

中国版本图书馆 CIP 数据核字（2017）第 314625 号

日本明治时期的右翼研究

著　　者／吴　限

出 版 人／谢寿光
项目统筹／祝得彬
责任编辑／王晓卿　王春梅

出　　版／社会科学文献出版社·当代世界出版分社（010）59367004
　　　　　地址：北京市北三环中路甲 29 号院华龙大厦　邮编：100029
　　　　　网址：www.ssap.com.cn
发　　行／市场营销中心（010）59367081　59367018
印　　装／三河市东方印刷有限公司

规　　格／开本：787mm×1092mm　1/16
　　　　　印张：16　字数：270 千字
版　　次／2018 年 4 月第 1 版　2018 年 4 月第 1 次印刷
书　　号／ISBN 978 - 7 - 5201 - 2033 - 3
定　　价／79.00 元

本书如有印装质量问题，请与读者服务中心（010 - 59367028）联系